Como se dá a aprendizagem

Dados Internacionais de Catalogação na Publicação (CIP)
(Câmara Brasileira do Livro, SP, Brasil)

Feuerstein, Reuven
 Como se dá a aprendizagem : aprendizagem mediada no Ensino Fundamental I : teoria e prática / Reuven Feuerstein, Ann Lewin--Benham ; tradução de Guilherme Summa. – Petrópolis, RJ : Vozes, 2021.

Título original: What learning looks like
Bibliografia.
ISBN 978-65-5713-227-2

1. Aprendizagem cognitiva 2. Cognição em crianças 3. Experiência de aprendizagem mediada I. Lewin-Benham, Ann. II. Título.

21-71976   CDD-370.1523

Índices para catálogo sistemático:
1. Aprendizagem : Cognição : Educação   370.1523

Cibele Maria Dias – Bibliotecária – CRB-8/9427

**REUVEN FEUERSTEIN
ANN LEWIN-BENHAM**

Como se dá a aprendizagem

Aprendizagem Mediada no
Ensino Fundamental I
Teoria e prática

Petrópolis

© 2012 by Ann Lewin-Benham.

Tradução realizada a partir do original em inglês intitulado *What Learning Looks Like – Mediated Learning in Theory and Practice, K-6*

Primeira publicação por Teachers College Press, Columbia University, New York, New York USA.

Direitos de publicação em língua portuguesa – Brasil:
2021, Editora Vozes Ltda.
Rua Frei Luís, 100
25689-900 Petrópolis, RJ
www.vozes.com.br
Brasil

Todos os direitos reservados. Nenhuma parte desta obra poderá ser reproduzida ou transmitida por qualquer forma e/ou quaisquer meios (eletrônico ou mecânico, incluindo fotocópia e gravação) ou arquivada em qualquer sistema ou banco de dados sem permissão escrita da editora.

CONSELHO EDITORIAL

Diretor
Gilberto Gonçalves Garcia

Editores
Aline dos Santos Carneiro
Edrian Josué Pasini
Marilac Loraine Oleniki
Welder Lancieri Marchini

Conselheiros
Francisco Morás
Ludovico Garmus
Teobaldo Heidemann
Volney J. Berkenbrock

Secretário executivo
Leonardo A.R.T. dos Santos

Diagramação: Sheilandre Desenv. Gráfico
Revisão gráfica: Alessanda Karl
Capa: Estúdio 483

ISBN 978-65-5713-227-2 (Brasil)
ISBN 978-0-8077-5326-2 (Estados Unidos)

Editado conforme o novo acordo ortográfico.

Este livro foi composto e impresso pela Editora Vozes Ltda.

Os autores dedicam este livro a seus filhos, que por sua devoção e inspiração o transformaram em realidade:

Noa Feuerstein Schwarz

Raphael S. Feuerstein

Daniel Shepard Lewin

Enquanto recebia o contrato de publicação do livro, Reuven Feuerstein estava sendo submetido a uma cirurgia que, com a ajuda de D'us, foi bem-sucedida. A operação visava à substituição de uma válvula aórtica usando um procedimento extremamente complexo e inovador. O autor tem um forte desejo de expressar sua gratidão dedicando este livro à equipe médica do Hadassah que realizou este procedimento inovador:

Dr. Jerry Lafair

Chaim Lotan

Amir Elami

Teddy Weiss

Dr. Haim Danenberg

Dr. Giora Landesberg

O trabalho altamente pioneiro foi realizado no Hospital Universitário Ein Karem Hadassah, em Jerusalém.

Sumário

Prefácio, 11
  por James Bellanca

Agradecimentos, 17

Introdução, 19
  Mediação: uma breve descrição e exemplos, 19
  Considerações sobre funções cognitivas deficientes, 21
  Sobre o livro, 22
  Resumo dos capítulos, 23
  Conhecendo seus autores, 25

1. **Aprendizagem por meio da mediação, 31**
  O potencial dos museus para estimular a aprendizagem, 34
  Em um museu: o que não aconteceu, por que e como mudar, 38
  Reconhecendo mitos sobre a aprendizagem, 49

2. **Definição da experiência de aprendizagem mediada, 54**
  Feuerstein: mediador e teórico, 55
  Teoria da mediação, 59
  Os três agentes da mediação, 63
  Resumo: a essência da mediação, 67
  Aspectos essenciais da mediação, 70
  Resumo: um retrato da mediação, 76

3. **A aprendizagem mediada em ação, 78**
  O PEI: visão geral, 79
  Lições do PEI por mediadores, 90
  Resumo: ensino imaginativo, imperativo e responsivo, 96

4. **Mediadores especialistas, 98**
   Mediação em duas salas de aula, 100
   A mediação em uma exposição, 108
   Resumo, 112

5. **Quatro atos cognitivos essenciais, 114**
   Adquirindo competências básicas, 115
   Inter-relação de competências básicas, 121
   Resumo: mediação – o elo de conexão com a aprendizagem, 133

6. **Definindo a eficácia das experiências de aprendizagem, 135**
   O mapa cognitivo, 136
   A ferramenta de deficiências de pensamento, 148
   Duas técnicas para aprimorar a aprendizagem, 151
   Caso para mediação: a história de Demetria, 155
   Resumo: ferramentas de observação analítica, 156

7. **O uso criativo de exposições eficazes, 157**
   Aprendendo com experiências ricas, 157
   Fornecendo ideias que geram conflitos, 169
   Apelando para várias inteligências, 173
   Resumo: mediação de exposições, 177

8. **Mais atos cognitivos essenciais, 178**
   Empatia, 179
   Adquirindo novas habilidades, 183
   Dominando modalidades variadas, 184
   Colaboração, 189
   Atos de pensar complexos, 193
   A abundância de experiências em museus, 196
   Resumo: mediação para complexidade, 197

9. **Parcerias inovadoras, 199**
   Crenças sobre a aprendizagem, 200
   Intervenções de adultos, 206
   Os museus como parceiros, 209
   Ideias do tipo "e se", 213
   A história de Emily: a mãe como mediadora, 219
   Resumo: os museus como centros de aprendizagem, 220

10. **Ampliando o repertório cognitivo, 222**

Incongruência, 222

Repetição, 227

Transformação, 233

Ilusão, 241

Experiências estereognósticas (mão/visão), 245

Resumo: projetos desafiadores, 248

11. **Estimulando o cérebro para fazer a aprendizagem acontecer, 249**

Motivação, 250

Resumo: quatro fatores inter-relacionados na aprendizagem, 258

Mudando do concreto para o pensamento abstrato, 259

O cérebro e a aprendizagem, 266

Resumo: quando pensamos e aprendemos, 271

12. **Considerações finais, 275**

Para professores, 275

Perguntas a fazer sobre as exposições, 282

Resumo: preparar, perguntar, discutir, 287

Noções básicas sobre o projeto de exposições, 287

Resumo: trazendo a aprendizagem para casa, 292

Apêndice A: Lista de funções cognitivas deficientes, 294

Apêndice B: Crianças com dificuldades de aprendizagem: lembretes para os pais e projetistas de exposições, 297

Referências bibliográficas, 299

Índice remissivo, 307

Sobre os autores, 321

Prefácio

Há quase 40 anos, Reuven Feuerstein estava em uma fila de recepção durante a convenção nacional da Association for Supervision and Curriculum Development (ASCD). Com ele estavam três dezenas de proeminentes educadores americanos, todos defensores do aumento do pensamento crítico em sala de aula. A convite de Ron Brandt, editor da *Educational Leadership* da ASCD, Feuerstein estava presente para discursar na convenção anual. Sua boina preta e barba branca, marcas registradas suas, davam a impressão que o psicólogo israelense saíra de uma pintura de Rubens. Ao contrário dos outros, Feuerstein não estava na convenção apenas para palestrar sobre o revival do ensino de habilidades de pensamento. Ele estava lá para apresentar sua nova teoria da Modificabilidade Cognitiva Estrutural por meio de experiências da aprendizagem mediada.

Quando Feuerstein falou, muitos participantes ficaram surpresos. Alguns se mostraram chocados: "A inteligência é modificável?", "De jeito nenhum", "Sabemos que a inteligência é determinada no nascimento", "Mudança de inteligência não é possível", "De que planeta este homem veio?", "O que temos aqui?", "Outro Dom Quixote?" Alguns chegaram a abandonar a apresentação.

Hoje em dia, nos Estados Unidos, esse discurso seria menos controverso, e até mesmo prontamente aceito. Pesquisadores do cérebro, neurocientistas, psicólogos cognitivos e neuroeducadores deram corpo às teorias de Feuerstein. Extensos estudos de pesquisa em muitos campos evidenciaram a validade do trabalho de Feuerstein, que prenunciou grande parte das pesquisas atuais sobre a plasticidade do cérebro.

No entanto, mesmo com toda a atenção dispensada ao aprimoramento cerebral, o desenvolvimento cognitivo e sua conexão com o desempenho dos alunos, o nome de Feuerstein é familiar apenas para um número relativamente pequeno de educadores e psicólogos americanos. Howard Gardner, Robert Sternberg, John Bransford, Anne Palinscar, David Perkins, David Pearson e Linda Darling-Hammond celebram suas contribuições pioneiras para o campo da inteligência. Outros nesse país, como Art Costa, Betty Garner, Meir Ben Hur, Shannon Almquist, Kate Bellanca, Robin Fogarty, Donna Wilson e Beau Fly Jones, citam sua pesquisa e se juntaram a acadêmicos e professores de todo o mundo para traduzir as ideias de Feuerstein. Ainda assim, quando ouve o nome Reuven Feuerstein, a grande maioria dos educadores escolares americanos pergunta: "Quem?"

Nesta geração, os distritos escolares americanos que empregam as abordagens de Feuerstein para ensino e aprendizagem estão dispersos. Apesar dos resultados positivos em Taunton, Massachusetts; Filadélfia; Nova York; Califórnia; e Schaumberg, Illinois, após sua visita inicial aos Estados Unidos, os programas ativos de Feuerstein atualmente são poucos e raros. Em Chicago e no Alasca, seu programa para a primeira infância é financiado em escolas de baixa renda. Em Illinois, a versão para alunos mais velhos permitiu que um programa de tratamento educacional especial para adolescentes com deficiências severas recebesse elogios da agência estadual de avaliação institucional e credenciamento. No Texas, um grupo de escolas charter está introduzindo seu trabalho. Aqui e ali, um ou outro distrito com líderes comprometidos com a aplicação integral da experiência de aprendizagem mediada vem mantendo implementações plurianuais em sala de aula de seu Programa de Enriquecimento Instrumental.

Em outras nações, no entanto, a coisa muda de figura. Em Singapura, país avaliado entre os com melhor desempenho em testes internacionais, Feuerstein é quase um nome "de casa" entre os educadores. Todos os professores do ensino médio na Bahia, Brasil, foram preparados pela Secretaria de Educação daquele imenso estado para ministrar os programas de Feuerstein. Na Itália, Romênia, Holanda, Bélgica, Inglaterra, Índia, Japão e Coreia do Sul, as universidades instituíram programas de treinamento de professores e realizam pesquisas sobre suas práticas. Na África do Sul, o departamento de preparação para o mercado de trabalho do governo prevê o Enriquecimento Instrumental como base para seus programas de treinamento profissional. Todos os anos, a União Europeia financia um programa de preparação internacional para treinadores de professores nos programas de Feuerstein oferecendo bolsas de estudo completas.

Especulam-se muitas razões para a relativamente pouca atenção dada ao trabalho de Feuerstein nos Estados Unidos. Estas incluem pelo menos sete valores mantidos por muitos educadores americanos que vão contra o sistema de crenças subjacente de Feuerstein e as práticas que estão no cerne de seu trabalho. Essas objeções contrastam com as práticas nessas outras nações, que colocaram o desenvolvimento do pensamento e a modificação da inteligência como *foco principal* de seus currículos e enxergam o pensamento como um *pré-requisito* essencial para a aprendizagem. Esses valores americanos contrários dizem que:

1. O pensamento de ordem superior é reservado para alunos dotados e talentosos.

2. Os professores trabalham melhor seguindo um plano de aula pré-determinado que se foca no ensino de competências básicas.

3. Com base na teoria de que a inteligência é determinada no nascimento e não pode ser modificada, a Curva de Bell é apontada como a melhor medida de inteligência.

4. A abordagem de Feuerstein rouba o tempo de que os professores dispõem para cobrir o currículo centrado no conteúdo estabelecido.

5. Não há formas de mensuração válidas para o pensamento dos alunos de modo a demonstrar ganho em habilidades de pensamento ou conteúdo.

6. A quantidade de tempo de desenvolvimento necessária para preparar os professores para adotar o programa é exorbitante.

7. Qualquer pensamento ensinado é melhor consolidado *dentro* de um conteúdo rigoroso que desafia/desafie os alunos a pensar de maneira aprofundada e não em um programa suplementar como o de Feuerstein.

Uma educadora americana que há muito compreende o poder do trabalho de Feuerstein e desafia os valores americanos contraditórios é Ann Lewin-Benham, coautora de Feuerstein nesta exposição compacta e prática de suas teorias. Ann descobriu as ideias de Feuerstein quando era diretora executiva do Capital Children's Museum em Washington, D.C. Ann inaugurou o museu com o intuito de estimular o desenvolvimento cognitivo das crianças. Pouco depois de ouvir Feuerstein palestrar, ela foi a Israel para estudar em seu instituto. Retornando com uma base mais sólida para sua abordagem "aprender fazendo", Ann e sua equipe agregaram o que haviam aprendido às exposições do museu. Mais tarde, ela fundou uma das primeiras escolas charter de Washington no complexo do museu. Esse programa para adolescentes, considerados os mais vulneráveis do sistema escolar público de D.C., incluía o Enriquecimento Instrumental de Feuerstein.

Após muitos anos discutindo a possibilidade de escreverem juntos, Ann e Reuven trabalharam em colaboração para proporcionar uma exposição notável, acessível e sistemática que une teoria e prática de experiências de aprendizagem mediadas nos mundos reais dos museus e das salas de aula infantis. O livro fornece exemplos concretos que mostram na prática a diretores de museus, professores e pais o "caminho das pedras" para a construção das estruturas cognitivas das crianças. Embora as evidências tenham demonstrado por muitos anos que a abordagem de Feuerstein provocou um impacto significativo na qualidade do pensamento dos alunos, novos estudos ilustram como sua teoria, métodos e ferramentas literalmente alteram a estrutura do cérebro e influenciam na aprendizagem de conteúdo. Tirados da longa e rica experiência de Ann, diálogos entre professores e alunos ilustram as melhores práticas de Feuerstein. Empregando as técnicas especiais de perguntas e sugestões criadas por Feuerstein para desenvolver a qualidade do pensamento e a capacidade de solução de problemas dos alunos, a essência do que Feuerstein chama de "Experiência de Aprendizagem Mediada", os adultos trabalham criativamente *sem* truques ou artifícios para ajudar os alunos a aprender a pensar.

Feuerstein, estimado aluno de Jean Piaget, passou muitos anos trabalhando com crianças do Holocausto cujos professores e psicólogos declararam "impossíveis de se ensinar". Com seu sucesso, especialmente no desenvolvimento das habilidades de leitura, ele desenvolveu suas técnicas "sem conteúdo" de aprendizado mediado. Nos anos posteriores, ele prosseguiu com suas pesquisas, transferindo o que havia descoberto com crianças culturalmente desfavorecidas a alunos com necessidades especiais, adultos com traumas cerebrais e outros indivíduos com dificuldades de aprendizagem, além de ajudar a prevenir distúrbios e deficiências de aprendizagem em alunos regulares e demência em idosos. Como mostram os muitos exemplos dignos de nota de Lewin-Benham, as crianças são guiadas através de um problema após o outro, enquanto constroem seu próprio repertório de estratégias metacognitivas.

Este livro é um bem-vindo acréscimo ao crescente número de obras sobre as poderosas aplicações dos mais de 50 anos de trabalho direto de Feuerstein com crianças, que tem sido sua prioridade máxima diária. Ann selecionou cuidadosamente exemplos de boas práticas para chamar a atenção para como a aplicação criativa dos critérios de Feuerstein faz todo sentido, especialmente em um momento em que os "revisores de professores" impõem rotinas e mais rotinas ao currículo escolar regular. Seus exemplos mostram quão bem essa orientação criativa de pensamento funciona, especialmente com as crianças mais difíceis de ensinar na escola ou no ambiente dos museus.

O que transparece neste livro é o amor de ambos os autores pelo que fazem. Só de sentir a dedicação deles faz com que o livro se destaque como um tesouro para qualquer um que compartilhe a paixão de ensinar o pensar explicitamente. Assim, o livro não pode deixar de chamar legitimamente a merecida atenção para o que Feuerstein tem a ensinar a todos os educadores, inclusive os dos Estados Unidos. Como uma contribuição rica e prática para o campo, os praticantes veteranos receberão com agrado esta mais recente adição à celebração de seu trabalho. Mais importante, pela primeira vez o público não familiarizado com o nome e o legado de Feuerstein terá a oportunidade de descobrir o brilhantismo da teoria e da prática desse autor. Nesta obra, é possível ver e ouvir de modo especialmente claro como ocorre uma boa mediação em qualquer situação de ensino.

— James Bellanca

Agradecimentos

Muitas pessoas contribuíram para o desenvolvimento deste livro, em especial o Dr. Louis Falik, um eminente psicólogo. Desde que se aposentou como professor de Aconselhamento Psicológico na Universidade Estadual de São Francisco, o Dr. Falik dedicou seu tempo a promover o trabalho de Reuven Feuerstein de forma oficial como colaborador de treinamento e pesquisa no instituto de Feuerstein e informalmente como braço direito do professor. Falik teve a generosidade de ler os rascunhos iniciais e posteriores e encarou as muitas sessões com Feuerstein e Lewin-Benham. A confiança de Feuerstein nas interpretações de Falik facilitou o processo quando Falik e Feuerstein debatiam aspectos das teorias que Falik entendia serem muito detalhadas para este livro. Ambos os autores agradecem pela cuidadosa e dedicada atenção de Falik.

Feuerstein agradece ao psicólogo L.J. Cronbach (1916-2001), que, segundo afirmou Richard Shavelson, ex-reitor da Faculdade de Educação de Stanford, "fez grandes contribuições nos campos da psicologia educacional, testes psicológicos e avaliação de programas ao longo de uma carreira que durou mais de cinco décadas" (2003, p. 380). Cronbach, que conheceu Feuerstein no começo da década de 1960, compreendeu imediatamente o impacto das ideias de Feuerstein, que, na sua opinião, mudariam a cara da psicologia moderna. Até o fim da vida de Cronbach, sua defesa impulsionou Feuerstein no desenvolvimento da teoria e prática da mediação. Feuerstein também agradece a muitos museus que gentilmente o receberam como palestrante e visitante, em especial aqueles que despertaram seu interesse em exposições interativas, incluindo o Exploratorium e o Capital Children's Museum.

Lewin-Benham agradece a muitos profissionais cujo trabalho moldou suas crenças sobre a aprendizagem e cujas teorias fundamentam suas práticas. Além de Feuerstein, estes incluem Mihaly Csikszentmihalyi, António Damásio, Howard Gardner, Erik Kandel, Maria Montessori, Seymour Papert, David Perkins, Steven Pinker, os educadores em Reggio Emilia, Frank Wilson e inúmeros outros em cujas salas de aula ou museus ela encontrou exemplos de mediação eficaz.

Lewin-Benham também agradece a seu antigo colega e amigo de longa data Eddie Goldstein, educador sênior do Nature & Science Museum de Denver. Goldstein é matemático e professor de Ciências. Ele leu muitos rascunhos de vários capítulos, revisou todas as referências científicas, corrigiu fatos e acrescentou histórias inspiradoras e comentários perspicazes a partir de suas próprias observações de visitantes de museus. Os autores valorizam profundamente seu esforço e assumem total responsabilidade por quaisquer erros. Lewin-Benham também agradece ao seu marido, Robert, que suporta com muito bom humor as horas que ela passa diante do teclado, empresta sua paixão por História fornecendo exemplos históricos, lê com atenção aos detalhes e conserta a impressora.

As ilustrações foram criadas por Daniel Feuerstein, que combinou meticulosamente imagens e textos, registrando detalhes em sua arte que captam com perfeição o conteúdo das descrições. Seu traço dá bastante vida às ideias do livro e os dois autores apreciam intensamente seu trabalho.

Agradecemos a Chip Lindsey, diretor executivo da ScienceWorks em Ashland, Oregon, e ex-diretor adjunto do Don Harrington Discovery Center, pelas fotografias do miolo. Agradecemos a generosidade de Edward H. Abelson por disponibilizar em domínio público a ilusão que criou, chamada Tabuleiro de Xadrez, que pode ser visualizada no Capítulo 10. Agradecemos também a generosidade de Benjah-bmm27 por desenhar e liberar em domínio público o *Tetraedro*, que se encontra no Capítulo 11. Alexandra Cruickshank reproduziu o Tetraedro na Figura 11.1; obrigado Alex. E agradecemos a Emma Cobb, da Pei Cobb Freed & Partners, por sua paciência em encontrar e aprontar para impressão o desenho da ala leste da National Gallery of Art.

Os editores da Teachers College Press, como sempre, superaram todas as expectativas para tornar este livro realidade. Esta obra não existiria sem que Marie Ellen Larcada acreditasse nela. Ela é uma editora criteriosa, com total domínio do meio editorial, sempre acessível e presta suporte aos autores de todas as formas imagináveis. Wendy Schwartz revisou o manuscrito e fez muitas sugestões excelentes, grandes ou pequenas. Shannon Waite e Tara Tomczyk acompanharam todos os detalhes, por mínimos que fossem. E nenhum outro produtor editorial poderia superar a capacidade de Karl Nyberg de transformar um manuscrito em um livro.

Por fim, agradecemos a nossos leitores, em cujas mãos está o destino deste livro. A obra permanecerá viva seja por qual meio for que vocês usarem o material para incrementar o poder de ensino a fim de que as crianças aumentem sua capacidade de aprender a aprender.

Introdução

Este livro descreve várias maneiras de interagir com os alunos, a fim de aumentar sua capacidade de aprendizagem. O livro abre novas portas para professores e crianças ao demonstrar técnicas de ensino comprovadas para ajudar as crianças a aprender baseadas no trabalho de Reuven Feuerstein, um psicólogo clínico cognitivo teoricamente orientado. Demonstradas em cenários de exposições de museus e salas de aula, as técnicas de Feuerstein ajudam os educadores a estruturar experiências que ampliam a capacidade das crianças de pensar em muitas dimensões. Esses cenários mostram que a aprendizagem é prazerosa e que as crianças podem dominar conteúdo difícil e ideias muito abstratas por meio da mediação, da teoria e das práticas que são a essência do trabalho de Feuerstein. Dois conceitos que são importantes na leitura deste livro são mediação e deficiência cognitiva.

MEDIAÇÃO: UMA BREVE DESCRIÇÃO E EXEMPLOS

Mediação significa qualquer interação na qual um adulto *tem a intenção* de transmitir um *significado* ou habilidade particular *e* incentivar a criança a *transcender*, ou seja, a relacionar o significado a algum outro pensamento ou experiência. Mediação significa interagir com *intenção, significado* e *transcendência* com o propósito de ajudar as crianças a expandir sua capacidade cognitiva, especialmente quando os conceitos são novos ou muito difíceis.

Observe como ocorre a mediação na lição a seguir, na qual a professora usa um projetor na sala de aula pela primeira vez. Note como a professora, numa sala de 30 alunos, aproveita um comentário em classe para aprimorar gradualmente o pensamento do aluno que o fez.

O aluno, olhando pela primeira vez para uma imagem projetada, exclama: "Uau! É como um balão de hélio".

O aluno fez uma analogia: algo pequeno torna-se grande quase que instantaneamente.

A professora, confirmando a observação do aluno, identificando a habilidade de pensamento que ele usa e com a *intenção* de estimulá-lo a ser preciso, diz: "Ótima analogia! O que há de similar entre a imagem e o balão?"

O aluno, com grande confiança, responde: "Eles ficam grandes rápido!"

A professora, questionando para determinar em que o aluno está se concentrando e com a intenção de orientá-lo a mudar sua expressão do vago "eles" para uma descrição exata do conteúdo, pergunta: "Você pode me dizer exatamente o que é *eles*?"

O aluno: "A foto e o balão".

A professora, identificando o que o aluno fez certo: "Muito bem! Você usou nomes precisos". Em seguida, com a intenção de pedir ao aluno que faça a comparação: "O que é *diferente* na forma como a imagem e o balão se tornam grandes?"

O aluno, com certa hesitação: "Esse projetor fez isso aqui e, hã... aquela coisa fez isso lá".

A professora, com a intenção de buscar mais precisão: "Alguém sabe o nome exato...?"

Um coro de quatro vozes: "Cilindro de hélio".

A professora, satisfeita que os alunos saibam o nome, mas com a intenção de estimulá-los a analisar o efeito do cilindro de hélio no balão: "Qual é a relação entre o cilindro de hélio e o balão?"

Outro aluno diz: "Ele enche balões".

Um outro aluno aprimora a resposta: "O hélio *infla* balões".

A professora, dirigindo-se ao aluno inicial com a intenção de fazê-lo reunir as informações: "Agora, observe com atenção. Não tenha pressa. Então, enumere as diferenças que você vê entre um projetor e um cilindro de hélio".

Aos poucos, a professora estimula os alunos a dar consistência à analogia com as evidências, sempre declarando a intenção de sua pergunta e identificando quais habilidades de pensamento os alunos usam em suas respostas. Dessa maneira, a professora desenvolve a capacidade dos alunos de observar atentamente e dar nome, comparar e identificar. Simultaneamente, a professora os conscientiza de que as habilidades de pensamento que estão usando incluem: aumentar o vocabulário, observar, identificar causa e efeito, e estabelecer relações.

No fim da discussão, a professora faz uma ponte entre o exemplo em questão e algo diferente, perguntando aos alunos: "Ao que mais vocês podem aplicar a analogia de algo pequeno tornar-se instantaneamente grande?" Isso é a *transcendência*, uma das partes mais importantes da mediação: estimular os alunos a associar o que está sendo abordado atualmente a algo que eles experimentaram no passado ou que poderiam experimentar – ou imaginar – no futuro, e estabelecer relações.

Esse intercâmbio é um exemplo de mediação, porque a professora deixa clara sua *intenção* para os alunos, mantém o foco no *significado* de estímulos específicos, e desafia os alunos a "*transcenderem*" – a aplicarem a mesma analogia a diferentes exemplos. No processo, a professora aprende sobre o domínio do vocabulário, fatos e processos de pensamento de diferentes alunos.

A mediação pode ser aplicada com alunos de qualquer idade, sobre qualquer tópico, seja com uma classe grande de 30 alunos ou com apenas 1. O ato de mediação pode ser tão simples quanto o comentário animado de um adulto "Olhe!", seguido de perguntas como: "O que você vê aqui?", "O que isso lembra a você?", "Como você acha que isso aconteceu?", "Você poderia fazer algo assim acontecer?" A atitude do adulto é um fator crucial para aumentar o interesse das crianças.

CONSIDERAÇÕES SOBRE FUNÇÕES COGNITIVAS DEFICIENTES

Muitas condições são designadas como *deficiência cognitiva*. Um artigo recente do periódico francês *Acta Paediatrica,* afirma: "Uma deficiência cognitiva moderada foi definida como uma pontuação das Componentes do

Processamento Mental no teste Bateria de Avaliação Kaufman para Crianças entre 70 e 84" (BEAINO et al., 2011, p. 370). Os autores, que são do Epiage Study Group, dizem que a expressão *deficiência cognitiva* é "uma questão multifatorial complexa" que depende tanto de fatores biológicos como de fatores ambientais. Muitas condições se enquadram como "deficiência cognitiva" e variam em gravidade.

Em seu trabalho como psicólogo clínico, cognitivo e do desenvolvimento, Feuerstein identifica problemas (TDAH, síndrome de Down, autismo) lançando mão de vários meios de avaliação aceitos e os corrige por vias terapêuticas, como a avaliação dinâmica, uma abordagem passo a passo na qual um avaliador faz um teste para verificar o que uma criança consegue fazer em uma determinada tarefa, ensina imediatamente qualquer que seja a habilidade ausente, e logo em seguida faz novo teste com uma tarefa similar para determinar o potencial de aprendizagem da criança. O compromisso vitalício de Feuerstein de trabalhar com crianças com as quais outros tratamentos terapêuticos não obtiveram êxito é uma prova de sua crença no potencial humano, mesmo quando outras abordagens falharam. Feuerstein tem sido um iconoclasta ao se opor a rotular crianças e usar a expressão *funções cognitivas deficientes* como jargão genérico para cobrir diversos comportamentos muito específicos – tais como percepção difusa e indiferenciada ou incapacidade de selecionar pistas relevantes na definição de um problema. As funções cognitivas que Feuerstein considera deficientes estão esmiuçadas no Apêndice A.

SOBRE O LIVRO

Este livro nasceu da crença compartilhada pelos autores de que os museus são laboratórios férteis para a busca de novas formas de ajudar as crianças a aprender. Feuerstein vê mais estímulo por metro quadrado em museus interativos do que em qualquer outro lugar. Ambos os autores acreditam no potencial dos museus como vitrines para promover os processos cognitivos das crianças por meio da mediação. O livro torna acessíveis as teorias de Feuerstein através de uma variedade de exemplos para que os educadores possam compreender com facilidade como empregar suas técnicas de mediação. Até agora, suas ideias eram descritas sobretudo em volumosos livros didáticos para professores e formadores de professores, artigos científicos e teses de doutorado, ou reportagens.

O livro tem, na realidade, dois primeiros capítulos. O Capítulo 1 mostra, por meio de exemplos, o que significa mediação; o Capítulo 2 explica a teoria da mediação. Se você preferir começar pelos exemplos, leia primeiro o Capítulo 1; se deseja uma perspectiva teórica, comece pelo Capítulo 2.

Os exemplos deste livro mostram alunos de idades entre 5 e 11 anos com variados níveis de desempenho, incluindo indivíduos cujo pensamento não está bem desenvolvido devido a circunstâncias da vida, como pobreza, guerra, imigração ou genética. Usamos muitos exemplos de museus porque as exposições são facilmente acessíveis, têm conteúdo diversificado e comunicam em diferentes modalidades – em três dimensões; com imagens em movimento, texto, fotos e desenhos, apresentações ao vivo, arte original, dioramas elaborados e recursos interativos. Por serem tão variadas, as exposições são excepcionalmente eficazes em despertar o interesse. Uma vez despertado o interesse, a mediação pode ajudar as crianças a aumentar sua capacidade de se concentrar, observar, analisar e se expressar.

Ao usar exposições em museus, universalizamos as técnicas de mediação ao:

- traduzir a mediação em inúmeras e variadas interações entre professor e aluno;

- evidenciar a relação de três vias entre o indivíduo mediador, a criança que está sendo mediada e o estímulo que é usado como conteúdo da mediação;

- explicar os três atos essenciais de um mediador:

   - intenção de ajudar as crianças a compreender determinados conteúdos, conceitos e processos de pensamento, seleção de significado específico a transmitir, transcender, isto é, relacionar o significado em questão a algo remoto.

RESUMO DOS CAPÍTULOS

Neste livro, você verá como aprender a usar as exposições de forma eficaz pode impactar o modo como ajudamos as crianças a aprender em *qualquer* ambiente. Os resumos a seguir mostram o que os leitores podem esperar.

Capítulo 1: Os leitores aprendem como transformar as respostas das crianças em respostas pensadas. Muitos cenários mostram por que as crianças não conseguem aprender e como modificar experiências para que elas de fato aprendam. Mitos comuns sobre aprendizagem são desmentidos.

Capítulo 2: Os leitores adquirem compreensão sobre a teoria da mediação à medida que aprendem sobre sua origem e definição; exploram a relação entre professor, aluno e lição; e refletem sobre o que significa mediar com significado, intenção e transcendência – o que Feuerstein chama de três atos essenciais de uma interação mediada.

Capítulo 3: Programa de Enriquecimento Instrumental (PEI) de Feuerstein é o título da série de diagnósticos e exercícios em sala de aula que figuram com destaque no trabalho de Feuerstein. Aqui, os leitores testemunham o PEI em ação nas salas de aula.

Capítulo 4: Os leitores veem em ação as técnicas de significado, intenção e transcendência em duas diferentes lições em sala de aula e em uma exposição de museu. Todos os três cenários mostram mediação exemplar.

Capítulo 5: Por meio de cenários, os leitores entendem o significado de quatro atos básicos para todo pensamento: atenção, imitação, orientação espacial e movimento. Eles aprendem por que esses atos são habilidades de pensamento fundamentais.

Capítulo 6: Os leitores aprendem como usar duas das ferramentas de Feuerstein. Uma delas, o Mapa Cognitivo, é um meio de analisar os aspectos cognitivos e motivacionais de uma experiência. A outra, Deficiências de Pensamento, é um meio de analisar o que as respostas das crianças a uma experiência mostram sobre sua capacidade de pensar.

Capítulo 7: Este capítulo mostra como usar exposições ricas da melhor maneira possível na aprendizagem. Observando muitos cenários, o leitor vê a importância de técnicas como repetição, diversidade, modalidades, detalhes, redundância, estética e materiais geradores de conflitos. Explicamos o impacto dessas técnicas, que também são aplicáveis fora dos museus, nas lições em sala de aula e em outras experiências de aprendizagem.

Capítulo 8: Por meio de cenários, os leitores descobrem um segundo conjunto de funções cerebrais que apoiam o pensamento consistente e as técnicas que permitem aos alunos adquiri-las. As funções cerebrais são aprender a sentir empatia, usando muitas e variadas modalidades; colaborar; e engajar-se em atos de pensamentos complexos.

Capítulo 9: A imaginação dos leitores é estimulada ao se pensar fora da caixa sobre a colaboração entre escolas e museus. Por exemplo, o tópico "ideias inovadoras" sugere vários guias para professores elaborados por museus, um corpo de serviço para jovens, exposições projetadas por alunos e diversos programas de estágios.

Capítulo 10: Os leitores aprendem como construir um pensamento consistente em um contexto que explica cada um dos cinco tipos diferentes de experiências e como cada uma delas estimula o cérebro. As experiências são incongruência, repetição, transformação, ilusão e estímulo tátil/visual.

Capítulo 11: Os leitores veem o papel da motivação no pensamento e encontram sugestões sobre como mudar uma emoção negativa associada na criança. Examinam exemplos da progressão do pensamento concreto para o abstrato e, no contexto de algumas pesquisas recentes sobre o cérebro, observam duas experiências destinadas a estimular o pensamento.

Capítulo 12: Conselhos práticos orientam os leitores na preparação e acompanhamento de visitas a museus ou outras excursões de campo – debates com alunos e atividades para se preparar para uma visita, o que fazer no caminho, na chegada, durante a visita e após a visita.

CONHECENDO SEUS AUTORES

Reuven Feuerstein e Ann Lewin-Benham chegam a este livro com uma experiência variada, mas complementar. A colaboração entre os autores conserva a visão de cada um. As teorias, técnicas e instrumentos de Feuerstein são tão altamente desenvolvidos e refinados que sua autoria fica aparente em suas descrições. Da mesma forma, a explicação sobre o que e como as crianças aprendem são *insights* de Feuerstein.

As visitas de Ann Lewin-Benham a museus ao longo de sua vida, as décadas vivenciadas como fundadora e diretora de museu, e seus variados papéis na educação ficam evidentes nos inúmeros exemplos de salas de aula e museus. Sua marca como autora – tornando acessíveis ideias complexas – fica patente na clareza com que ela descreve o extenso trabalho de Feuerstein.

Este livro foi ideia de Feuerstein. Suas numerosas visitas ao Capital Children's Museum (CCM) em Washington, D.C., fundado por Lewin-Benham na década de 1970, levaram-no a pedir que ela colaborasse com ele. Sua parceria se estendeu por décadas.

Reuven Feuerstein

Era fato notório na vila de Botosani, Romênia, que Reuven Feuerstein, nascido em 1921, aprendeu a ler aos 3 anos. Ele lia regularmente tanto a Bíblia de sua mãe como um livro de histórias, *Tseena Ureena* (*Saí, ó filhas de Sião, contemplai*). Baseado no "Cântico dos Cânticos", o livro interpreta a Bíblia, enfeitando-a com lendas e fábulas. Esses ricos comentários dramáticos são típicos da tradição oral e proeminentes no estudo judaico. A história de Jacó implorando a José, seu filho, para que não o deixasse ser enterrado no Egito teve um impacto profundo em Feuerstein quando jovem – um pai confessando e pedindo perdão a seu filho, uma mãe que se levanta do túmulo e chora, vozes vindas dos céus. Dos 3 aos 7 anos, Feuerstein ficou imerso nessas histórias, as imagens e sons permeando sua mente, ecoando em seus sonhos e sintonizando-o com o poder da palavra escrita.

Quando Feuerstein tinha 5 anos, o pai de um garoto de 15 anos abordou-o com um pedido: "Por favor, ensine meu filho, 'Chayim, o Tolo', a ler; deixe-me morrer em paz, sabendo que meu filho mais velho será capaz de recitar o *kadish* sobre o meu túmulo". (O *kadish*, chamado de prece pelos falecidos, é tão antigo quanto o próprio judaísmo.) O apelo fervoroso do pai foi o primeiro sinal de Feuerstein de que ele estava destinado a ser um professor. Quando seu êxito com Chayim, o Tolo, ficou conhecido na vila, outros pais, desesperados com a leitura de seus filhos, também procuraram Feuerstein.

Mesmo ainda criança, Feuerstein sentia que tinha uma poderosa capacidade de ensinar. Ele passava muito tempo estudando a Bíblia no Héder (escola hebraica) e, à noite, seguindo a tradição dos judeus ortodoxos, seu pai o questionava sobre o que havia aprendido. No Héder, os homens judeus buscam camadas de significado em todas as palavras da Bíblia e nos comentários dos grandes líderes espirituais nos quase 6 mil anos do judaísmo. Feuerstein diz que esse estudo ampliou a dimensão cognitiva de seu pensamento. Aos 8 anos, Feuerstein fazia sermões e acreditava que tinha experiência suficiente para ensinar a Bíblia em hebraico a jovens adultos que se preparavam para viver em Israel. Aos 12, estava lendo a Bíblia em alemão.

O trabalho clínico de Feuerstein começou com força total em Israel, em 1945, quando os jovens foram sendo reassentados após o Holocausto, começando pelas crianças polonesas de Teerã. Apartadas de seus lares, essas crianças foram exiladas na Rússia, onde se viram no *front* de guerra alemão/russo. Lá, elas literalmente corriam de um lugar para outro encarando a morte nos olhos, aprendendo a escapar de Buchenwald, Auschwitz e outros infernos na terra. Aquelas que conseguiram sobreviver foram reunidas no fim da guerra e enviadas de Teerã para Israel. Sua emocionante história é contada no livro *The Teheran Operation* (Omer, 1991). Sobreviventes da guerra e vítimas de sua barbárie, os jovens compreenderam que suas vidas – e a sobrevivência do judaísmo – dependiam do sucesso do novo estado de Israel. Determinados como cães faminhtos perseguindo presas, vários deles se tornaram heróis na Guerra da Independência (1948), onde muitos morreram lutando para tornar realidade o sonho do Estado israelense.

A situação terrível desses jovens obrigou Feuerstein a ajudá-los a superar os horrores que haviam vivenciado. Assim, teve início o trabalho que acabaria por produzir suas teorias e programas aplicados. Muitos questionaram se os jovens tinham condições de aprender. Irritado com os céticos, Feuerstein rebateu suas acusações: "Não me perguntem o que eu sei! Perguntem-me como posso aprender!" Nas décadas que se seguiram, Feuerstein, junto com vários colegas, deu corpo ao trabalho. As poderosas teorias e inúmeras aplicações mudaram a vida de muitas pessoas.

Trabalhando, a princípio, em estreita colaboração com o brilhante psicólogo Andre Rey, 14 anos mais velho do que Feuerstein, os dois usaram os testes psicológicos existentes na época – muitos deles criados por Rey – de uma nova maneira e foram pioneiros no formato de teste hoje conhecido como avaliação dinâmica – uma medição não do que os indivíduos sabem, mas do seu potencial para mudar e aprender. A avaliação dinâmica se baseia nas técnicas de mediação explicadas neste livro. A contribuição de Feuerstein mudou o paradigma em avaliações.

Ann Lewin-Benham

Nascida em 1939, Ann White Lewin-Benham cresceu em Manhattan – privilegiada e resguardada dos traumas da Segunda Guerra Mundial por pais protetores. Criada em um ambiente judaico liberal, estava imbuída da crença na igualdade e capacidade humanas. Quando terminou a faculdade, aos 20 anos, Lewin-Benham tornou-se assistente social no Departamento de Previdência Social de Jacksonville, Carolina do Norte, e este trabalho moldou sua vida. A pacata cidade do sul, alheia às iminentes lutas pelos direitos civis, tinha um diretor esclarecido na Previdência Social que baniu a segregação em salas de espera, banheiros e bebedouros da agência – algo inédito para a época – e forneceu um escritório particular para cada assistente social, para que os usuários não tivessem que expor suas necessidades sentados lado a lado. Os casos das 200 famílias aos cuidados de Lewin-Benham incluíam uma mãe com 10 filhos pequenos vivendo em uma cabana na floresta; uma família de 12 pessoas vivendo em um trailer de 2,5 por 6 metros que, geração após geração de relacionamentos incestuosos, tinham QI em torno de 60; e mulheres da zona de prostituição negra, cujos barracos não dispunham de eletricidade e eram erguidos sobre palafitas porque, sem encanamento, a chuva transformava a estrada de terra em um esgoto. As experiências semearam a crença em Lewin-Benham de que "eles" – os economicamente desfavorecidos – não são culpados por não aprenderem e que fatores de vida desfavoráveis, e não a ausência de inteligência inata, causam problemas de aprendizagem.

Um acontecimento ainda mais marcante aos 21 anos foi o nascimento do filho de Lewin-Benham, Danny. Sua admiração com o processo de desenvolvimento precoce levou a uma busca por um bom ambiente de aprendizagem, que ela encontrou em uma escola montessoriana. Mais tarde, ela recebeu treinamento no método Montessori; ensinou crianças, treinou professores e depois expandiu a escola montessoriana até a 6ª série; e, quando Danny e seus colegas chegaram à puberdade, fundou uma escola secundária. Permanentemente frustrada pela incapacidade das escolas de mudar, Lewin-Benham dedicou sua energia à criação de um museu infantil em Washington, D.C.

Com poucos modelos dessa nova forma cultural, Lewin-Benham estava livre para elaborar maneiras inovadoras de estimular a aprendizagem. Uma exposição sobre o Holocausto, "Remember the Children" (Lembrem-se das Crianças), foi mais tarde reintitulada como "Daniel's Story" (A História de Daniel) e se tornou uma exposição permanente para crianças no Museu do Holocausto dos Estados Unidos em Washington, D.C. Essa exposição, como todas as outras do museu, combinou uma grande variedade de efeitos mediadores, incluindo a intervenção humana.

Percebendo que as crianças passavam um tempo cada vez menor em museus, Lewin-Benham voltou a criar escolas – três diferentes nas instalações de três acres do museu. Lewin-Benham enviou funcionários das escolas para treinamento no instituto de Feuerstein em Jerusalém, o Centro Internacional pelo Desenvolvimento do Potencial de Aprendizagem (ICELP), e incorporou as teorias e técnicas de Feuerstein nos currículos escolares e nas exposições dos museus. Essas experiências variadas ao longo de 30 anos situam-na na interseção onde a teoria encontra a prática.

Neste livro, há dezenas de exemplos de como é a aprendizagem para alunos cujos professores usam a mediação e de como usar exposições de museus como coadjuvantes na elaboração das aulas. Você aprenderá técnicas de mediação com o psicólogo que as desenvolveu. Portanto, sente-se nas salas de aula da escola enquanto observamos a teoria da mediação ganhar vida na prática, às vezes com crianças até então não mediadas. Em seguida, ponha seus calçados de caminhada para vermos a mediação aplicada em variados contextos em museus. Ao mostrarmos como usar a mediação em exposições, universalizamos a mediação para qualquer situação em que os professores desejem que os alunos obtenham novos entendimentos e, por fim, tornem-se seus próprios mediadores.

Capítulo 1

Aprendizagem por meio da mediação

O alcance do que pensamos e fazemos é
limitado pelo que deixamos de notar.

— Daniel Goleman, 1985

Aprender! Aquilo que os seres humanos fazem durante toda a sua vida, e que pode ser uma alegria, mas pode causar consternação – se uma criança não consegue! Neste livro, há exemplos de como ajudar todas as crianças a aprender em variadas situações, com adultos aplicando as técnicas da teoria da mediação de Feuerstein. A parte teórica da mediação é explicada no Capítulo 2, e nos capítulos 3 a 6, aspectos essenciais da teoria são descritos com vários cenários de salas de aula e museus. Os capítulos 7 a 12 aplicam a teoria para mostrar como a mediação eficaz pode desenvolver, fortalecer ou ampliar a estrutura cognitiva. Os capítulos 7 a 12 abordam diversas funções cognitivas específicas. Exemplos demonstram a aplicabilidade universal da teoria da mediação. Embora reconheçamos que as crianças aprendem independentemente em muitas e diferentes situações, ao longo deste livro nós iremos abordar:

- experiências de aprendizagem que desenvolvem a função cognitiva e estimulam os alunos a irem além do pensamento superficial,
- o papel dos educadores em estruturar voluntariamente tais experiências, e
- como fazer uso de significado, intenção e transcendência – os pilares da prática da mediação – durante as interações entre adulto e criança.

É consenso entre psicólogos que uma prova da aprendizagem é que *retemos, entendemos e usamos o conhecimento para construir ativamente novas relações*. O psicólogo David Perkins afirma reiteradamente em seu livro *Outsmarting IQ* (1995) que, para que aprendamos, precisamos ter informações claras, prática atenta, *feedback* informativo e forte motivação. Observe esses princípios nos dois cenários a seguir, primeiro em sala de aula e depois no museu.

Cenário 1. O educador/filósofo David Hawkins era, antes de tudo, um físico. Um dos mais jovens cientistas a participar do Projeto Manhattan, ele foi assistente de Robert Oppenheimer e historiador oficial do projeto. Depois que os russos lançaram o Sputnik e derrotaram os Estados Unidos na corrida espacial, Hawkins foi selecionado pelo Instituto de Tecnologia de Massachusetts (MIT) para liderar os principais cientistas na reforma da educação científica. Durante aquele período, Hawkins escreveu um influente artigo – "Messing About in Science" ("Explorando em Ciências") – sobre ensinar os alunos da 5ª série a usar pêndulos. Os alunos não descobriram os princípios do comportamento de um pêndulo só de balançá-lo durante uma manhã de atividades na base da tentativa e erro. Foram necessárias semanas "explorando" para pensar sobre os efeitos. Também foram necessários:

• outros recursos, como imagens, instruções, explicações, livros, vídeo (hoje, simulações em computador);

• um adulto experiente no assunto para manter as mentes dos alunos interessadas durante as atividades com o pêndulo; e

• muito tempo empregado usando pêndulos na presença de um adulto experiente no assunto. (Hawkins, 1965)

Cenário 2. Autoridades do Distrito de Columbia levaram 200 crianças ao Capital Children's Museum em Washington, D.C., para comemorar o 10º aniversário do Head Start (Um Bom Começo). Depois que as crianças exploraram o museu, elas foram conduzidas até o auditório. O diretor do Head Start, um simpático mestre de cerimônias, perguntou: "Quem gostou do museu?" Duzentas mãos levantaram-se animadamente. "Do que vocês se lembram?", ele perguntou. Uma centena de mãos balançou no ar. Ele apontou para uma delas. "A girafa!", a criança exclamou. Lewin-Benham recorda:

> Como diretora do museu, fiquei desconcertada! Nós não tínhamos uma girafa; evidentemente, a criança nos confundiu com

o zoológico. Enquanto eu quebrava a cabeça, lembrei-me. Na exposição "Metricville" (Cidade das Medidas), em uma parede estreita que mal chegava a ter 30cm de largura, havíamos pendurado uma placa, *ZOO*, e em vermelho-vivo pintáramos grandes silhuetas de um macaco e uma girafa. Cada uma delas trazia uma pergunta: "Você é tão alto quanto a cauda do macaco?" e "Você consegue alcançar a orelha da girafa?" A intenção era chamar a atenção dos visitantes para a questão da altura.

A maioria das crianças do Head Start encontra-se na fase da pré-alfabetização, e até mesmo uma criança alta de 4 anos de idade não conseguiria alcançar a orelha da girafa. Se, naquele enorme museu com centenas de atividades, uma criança lembrou-se do pedaço de parede com o contorno pintado de uma girafa, um adulto deveria ter *mediado* a experiência. Lewin-Benham prossegue:

Eu gostaria de ter presenciado a interação. Como eu não estava lá, eis aqui uma mediação fictícia:

O professor, observando o interesse da criança e lendo o texto, questiona: "Você gostaria de alcançar a orelha da girafa?"

A criança, animada, balança a cabeça, confirmando: "Aham!"

O professor, querendo que a criança se lembre, e fazendo a mímica com as mãos, diz: "Você tem que ser *MUUUITO* alto para alcançar a orelha da girafa".

A criança, satisfeita, imita as palavras do professor: "Alcançar a orelha da girafa!"

O professor foi um bom mediador. Ele soube como observar, captar o interesse de uma criança e envolvê-la ainda mais, levantando-a para que *pudesse* "alcançar a orelha da girafa".

Feuerstein diz que a maioria das crianças que se alça do funcionamento cognitivo inferior para o superior foi mediada. Isto é, um adulto interveio muitas vezes nas experiências e, consequentemente, "treinou o cérebro das crianças" (Posner, Rothbart, Sheese & Kieras, 2008, p. 2) de modo que elas adquiriram estratégias com as quais pensar em novas experiências.

A mediação pode envolver:

- mostrar às crianças a maneira correta de se usar uma ferramenta;
- estimular as crianças a pensar sobre o conteúdo (significado) de uma lição ou exposição ou seu contexto (ideias transcendentes);
- aproveitar um momento propício à aprendizagem quando as perguntas ou a linguagem corporal das crianças mostram que estão curiosas;
- pedir às crianças que expliquem algo com suas próprias palavras;
- oferecer ou solicitar uma analogia; e
- levantar perguntas importantes que orientem as crianças a pensar logicamente.

Neste capítulo, primeiro mostramos exemplos de experiências reais em museus, depois examinamos crenças comuns sobre aprendizagem. Lembre-se dos exemplos ao estudar a teoria de mediação de Feuerstein (capítulo 2), enquanto vê a mediação em ação em situações que mostram como os protagonistas da aprendizagem (adulto/criança/estímulo) se relacionam uns com os outros (capítulos 3 a 6) e ao conhecer uma grande variedade de maneiras de aprimorar as habilidades de pensamento das crianças por meio da mediação (capítulos 7 a 12).

O POTENCIAL DOS MUSEUS PARA ESTIMULAR A APRENDIZAGEM

A missão dos museus é transmitir conhecimento, colocar em exposição pública os ápices da realização humana – pensamentos e objetos. O conhecimento pode estar na forma de objetos esquisitos – o museu servindo como um armário de curiosidades; tais exposições aguçam a imaginação. O conhecimento pode ser a forma como alguém representa a realidade – as paisagens de Claude Monet, os interiores de Vincent van Gogh, os relógios de Salvador Dali. Tais exposições contrastam formas de representar a realidade. O conhecimento pode mostrar realizações científicas ou tecnológicas, forças históricas ou processos naturais; essas exposições nos permitem ampliar o que sabemos sobre como as coisas funcionam. Quer os museus colecionem e exibam artefatos ou criem cenários para transmitir ideias, os visitantes podem ter certeza da autenticidade do que veem – fontes em primeira mão que não podem ser encontradas na televisão ou em livros e objetos examinados para garantir que sejam genuínos e originais. A conexão entre museus e crianças é que a inestimável coleção de um museu pode capturar a atenção, aguçar a mente, despertar a curiosidade, causar admiração ou desencadear pensamentos – todas estas condições que preparam as crianças para a aprendizagem.

Ao longo deste livro, utilizamos as experiências do museu como paradigma de como a teoria e as técnicas de mediação de Feuerstein podem estimular o pensamento eficaz. Resumidamente, a teoria da mediação afirma que a intervenção de adultos é essencial para a aprendizagem das crianças e que técnicas específicas transformam tais intervenções em intervenções "mediadas". Nas intervenções *mediadas*, os adultos:

- têm a intenção de aumentar a capacidade cognitiva das crianças, não o que elas pensam, mas como observam, comparam, analisam, concluem ou usam qualquer uma das muitas habilidades do cérebro;
- chamar a atenção das crianças para o significado específico de um estímulo, como forma de ajudá-las a aprender a se focar, que é a base para a aprendizagem do que quer que seja; e
- transcender, o que significa que o adulto incentiva as crianças a relacionar a experiência em questão com outras experiências do passado ou com o que elas possam imaginar no futuro; em outras palavras, associar ideias para que as crianças construam relações mentais.

Como os museus auxiliam a aprendizagem

Os museus oferecem inúmeras possibilidades e contam com o aspecto informal, características que proporcionam às crianças um tipo diferente de estímulo das salas de aula. Nos museus:

- Não há currículo ou provas.
- Ninguém perde o emprego se as crianças fracassam.
- As informações são apresentadas de maneiras engenhosas.
- Algumas exposições dão margem a variadas interpretações e, assim, proporcionam aos mediadores muitos ganchos para sondar os diferentes interesses das crianças.
- Não têm um sinal que toca ou períodos que terminam; portanto, as crianças ficam às voltas com o que quer que seja pelo tempo que quiserem e o repetem enquanto o interesse durar.

Essas condições dão aos professores a oportunidade de (1) observarem as reações das crianças e estudarem que tipo de alunos são, e (2) usarem as exposições do museu como recursos para estimular o cérebro a pensar e aprender.

Universalizando a partir de experiências em museus

Apesar das condições que parecem favoráveis à aprendizagem, algumas crianças *não* pensam ou aprendem nos museus. Descobrir o porquê define a estrutura para as perguntas que examinamos ao longo deste livro. As respostas aos seguintes questionamentos fornecem um esquema para o ensino/aprendizagem eficazes:

- O que é aprendizagem?
- O que promove a aprendizagem?
- Qual é o papel do adulto na aprendizagem das crianças?
- Qual é o papel das exposições? Dos livros didáticos? De outros estímulos?
- O que fornece evidências de que alguém está pensando?
- Qual é a relação entre pensar e aprender?

Se as respostas das crianças às experiências do museu forem momentâneas, ofuscadas pela exposição seguinte e esquecidas após a visita, *a mediação poderá desempenhar um papel fundamental.* Com mediação eficaz, as respostas das crianças podem se tornar respostas pensadas e, com repetição, as crianças podem aprender gradualmente.

Aprender significa mudar permanentemente como você pensa, além de:

- fazer novas conexões entre uma experiência ou estímulo e outro,
- compreender o papel das ideias ou objetos em diversos contextos,
- assimilar o significado do comportamento físico dos objetos, e
- mudar ideias que são imprecisas ou incorretas.

Algumas poucas crianças fazem isso por conta própria. A maioria requer mediação.

Lembrete de advertência: Não se trata de simplesmente fazer! É preciso pensar! Saber o que fazer ou interagir com as exposições conforme a intenção original de seus idealizadores não significa que as crianças *pensam* nos princípios incorporados na exposição. Para ajudar as crianças a aprenderem a pensar, devemos guiá-las por um ciclo de aprendizagem – explorar, formar conceitos, transferir. Vamos observar a mediação em cada fase do ciclo:

• *Explorar.* Estimule as crianças a determinar a intenção da exposição. P: Por que existem dois tubos? Por que há duas bolas? R: Para que possamos fazer uma comparação! P: Por que as bolas precisam ser soltas ao mesmo tempo? R: Para que elas iniciem a corrida exatamente no mesmo momento.

• *Formar conceitos.* Estimule as crianças a encontrar significado e pensar analiticamente. P: Qual é a diferença entre os tubos? R: Um tem uma inclinação bem acentuada, a do outro é suave. P: Por que as bolas são iguais? R: Para que tenham chances iguais de ganhar a corrida. P: Que efeito a diferença nos tubos provocará? Quando você soltar as bolas, uma delas rolará mais rápido? Qual? Por quê?

• *Transferir conceitos.* Estimule as crianças a transcenderem desta exposição para outras experiências. P: O que isso lembra vocês? Como vocês podem aplicar essas ideias a algo que vocês já viram (em casa, no museu, no parque ou em outro lugar)?

Na história da Ciência, explorar e formar conceitos estendeu-se por longos períodos. Por volta de 1600, Galileu demonstrou que bolas de massas muito diferentes caíam juntas quando lançadas de uma mesma altura – tratava-se de uma exploração. Sessenta anos se passariam até que Newton apresentasse a matemática para explicar o porquê – aí estava a formação do conceito. Eventualmente, as ideias de Newton deram origem ao cálculo, um novo ramo da matemática – eis a transcendência.

> A arte da mediação reside em observar e ouvir as crianças, a fim de determinar em que ponto elas estão no ciclo de aprendizagem e então intervir de forma eficaz.

Resumo: o que prejudica a aprendizagem?

Até aqui, resumimos o que é mediação. A seguir, usaremos exemplos de crianças em museus para descrever o que pode dar errado e explicar o porquê. Por fim, veremos como mitos sobre aprendizagem impedem o uso de exposições para promovê-la. Por extensão, essas ideias se aplicam à aprendizagem em qualquer lugar. Considere as experiências do museu:

• uma estrutura para as ideias contidas no livro,

• uma lente para focar no que você acredita sobre aprendizagem,

• um roteiro para mostrar como suas crenças influenciam a forma como você ensina,

- um esquema para como usar a mediação em diversas situações – museus, salas de aula e outros lugares.

EM UM MUSEU: O QUE NÃO ACONTECEU, POR QUE E COMO MUDAR

Fatores que prejudicam a aprendizagem podem ser facilmente constatados nos museus. As crianças não conseguem aprender quando:

1. O conteúdo não lhes é familiar.
2. O auxílio é ineficaz.
3. Crenças sobre como se dá a aprendizagem são equivocadas.

A intervenção de um adulto pode mudar os fatores. Aqui, observamos como isso acontece.

Lidando com conteúdo que não é familiar

Os muitos exemplos a seguir mostram como um conteúdo que apresenta dificuldade por não ser familiar ou ser complexo pode impedir que as crianças o assimilem.

Anatomia comparada. Kim, 9 anos, examinou quatro crânios em um expositor bem iluminado no enorme museu de história natural. A atraente exposição com placas descritivas de fácil visualização continha explicações curtas e objetivas sobre a relação entre como a mandíbula funciona e o que um animal come. Kim concordou em participar de um estudo para determinar se a exposição ensinava o que foi projetada para ensinar. Kim se saiu bem, mas sua terceira resposta estava incorreta – assim como as de todos os outros visitantes. O que deu errado?

Os visitantes disseram exatamente o que havia na placa descritiva, mas ela continha informações incorretas. Quando as crianças repetem o que veem, isso significa que uma lição teve êxito em transmitir um conteúdo específico. Mas, se o que elas veem estiver incorreto, apenas os conhecedores no assunto saberiam identificar; aqueles que não estão familiarizados com o conteúdo acabariam com informações erradas. Os responsáveis são os museus. A maioria, grande parte das vezes, fornece informações corretas. Quando o antigo e venerável museu percebeu que o conteúdo estava errado, trocou a descrição. Placas descritivas, lições ou informações devem ser precisas para que as crianças aprendam, especialmente se o conteúdo não lhes for familiar.

Impulso. Esse é outro assunto que apresenta dificuldade, porque é um fenômeno da física e pesquisas mostraram que as crianças costumam abordar a física com um pensamento intuitivo – ou ingênuo – que impede a compreensão de seus princípios (Gardner, 1991; Gelman, Brenneman, McDonald & Roman, 2009; Perkins, 1992). Todos nós experimentamos o efeito do impulso – em inclinações muito íngremes, as coisas rolam mais rápido do que em inclinações suaves. Uma exposição demonstrou isso com tubos de plástico transparente contornando dois grandes cilindros idênticos (cf. a Figura 1.1). A tubulação dava a volta com uma inclinação mais íngreme em um cilindro e, no outro, de maneira mais suave. Os visitantes deveriam soltar ao mesmo tempo uma bola no topo de cada tubo, observar qual delas chegava primeiro no fundo e explicar o porquê.

Lenny, 8 anos, interagiu com a exposição, mas não notou as placas descritivas (como faz a maioria das crianças). Ele pegou uma das bolas do chão e empurrou-a um pouco para o fundo da saída de um dos tubos. A bola rolou até o chão. Lenny deu de ombros e abandonou a exposição. Os funcionários perceberam que essa era uma reação comum e incluíram ilustrações. Ainda assim, a maioria das crianças reagiu como Lenny. Os visitantes só passaram a compreender o que deveria ser feito depois que a equipe fez um vídeo mostrando duas pessoas, cada uma jogando no mesmo instante uma bola e exclamando sobre qual delas saiu primeiro.

Figura 1.1. Não ficou claro com palavras ou figuras como interagir com a exposição sobre impulso; foi preciso um vídeo para esclarecer. Mas o vídeo mostrava apenas o que *fazer*, não o que causava o efeito.

Ilustração por Daniel Feuerstein

O museu experimentou três modalidades: placas descritivas (verbal), desenhos (pictórica) e vídeo (cinestésica/movimento). O professor de neurologia de Harvard John Ratey (2002) diz que o cérebro interpreta o movimento mais facilmente do que palavras ou figuras. Assim, os visitantes aprenderam o que fazer com o vídeo, que "mediou" no lugar de um mediador humano. Se uma imagem vale mais do que mil palavras, um exemplo com movimento vale mais do que mil imagens.

Ganho mecânico. Eis aqui outro problema de física. Todos nós reparamos que é mais fácil mover algo pesado com o uso de polias. No Capital Children's Museum (CCM), uma exposição chamada "Máquinas Simples" apresentava polias enormes, cada uma delas montada de maneira diferente para içar um bloco de concreto de 8 quilos (cf. a Figura 1.2).

A primeira plataforma usava uma *polia* única, a segunda *polias duplas*, e a terceira *duas polias duplas*. Os blocos de concreto eram pesados, as polias enormes e as cordas para içar os blocos de concreto eram facilmente acessíveis. Era evidente o que se devia fazer: puxar uma corda até que um bloco de concreto chegasse ao topo de uma plataforma. Etiquetas enormes em cada bloco de concreto identificavam o peso "8 quilos" para tornar aparente que era idêntico em todos os blocos. Os visitantes inevitavelmente corriam para ver quem conseguia fazer um bloco de concreto chegar ao topo primeiro.

Frank, de 10 anos, e seu professor se aproximaram das polias. Frank agarrou a polia única com a corda mais curta. Como a maioria das outras crianças, Frank presumiu que o bloco de concreto com a corda mais curta chegaria ao topo primeiro. Seu professor, sabendo que seria necessário menos esforço, escolheu a plataforma com duas polias duplas. Frank fez muito mais esforço com a polia única do que seu professor. O bloco de concreto de Frank alcançou o topo primeiro, mas a suposição intuitiva de Frank de que ele venceria porque tinha muito menos corda para puxar estava apenas parcialmente correta porque o trabalho envolve *tanto* tempo *quanto* esforço. As duas polias que seu professor usou levaram mais tempo (mais corda!), mas exigiram menos esforço. Embora a maioria dos adultos saiba que mais polias facilitam o trabalho, poucos conseguem explicar o *porquê*. A maioria dos visitantes explicou quem ganhou dizendo que os blocos de concreto pesavam diferente, uma resposta ilógica, uma vez que cada bloco tinha uma grande etiqueta indicando seu peso.

Figura 1.2. Quase todas as crianças escolhem a polia com menos corda; seu bloco *de fato* chega ao topo primeiro, mas elas empregam muito mais esforço.

Ilustração por Daniel Feuerstein

Na exposição da polia, as informações necessárias para formular e resolver o problema foram apresentadas com clareza. Um mediador eficaz, mesmo desconhecendo a resposta, *reuniria as evidências* relacionando a etiqueta "8 quilos" à experiência ou *comparando* as polias. Reunir evidências e comparar são atos cognitivos essenciais. Mediadores eficazes *têm como intenção* fazer as crianças entenderem a importância de reunir evidências e comparar.

Princípio da animação. No CCM, uma exposição chamada "Animation Station" (Estação da Animação) continha um estúdio com paredes de vidro onde os visitantes podiam animar seus desenhos. Ginny, 10 anos, desenhou uma figura humana com os braços ao longo do corpo. Então, desenhou várias outras, idênticas, exceto que em cada desenho ela levantava um pouco os braços da figura, então um pouco mais, até que vários desenhos depois os braços estavam na vertical sobre a cabeça da figura. Após concluir cada desenho, Ginny fotografava a imagem com uma câmera. Quando ela reproduziu as imagens, a figura parecia estar levantando os braços. O princípio da animação consiste em você alterar um detalhe em um desenho cada vez que o executa (consulte os zootrópios no Capítulo 10). A mãe de Ginny exclamou: "Oh! Veja o que a *câmera* fez", sem compreender que eram os desenhos de Ginny, e não a câmera, que passavam a impressão de que a figura estava levantando os braços. Se as pessoas não entendem o princípio, a questão fundamental lhes escapa.

Confusão com o idioma. Os adultos podem pensar que sabem das coisas, mas se enganam. A exposição "México" do CCM consistia de muitos ambientes – um mercado, um centro histórico com uma fonte e edifícios típicos, uma *Miscellanea* (loja de conveniência), uma choupana nas montanhas, uma cabana de palha de uma região rural e assim por diante. Pelo menos uma das guias falava espanhol. Alguns adultos exclamaram: "Ouça, ela está falando mexicano!" Os adultos manifestaram a ideia certa – o idioma *era* diferente –, mas as informações estavam erradas – mexicano não é um idioma. Na mediação, é importante transmitir o *significado* – mas a falta de conhecimento das crianças pode ser acentuada pela falta de informação dos adultos.

Falta de conteúdo e contexto. A ala "História da Comunicação Humana" do CCM contava com mais de 100 exposições que, reunidas, traçavam a evolução da comunicação humana, desde os desenhos nas cavernas de 20 mil anos antes até os estúdios de vídeo e os computadores. Uma das exposições reproduzia um engenhoso dispositivo de sinalização do fim do século XVIII, anterior à invenção do telégrafo (1835): um sistema de semáforos de Chappe operado por polias que moviam hastes enormes. Os semáforos eram montados em torres de pedra construídas em colinas altas, de modo que suas hastes eram visíveis por quilômetros. Os operadores movimentavam as hastes em diferentes posições para representar cada letra em uma mensagem. Pesquise no Google por "Semáforo de Chappe" e dê uma navegada para procurar imagens ou encontrar uma simulação de um semáforo de Chappe em ação.

A exposição consistia em um mural detalhado realisticamente com uma torre de semáforo em primeiro plano e outras recuadas à distância. De frente para o mural, havia uma torre de pedra, que parecia alta para as crianças, com um grande semáforo no topo. As crianças subiam os degraus da torre, manipulavam as hastes do semáforo com polias, olhavam através de uma janela na pedra e viam as torres no mural (cf. a Figura 1.3). Preso ao mural ficava um semáforo em pequena escala, também móvel. Usando as mãos, as crianças manipulavam as hastes do pequeno semáforo na forma que representava uma letra. Assim, elas transmitiam mensagens entre os grandes e pequenos semáforos – uma letra de cada vez.

As placas descritivas eram claras e sucintas: identificavam o dispositivo, explicavam sua história e uso, e mostravam como operá-lo. Em uma tabela, cada letra do alfabeto aparecia ao lado de um diagrama indicando como posicionar as hastes dos semáforos. Ainda assim, muitos adultos exclamaram: "Veja! Um moinho de vento!" Se um funcionário do museu estivesse por perto, ele poderia explicar: "Isso é um antigo sistema de semáforo. Deseja uma demonstração?" O desafio em uma exposição desse tipo é o que fazer caso os visitantes não leiam o texto e se não houver funcionários próximos ou um vídeo explicativo.

Se as crianças ficassem interessadas na manipulação das polias, um mediador poderia fazer a conexão dessa exposição às polias do outro lado do edifício na exposição "Máquinas Simples"; assim, os mediadores poderiam ajudar as crianças a transcenderem de uma experiência para outra, ampliando sua memória e construindo uma relação. A mediação muitas vezes é o fator determinante para o que as crianças compreendem ou se constroem relações (*transcendem*) de experiência para experiência.

Figura 1.3. A menos que alguém com conhecimento do assunto explique como o telégrafo ótico funciona, a maioria das pessoas o confunde com um moinho de vento.

Resumo. Os seguintes problemas prejudicam a aprendizagem: conteúdo não familiar; incapacidade de usar uma modalidade específica; assunto complexo; e explicações que dependam de texto impresso ou sejam estáticas. Fique atento a esses problemas enquanto, ao longo do livro, observamos mediadores eficazes superando dificuldades para ajudar as crianças a aprender a pensar.

Fornecendo auxílio eficaz

Saber o que fazer com uma exposição de ciências ou um dispositivo técnico não é o mesmo que saber entrar em um carro e segurar o volante. As exposições de ciência e tecnologia possuem conteúdo, regras e princípios específicos, muitos dos quais não nos são familiares. Por outro lado, um carro é algo que a maioria das crianças já viu um adulto manobrar. Para dirigir um carro de mentira, as crianças podem simplesmente imitar o que viram. Como exposições diferentes requerem diferentes tipos de pensamento, é necessário usar diferentes abordagens de mediação.

Imitação. Paul, 6 anos, visitou a exposição de uma mercearia em um museu infantil. Ao contrário de Kim (crânios com placas descritivas incorretas), Frank (polias) e Ginny (animação), todos com *conteúdo não familiar*, Paul (a seguir) estava diante de um conteúdo que lhe era familiar, mas confrontando problemas diferentes.

A professora de Paul foi além de sua função habitual para ensiná-lo sobre comportamentos necessários ao se fazer compras, orientando-o sobre cada etapa do processo: "Coloque a maçã na balança; agora, coloque mais três. Está vendo?", ela diz, apontando para o prato da balança, "O prato e a agulha se moveram". Em seguida, pedindo a Paul para colocar mais três maçãs, chamando sua atenção para o que ele deveria observar e alertando-o de que algo mudou: "O que a agulha está dizendo *agora*?" Em contraste com o comportamento dos professores nas exposições de física, os professores das exposições de mercearias simultaneamente recorrem ao que as crianças já sabem e acrescentam novas informações enquanto usam os recursos dos museus para transmitir suas aulas. Mas, como veremos, isso ainda não garante que o pensamento das crianças mude de uma (ou mais) das muitas maneiras que mostram que uma criança aprendeu. Em exposições com conteúdo familiar, só porque um adulto controla rigidamente o comportamento das crianças isso não significa que ele esteja promovendo a aprendizagem

Evitamento. A cientista cognitiva Rochel Gelman foi pioneira no estudo sobre como, desde a infância, as crianças adquirem conceitos de matemática e ciências (Gelman & Au, 1996; Gelman & Schatz, 1977). Ela realizou uma extensa pesquisa sobre aprendizagem em museus infantis e de ciências. Com base em seu trabalho em museus, Gelman afirma que muitos professores:

> evitam aquilo que desconhecem. Apesar das perguntas em uma exposição de matemática em grandes e grossas letras pretas, poucos [...] chegam a ler as palavras cruciais "Quantos há?" para chamar a atenção das crianças para um fato marcante. [Lembre-se das polias.] Ainda assim, falavam sem parar na mercearia, mantendo um firme controle, sem proporcionar à criança qualquer iniciativa (citado em Lewin, 1990, p. 4).

Na verdade, alguns adultos *não* dão liberdade para que as crianças mostrem o que sabem. Quando os adultos sobrecarregam as crianças com informações ou evitam tópicos não familiares, eles involuntariamente impedem as crianças de aumentar sua autoconfiança ou desenvolver *agência*, palavra que os psicólogos usam para descrever um forte senso de identidade. Quando os adultos passam direto por exposições sobre ciência, matemática ou conteúdo não familiar, perdem oportunidades de despertar a curiosidade das crianças.

Corrigindo crenças equivocadas

Os psicólogos oferecem *insights* sobre as razões de não aprendermos. Teorias influentes e firmemente arraigadas de que o desenvolvimento do indivíduo ocorre aos 5 anos de idade – o que o psicólogo Howard Gardner chama de "hábitos mentais interferentes" – moldam nosso pensamento e são extremamente difíceis de eliminar.

Noções interferentes. Gardner (1991) explica alguns fatos incontestes sobre a aprendizagem:

> A compreensão é um processo complexo... Ela parece exigir que professores e alunos passem prontamente de uma forma de representação para outra e retornem novamente. A compreensão não ocorre e não pode ocorrer a menos que as relações entre diferentes notações e representações sejam avaliadas, e a menos que essas expressões formais possam ser mapeadas para formas mais intuitivas de conhecimento... A compreensão genuína provavelmente envolve algum tipo de confronto direto com os hábitos da mente que tendem a atrapalhar uma compreensão completa [...] *Até recentemente, esses hábitos mentais interferentes nem haviam começado a ser compreendidos* (p. 179, grifo nosso).

Kevin Crowley, professor adjunto da Faculdade de Educação da Universidade de Pittsburgh, e Maureen Callanan, psicóloga do desenvolvimento da Universidade da Califórnia em Santa Cruz, concordam:

> A maneira como as crianças interpretam as evidências depende de suas teorias pessoais do momento [...] Quando novas evidências contradizem uma teoria fortemente arraigada, as crianças às vezes distorcem as evidências para torná-las coerentes com suas teorias ou ignoram por completo as evidências (Crowley & Callanan, 1998, p. 13).

Feuerstein observa que algumas pessoas não sentem necessidade de evidências lógicas ou não entendem seu valor. Elas não estão dispostas a fazer questionamentos ou pensar em demasia não é algo que lhes apeteça. Passam alheias a coisas que são estranhas, belas, irracionais ou intrigantes, e não tomam conhecimento ou atribuem significado irrelevante a algo não familiar. Isso é ilustrado na história a seguir, "Suspenso", uma exposição sobre eletromagnetismo no Exploratorium, um importante museu de ciências de São Francisco.

Ideias mal aplicadas. Em "Suspenso", uma esfera de metal suspensa no ar é controlada por uma célula fotoelétrica. Quando os visitantes bloqueiam a célula com a mão, a esfera cai. Quando os visitantes colocam a esfera ao alcance do ímã, eles sentem e a veem novamente ser suspensa. A exposição demonstra o efeito de interromper a fonte de energia em um sistema eletromagnético (visite: http://exs.exploratorium.edu/exhibits/suspense/).

Sue Allen, pesquisadora educacional e avaliadora de projetos no Exploratorium, diz:

> As observações do comportamento dos visitantes foram bastante positivas: os visitantes manipularam a bola e o ímã com sucesso, permaneceram na exposição por longos períodos e mostraram sinais de entusiasmo e prazer. No entanto, quando [...] foi perguntado [...] o que eles achavam que a exposição demonstrava, muitos responderam que era uma maquete do sistema solar com a bola representando o planeta Terra (Allen, 1997, p. 8-9).

Os visitantes não apenas não conseguiram entender o objetivo da exposição, como impuseram um conceito não pertinente com o qual tinham alguma familiaridade sobre um conteúdo que lhes era completamente não familiar. Não é incomum isso acontecer. O cérebro é levado a enxergar padrões, mesmo onde não existem.

Sistemas eletromagnéticos envolvem um tema difícil, complexo e não amplamente conhecido. Assim como nos sistemas de polias, os únicos visitantes que concluíram o que as exposições foram projetadas para ensinar já conheciam o conteúdo, possuíam o esquema (termo que os psicólogos usam para descrever capacidade mental organizada) e, portanto, podiam compreender o princípio. Como Schauble, Leinhardt e Martin (1997) explicam,

> Como e o que as pessoas aprendem em museus [ou em qualquer outro lugar] dependem muito de suas motivações (por que elas foram lá), de seus interesses (propensões duradouras para se envolver com um tópico) e de seu senso de identidade (quem elas pensam que são em relação ao que o museu tem a oferecer).

[...] Para além de qualquer coisa que um museu ou sala de aula possa fazer existe a questão sobre quem um determinado aluno é e a natureza do próprio pensamento. Crianças no ensino fundamental geralmente não conseguem ver o que está diante de seus olhos quando inspecionam dispositivos que incluem engrenagens, alavancas e planos inclinados. Em vez disso, *suas expectativas e interpretações tendem a ser guiadas por esquemas mentais familiares sobre o modo como as coisas geralmente funcionam* (p. 6, grifo nosso).

Resumo: identificando e enfrentando desafios

Perkins (1995) diz: "Em geral, o desempenho em atividades que exigem pensamento e compreensão fica muito mais abaixo das expectativas ideais do que o desempenho em atividades rotineiras [andar de bicicleta, vestir-se]" (p. 139). Perkins (1992) atribui a culpa pelo problema à falta de conteúdo, teorias ingênuas, força do hábito ou respostas que parecem certas, mas que são baseadas em lógica ou conteúdo incorreto.

A menos que as crianças saibam observar suas próprias reações, elas podem nem ter consciência de que estão confusas, quanto mais remediar a confusão. Ou, como na exposição sobre eletromagnetismo, as crianças que sabem observar suas reações recorrem ao conteúdo que aprenderam que não é pertinente e relacionam o que está em suas cabeças a algo não familiar.

As pessoas podem acreditar que a aprendizagem ocorre como resultado da exposição direta. Mas a exposição direta raramente ajuda as crianças a se observarem pensando. Crianças (e adultos também) aceitam fenômenos sem sentir necessidade de explicar, compreender ou formular uma regra. Além disso, os adultos podem apontar apenas as coisas mais triviais: "Veja! Que cauda longa!", "Puxa! Que carro pequeno!" A mediação que convida as crianças a compararem pode ajudá-las a perceber problemas, porque o ato de comparar requer buscar evidências. Mediadores podem estimular isso declarando explicitamente: "Compare o que estamos assistindo com o que fizemos na aula de ontem". Ou: "Quando você disse que esse motor é movido a gás, mas aquele motor é movido a eletricidade, você estava fazendo uma comparação. Qual foi a evidência para sua observação?" Ou: "Inclua a comparação no seu arsenal de técnicas de pensar e lembre-se de usá-la".

Aprender algo difícil quase sempre requer mediação. O desafio está em um adulto observar as reações das crianças e ajudá-las a se focarem no que está acontecendo com a intenção de incentivá-las a pensar – reunir informações, comparar, analisar, concluir, reexaminar, sintetizar.

> Muitos fatores, entre eles a complexidade dos processos de pensamento, contribuem para a confusão dos alunos.

RECONHECENDO MITOS SOBRE A APRENDIZAGEM

Os mitos prevalecem devido à confusão geral sobre o que realmente envolve o pensamento e a aprendizagem. A escola como a conhecemos hoje é uma forma cultural de apenas dois séculos de existência. No entanto, mitos a respeito de currículos, livros didáticos, provas e outras práticas escolares parecem intocáveis e imodificáveis. "As escolas preferiram seguir a tradição – embora a educação universal tenha uma tradição muito curta e baseada no modelo das linhas de montagem da produção em massa da Revolução Industrial – em vez de aprender a aplicar as descobertas da neurologia e psicologia ao ensino de crianças" (Csikszentmihalyi, citado em Lewin-Benham, 2010, p. ix). Os mitos sobre o que significa aprender também são abundantes nos museus infantis, uma forma cultural recente.

O mito da descoberta

Uma engenhosa exposição contrastava a água em seus três estados – líquido, sólido (gelo) e gasoso (vapor). Sara, 8 anos, conseguiu identificar cada estado, mas se recusou categoricamente a acreditar em sua professora, que disse a Sara que o líquido, o sólido e o gasoso eram, no fundo, a mesma coisa. É improvável que um indivíduo, qualquer que seja a sua idade, *descubra* os princípios científicos dos estados da matéria sem uma explicação:

- A mesma matéria pode assumir diferentes formas.
- A água conserva sua estrutura química independentemente da forma, ou estado, em que esteja.
- A composição das moléculas é sempre a mesma, não importa o estado.

As pessoas tendem a acreditar na informação que podem perceber diretamente. Mas não é possível constatar a estrutura química ou molecular da água por meio da percepção, ou sem o uso de um poderoso microscópio e sem saber como interpretar o que revela tal instrumento. A composição química da

> Estudos sobre cognição mostram que é improvável que as crianças descubram por conta própria conceitos como estados ou princípios científicos sem ensino direto.

água foi descoberta através de uma série de experimentos, primeiro por Antoine-Laurent Lavoisier em 1768, e depois confirmada por muitos outros experimentos no meio século seguinte por vários outros cientistas (Evan-Moor, 2010).

O mito da exposição

Os alunos da 4ª série mostrados na Figura 1.4 se divertiram, pulando e dançando espontaneamente no "Palco Estroboscópico", onde a superfície da parede captava suas sombras. Mas eles não se perguntaram por conta própria por que sua sombra permanecia na parede, nem questionaram o papel da luz estroboscópica, ou pensaram nas propriedades da retenção de luz do revestimento da parede, na

> Exposição sem mediação não "treina o cérebro das crianças" (Posner et al., 2008, p. 1-10) para questionar e fazer conexões.

relação entre o tamanho de uma sombra e a localização de uma fonte de luz, ou onde as luzes estroboscópicas se encaixam na longa busca por se utilizar um recurso além do fogo para vencer a escuridão.

O mito da atividade

Esse mito diz que, quando apertamos botões, puxamos cordas, subimos em gangorras ou andamos de bicicleta ergométrica, estamos pensando. Em outras palavras, a ação nos torna conscientes de causa e efeito. Muitos de nós, no entanto, pensamos pouco em causa e efeito em exposições, em atividades em sala de aula ou em outros lugares. Ainda assim, a crença de que a atividade faz pensar está tão profundamente arraigada que gerou a expressão "aprender na prática". Observe crianças que ficam apertando botões em museus: seus olhos se desviam para a próxima exposição e elas saem correndo *sem esperar para ver o efeito de terem apertado o botão; elas também não formam uma relação entre o ato de apertar e seu efeito.* Elas não esperam porque não sabem como procurar por relações.

Figura 1.4. As crianças sabiam intuitivamente *o que* fazer no "Palco Estroboscópico", mas não tinham ideia de *como* o efeito funcionava.

Ilustração por Daniel Feuerstein

Nem as crianças nem os adultos estão cientes da importância de se encontrar relações causadas pela interação entre dois objetos (rebater uma bola, colocar fermento na massa), por forças naturais (relação das placas tectônicas com a formação de montanhas, o porquê do ciclo das chuvas), ou por opiniões populares (o Islã é/não é uma religião, o HIV é/não é contagioso).

O mito da tentativa e erro

Uma suposição comum é que as crianças "captarão" o significado se ficarem "explorando" alguma coisa. A Escala Cuisenaire, uma febre da Matemática Moderna na década de 1970, foi elaborada para ajudar as crianças a aprender sobre relações numéricas. As crianças recebem sacos cheios dessas barrinhas de madeira atraentemente coloridas e suaves ao toque para "brincar". A barrinha branca, do tamanho de um cubo de 1 centímetro, mais a barrinha laranja, do tamanho de nove cubos de 1 centímetro, produzem 10 unidades. Um dos objetivos é posi-

> A mediação eficaz predispõe as crianças a comparar, diferenciar e categorizar; a usar regularmente processos de pensamento analítico; e assim, eventualmente, a formar relações.

cionar barrinhas de diferentes comprimentos uma do lado da outra para mostrar todas as combinações possíveis de 10, usando os números de 1 a 9. No fim, reza o mito, por meio de tentativa e erro as crianças encontrariam outras relações numéricas, como a propriedade da adição dos números (1 + 1 = 2, 1 + 2 = 3, 1 + 3 = 4, e assim por diante) ou a propriedade comutativa dos números (3 + 3 = 6, 6 – 3 = 3, 3 × 2 = 6, 6 ÷ 2 = 3, e assim por diante) – ambos princípios básicos da aritmética.

Para aprender por meio de tentativa e erro, as crianças devem relacionar cada erro a uma tentativa específica, concluir que a tentativa não levou ao efeito desejado, mas resultou em um erro, e tentar novamente. Mas poucas crianças *determinam* que resultado estão buscando e ainda menos crianças *recapitulam* comportamentos em termos de saber se alcançaram o resultado. Ou seja, elas não relacionam tentativa e erro! As crianças "entendem" *somente se* elas:

> Os professores que conhecem as habilidades específicas que são indispensáveis para pensar a respeito de um fenômeno podem mediar melhor a fim de ajudar as crianças a pensar com precisão.

- tiverem aprendido como observar,
- foram treinadas em como ver a relação entre o que observam e o que realmente acontece,
- sentem-se incomodadas quando um resultado estiver errado, e
- aprenderam como corrigir ações de tentativa e erro aleatórias.

O mito da motivação intrínseca

Visitantes a partir dos 5 anos adoraram a atividade de fazer flores na Praça da exposição "México" no CCM. Estavam altamente motivados em transformar o papel crepom de cores vivas em flores. Algumas crianças chegaram a produzir oito ou dez flores, mas nenhuma delas questionou *por que* estavam realizando tal atividade naquela exposição.

A motivação intrínseca é importante para envolver a atenção de alguém. Mas, além do envolvimento, pensar significa ampliar a compreensão atual para considerar conteúdos novos e diferentes. As crianças que confeccionaram as flores dominaram uma técnica, mas nunca pensaram a respeito dos atributos, funções, importância ou significado transcendente das flores no contexto da cultura mexicana ou em qualquer outro contexto, como as propriedades do papel crepom ou o comportamento das dobras em sanfona. A mediação poderia ter proporcionado conteúdo ou estimulado as crianças a pensar sobre o contexto.

> A mediação pode ajudar as crianças a irem além do mero envolvimento, estimulando-as a pensar sobre a relação entre conteúdo e contexto.

Resumo: superando mitos

Os mitos levam enganosamente muitos a acreditar que as crianças estão pensando ou aprendendo quando, na verdade, não estão. A questão não é como as crianças interagem com objetos físicos, mas como elas usam a mente para construir significado e criar relações. Em outras palavras:

- Elas pensam sobre a que se destina transmitir um objeto?
- Elas observam e comparam?
- Elas conectam o significado de uma experiência corrente a outras experiências?

Os mitos desprezam o papel da mediação na aprendizagem e perpetuam a crença de que, simplesmente por termos experiências, estamos pensando. Quem dera a aprendizagem fosse assim tão simples!

Os dois exemplos no início deste capítulo, os pêndulos de Hawkins e a criança e a girafa no Head Start, mostram que mediação implica fazer *o que for necessário* para conectar as crianças às ideias. A questão a se fazer sobre qualquer experiência é: como isso fará com que as crianças pensem por conta própria para que aprendam? Existem muitos exemplos nos próximos 11 capítulos de como a mediação ajuda as crianças a expandir suas capacidades cognitivas.

Pontos principais

1. As crianças não aprendem quando são solicitadas a lidar com conteúdo que não é familiar para elas.

2. As crianças não aprendem se os adultos que as influenciam têm crenças equivocadas sobre o que é aprendizagem, oferecem conteúdo incorreto ou demonstram técnicas inadequadas.

3. Sem mediação, é improvável que as crianças aprendam por meio da descoberta, exposição, atividade, tentativa e erro ou motivação intrínseca.

Capítulo 2

Definição da experiência de aprendizagem mediada

Se duvidassem, sol e lua
Apagariam a luz sua.

— William Blake, 1803

A ideia central deste livro é que as crianças aprendam por meio da mediação de outro ser humano. As experiências de aprendizagem mediadas são interações: os adultos intervêm na experiência das crianças com a intenção de ensinar alguma coisa. O termo *mediar* representa a essência da teoria da Experiência de Aprendizagem Mediada (EAM) de Feuerstein. A mediação:

- inclui uma série de técnicas para orientar qualquer intervenção adulto/criança, e
- envolve tanto cognição como motivação.

Feuerstein considera cognição e motivação dois lados da mesma moeda. Ele chama de motivação o aspecto *afetivo* da cognição, ou seja, a motivação é a *vontade* de alguém de fazer alguma coisa.

Neste capítulo, mostraremos primeiro Feuerstein mediando uma criança e depois explicaremos o que motivou Feuerstein a desenvolver a teoria da mediação. A seguir, apresentamos suas duas teorias, Modificabilidade Cognitiva Estrutural e Experiência de Aprendizagem Mediada. Por fim, descrevemos os principais aspectos da mediação.

FEUERSTEIN: MEDIADOR E TEÓRICO

Como mediador, Feuerstein utiliza suas poderosas habilidades clínicas. Como teórico, Feuerstein baseia-se em suas experiências ao longo da vida. Aqui, vemos essas duas facetas.

A primeira introdução de Lewin-Benham à mediação foi no instituto de Feuerstein em Jerusalém. Lá, mais de cem psicólogos, assistentes sociais e outros profissionais estavam tratando pessoas com uma variedade de problemas de aprendizagem – autismo, traumatismo craniano severo, falta de motivação, problemas de leitura, síndrome de Down e outras condições não identificadas. Lewin-Benham relata:

> Feuerstein mediava Richard, de 10 anos de idade, vindo de Long Island. Quatro telefones tocavam incessantemente, algumas chamadas exigindo tempo, outras alguns segundos. Após cada ligação, Feuerstein retomava a sessão, a atenção de Richard focada como se não tivesse havido interrupção. O comportamento de Feuerstein – olhos, postura, tom de voz – transmitia sua intenção: você *irá* prestar atenção! Feuerstein estava usando exercícios de seus instrumentos para avaliar o potencial de aprendizagem de Richard; ele me disse que Richard estava lá porque havia sido identificado como "autista". O desempenho das crianças em um exercício no instrumento revela-se, ao lhe mostrar como fazer alguma coisa, a criança pode se lembrar do que fazer e usar a técnica para resolver o próximo exercício que usa o mesmo princípio, mas particularidades diferentes.

> Intrigada com a capacidade de Feuerstein de manter Richard focado, curiosa para aprender sobre a teoria e ávida para ser instruída sobre como usar os instrumentos, voltei a Jerusalém para um curso de verão de duas semanas ministrado pelo ICELP sobre teoria e práticas de mediação. Psicólogos e educadores de todo o mundo estavam presentes. Ao longo da década seguinte, envolvi Feuerstein no trabalho que estávamos realizando no Capital Children's Museum e nas duas escolas que dirigíamos nos espaçosos prédios do museu.

> A teoria da mediação de Feuerstein apurou nosso foco então, e norteia as duas mensagens principais deste livro: a mediação pode estimular poderosamente o pensamento, e a mediação em

exposições de museus é um paradigma de como os princípios de mediação podem ser aplicados em qualquer situação de aprendizagem.

Desenvolvendo a teoria da mediação

Feuerstein explica: a teoria da EAM foi motivada por eventos históricos. Minhas ideias a respeito da mediação inicialmente tomaram forma como parte da minha teoria do desenvolvimento humano, chamada Modificabilidade Cognitiva Estrutural (MCE).

Visão histórica. Muitas teorias de aprendizagem surgiram e desapareceram desde o método socrático de Platão, "talvez o primeiro da história intelectual humana" (Gardner, 1985, p. 3-5). Cada teoria era baseada em um conjunto de crenças. A base para a teoria da EAM é a crença de que o cérebro é capaz de mudar. Tratava-se de uma ideia radical quando Feuerstein a propôs por volta de 1950. Naquela época, a crença predominante era que o cérebro era inacessível e imutável. Essa crença generalizada levou psicólogos, educadores e o público em geral a concluir que a inteligência de cada pessoa era fixa e que a inteligência era uma "entidade" única no cérebro e que não poderia ser modificada.

Para Jean Piaget, a inteligência não era apenas fixa, mas se desenvolvia em estágios previsíveis em tempos predeterminados – algo semelhante às fases de uma lagarta metamorfoseando-se em mariposa ou um ovo transformando-se em girino e um girino, em sapo. Piaget também sugeriu que cada estágio deve ser dominado antes de passar para o próximo (Gleitman, 1987; Piaget, 1973).

Feuerstein e Piaget. Em 1947, Piaget convidou Feuerstein para estudar em seu instituto em Genebra. Feuerstein nutria grande admiração por Piaget, em especial por sua percepção de trabalhar individualmente com cada criança enquanto realizavam exercícios. Piaget chamou isso de método "clínico"; ele foi o primeiro psicólogo moderno a usar essa abordagem. Mas, tendo refletido sobre o desenvolvimento humano desde seus primeiros anos na Romênia, Feuerstein viu limitações inerentes na teoria de Piaget.

Piaget e Feuerstein são ambos sumidades. As maiores diferenças entre suas teorias são a crença na inteligência fixa *versus* inteligência modificável e o papel dos adultos no desenvolvimento da inteligência das crianças. Os adultos, segundo Piaget, não devem intervir na atividade de uma criança; em vez disso, são um tipo de objeto que pode revelar novas informações porque possuem dados e experiências muito mais ricos. O adulto, na realidade, não é diferente de outros objetos que também fornecem informações.

Hans Aebli foi discípulo e colaborador de Piaget e diretor do Instituto de Psicologia Pedagógica de Piaget na Universidade de Zurique. Por volta de 1948, Aebli tentou usar a teoria de Piaget para ensinar crianças. Vinte anos depois, ele voltou atrás: para Piaget, o ensino não é necessário nem possível. Aebli repensou

> a suposição tácita [na teoria de Piaget] de que os experimentos simplesmente revelam estruturas cognitivas, que supostamente se desenvolvem durante as atividades espontâneas da criança [e propôs] uma concepção alternativa de processos de desenvolvimento e de cognição [...] na qual um conceito de elaboração, linguagem e *estímulo social* são centrais (1970, p. 12, grifo nosso).

Em outras palavras, outras pessoas, provavelmente adultos, são essenciais para estimular as crianças a elaborar seu pensamento e usar a linguagem para fazê-lo; nesse sentido, as interações com os adultos promovem o desenvolvimento.

Piaget fez importantes contribuições entrevistando crianças para aprender sobre seus processos cognitivos. Na realidade, Piaget era um observador científico dos fenômenos biossociais. Tanto a teoria quanto a prática (na medida em que a prática existia) refletem seu treinamento inicial como biólogo. O próprio Piaget disse: "Quanto a ensinar às crianças conceitos que elas ainda não adquiriram em seu desenvolvimento espontâneo, é completamente inútil" (Hall, 1970).

Teoria sociocultural. A principal teoria sobre desenvolvimento humano hoje é a teoria sociocultural. No entanto, é pouco conhecida do público e raramente empregada nas escolas. Lev Vygotsky, pai da teoria sociocultural, era pouco conhecido no Ocidente antes dos anos de 1960. Vygotsky morreu de tuberculose aos 38 anos, jovem demais para expandir as poderosas ideias que propôs. Além disso, seu trabalho ficou confinado durante os anos da Cortina de Ferro. Hoje, as ideias de Vygotsky são consideradas seminais e servem de base para a pesquisa de muitos psicólogos e práticas de ensino (Kozulin, 1988; Vygotsky, 2007).

Alex Kozulin, principal estudioso de Vygotsky e diretor de pesquisa do ICELP, considera o trabalho de Feuerstein uma elaboração robusta das ideias de Vygotsky, embora Feuerstein não conhecesse o trabalho de Vygotsky quando propôs sua teoria na década de 1950. No entanto, o amplo trabalho que Feuerstein e seus colegas desenvolveram se enquadra diretamente no pensamento sociocultural. Kozulin diz que o trabalho de Feuerstein enriquece o de Vygotsky, assim como as composições de Borodin enriquecem as músicas folclóricas (Presseisen & Kozulin, 1994).

Teoria da EAM. Resumidamente, a EAM sustenta que a intervenção de um adulto durante o envolvimento de uma criança com uma tarefa ou desafio é o catalisador para mudar o pensamento e fazer com que a criança aprenda. Feuerstein diz que a mediação modifica a estrutura cognitiva. Hoje, estrutura cognitiva significa as inúmeras capacidades do cérebro de pensar. Ao conduzir pesquisas com macacos-de-cheiro no início dos anos de 1980, o neurologista Michael Merzenich forneceu a primeira evidência de que os circuitos cerebrais mudam em resposta à atividade (Merzenich, 2004). Outros estudiosos replicaram as descobertas de Merzenich. Pesquisas atuais afirmam que, ao longo da vida, o cérebro se reconfigura em resposta a forças internas e externas (Feldman & Brecht, 2005).

A relação entre mudança cerebral e o trabalho de Feuerstein é a seguinte: Feuerstein considera a mediação uma poderosa força para modificar o cérebro. O grande arsenal de atividades que compõem os instrumentos de Feuerstein e as variadas técnicas de mediação, quando aplicadas de forma intencional e sistemática, provocam mudanças no comportamento que sugerem alterações nas funções cerebrais subjacentes – daí o nome teoria da Modificabilidade Cognitiva Estrutural (MCE). As duas teorias de Feuerstein, Modificabilidade Cognitiva Estrutural e Experiência de Aprendizagem Mediada, estão em sintonia com o entendimento atual de como pensamos e aprendemos.

Modificabilidade Cognitiva Estrutural

A teoria do desenvolvimento humano de Feuerstein, a Modificabilidade Cognitiva Estrutural (MCE), gira em torno de três ideias básicas (Feuerstein, Feuerstein, Falik & Rand, 2006):

- Três forças moldam os seres humanos: o meio, a biologia humana (tanto em termos evolutivos quanto no desenvolvimento de cada um) e a mediação.
- Os estados temporários determinam o comportamento: como alguém se comporta – o que significa "atividades emocionais, intelectuais e até mesmo aprendidas habitualmente" (p. 27) – representa um estado temporário, não uma característica permanente. Isso significa que a inteligência é adaptativa. Em outras palavras, a inteligência pode mudar; não é fixa e definitiva.

• O cérebro é plástico: como todos os comportamentos "são transitórios e estão em desenvolvimento" (p. 27), o cérebro pode gerar novas estruturas por meio de uma combinação de fatores externos e internos (p. 25).

As interseções entre biologia, meio e mediação são frequentes e complexas. Elas repercutem por todos os sistemas do cérebro, desde a forma como uma criança reage se toca em um radiador quente até o impacto dessa ação

• em seu comportamento imediato;
• nos neurônios (células cerebrais) que controlam os movimentos dos olhos, braços, mãos e corpo;
• na matéria dentro das células cerebrais; e
• nas forças epigenéticas, substâncias químicas que armazenam reações a uma experiência e constituem uma parte vital da memória. (Kandel, 2006)

Assim, redes de sistemas complexas, cada qual extremamente intrincada, determinam como agimos, lembramos e aprendemos. Essas forças se cruzam constantemente entre si e com o ambiente externo; é a complexidade dessas muitas interações que torna o cérebro um sistema *dinâmico* – ou em constante mudança (Damásio, 1994; Kandel, 2006; Ratey, 2002).

Feuerstein sustenta que a função cognitiva humana pode ser modificada independentemente da causa de uma condição, sua gravidade ou a idade do indivíduo, mesmo se a condição for geralmente considerada irreversível e irreparável. "Não me diga o que uma pessoa é", diz Feuerstein, "diga-me como ela é *modificável*!" / "Não se trata de como uma pessoa é, mas sim, de como ela é *modificácel*!"

> A base da teoria da Modificabilidade Cognitiva Estrutural é a crença na capacidade humana de mudar.

TEORIA DA MEDIAÇÃO

No período de criação do Programa de Enriquecimento Instrumental (PEI), Feuerstein assistiu a *Salah Shabati*, um filme muito conhecido do prolífico e premiado escritor e cineasta Ephraim Kishon. Uma frase dita por Topol, o personagem principal – "*Rega! Hoshvim!*" ("Um segundo! Estou pensando!") – tocou fundo Feuerstein. A frase inspirou a imagem e o lema da marca registrada do PEI: um jovem de idade e etnia indeterminadas, com os olhos fechados como que se concentrando, lápis na boca (cf. a Figura 2.1).

"Espere! Deixe-me pensar!" é a primeira coisa que os alunos são ensinados a dizer quando os professores começam a aplicar o PEI. As palavras freiam a impulsividade e levam o cérebro a se focar. Essas duas ações são essenciais para a autorregulação e, portanto, são os primeiros passos em qualquer ato de pensamento.

Compreender a motivação de Feuerstein mostra como suas teorias e práticas se afastam de teorias predominantes, como seu trabalho prenunciou algumas pesquisas atuais sobre o cérebro e por que sua abordagem tem sido eficaz há 50 anos. O contexto apresentado a seguir prepara o terreno para nossa ideia central: a mediação ensina as crianças a focar sua atenção e a empreender o pensar de forma a lhes permitir desenvolver estruturas cognitivas cada vez mais eficazes.

A motivação de Feuerstein

Em uma comovente reflexão, Feuerstein descreveu como começou a formular as ideias que acabariam por originar a teoria da mediação:

Figura 2.1. O logo nos instrumentos de Feuerstein representa uma criança pensando.

Com meus vinte e poucos anos, quando ainda estava na Romênia, eu era responsável pelas crianças abandonadas quando seus pais foram enviados para os campos de trabalho nazistas. Decidi proporcionar-lhes experiências ricas, não apenas cuidados básicos, mas também fazê-los ler, ouvir e tocar música, e se utilizar de meios artísticos. Quando a invasão dos nazistas tornou-se iminente e eu fugi para Israel, devido à minha experiência fui nomeado chefe de aconselhamento psicológico da Aliá Jovem, cargo que ocupei por décadas neste grande esforço para integrar jovens de todo o mundo no novo Estado de Israel. Aqueles confiados aos meus cuidados eram traumatizados. Muitos haviam crescido sem família, cuidando de si mesmos em condições subumanas. Descobri que os testes de inteligência padrão que determinam o que um indivíduo aprendeu e se recorda eram inúteis. Minhas crianças haviam aprendido pouco e se recordavam sobretudo do horror.

Eu precisava saber: o que cada jovem conseguiria aprender quando ensinado e como cada um poderia mudar como resultado? Trabalhando com Andre Rey, um criativo cientista, um verdadeiro gênio, e usando itens de teste que ele e outros haviam desenvolvido, inventamos uma forma diferente de testar a chamada avaliação dinâmica: você testa não o que as crianças aprenderam e se recordam, mas que habilidades de pensamento elas possuem. Primeiro, você testa; [então], ensina imediatamente (durante a sessão de teste) a habilidade que está ausente, [e], por fim, [você] imediatamente volta a efetuar o teste para determinar a capacidade de uma criança para a aprendizagem. Os resultados demonstraram que, quando lhes eram ensinadas habilidades das quais careciam, os jovens eram capazes de mudanças imensas. Em outras palavras, eles podiam aprender.

Quando vi que os jovens eram capazes de aprender, percebi que teria que desenvolver meios para ajudá-los a fazê-lo. Essa percepção levou à criação, nas décadas seguintes e continuando hoje, dos dois grandes conjuntos de instrumentos chamados PEI-Standard [da 5ª série em diante] e PEI-Básico [idades entre 3 e 10 anos, aproximadamente], este último programa elaborado e produzido pelo rabino Rafi Feuerstein.

Durante 20 anos, as pesquisas se acumularam, estudo após estudo, mostrando mudanças positivas em crianças nas quais nossas técnicas de mediação foram aplicadas. Mas, na década de 1980, alguns psicólogos insistiram que nossas conquistas eram o resultado da alteração do diagnóstico, e não da melhoria da condição. Para rebater esses críticos, começamos a trabalhar com crianças diagnosticadas com síndrome de Down, uma condição cromossômica em que a mudança não podia ser considerada o resultado de um diagnóstico falso.

As crianças com síndrome de Down com as quais trabalhamos adquiriram habilidades inéditas – cuidar de si mesmas, ler e, eventualmente, viver de forma independente e ganhar uma renda modesta. Esses resultados criaram uma revolução na maneira como as crianças com síndrome de Down eram tratadas: elas foram tiradas de seu isolamento e passaram a fazer parte da vida de suas famílias e, mais tarde, de sua comunidade. A história é contada no livro *You Love Me! Don't Accept Me as I Am* (Feuerstein, Rand & Feuerstein, 2006).

Em 1990, Elhanon, meu neto mais velho, nasceu com síndrome de Down. Isso inspirou o pai de Elhanon – meu filho mais velho, o rabino Rafi Feuerstein – a se tornar psicólogo. Com mediação contínua da família, aos 15 anos de idade, Elhanon podia ler e entender os textos complexos que compõem alguns dos grandes ensinamentos do judaísmo.

Gênese da mediação

A mediação é a maneira intuitiva das mães de interagir com os bebês. A mediação é influenciada pelo meio no qual o indivíduo está inserido.

As mães como mediadoras. Mães são mediadoras natas; elas transmitem sentimentos de autopercepção, conscientizam as crianças sobre ideias importantes e ensinam comportamentos essenciais. Mediação é o jeito mais antigo já usado eficazmente por alguém para ensinar o outro. A mediação da mãe, desde o primeiro momento em que ela segura seu bebê, é a influência modeladora mais forte no desenvolvimento de uma criança.

Stanley Greenspan, uma autoridade em crianças com idades que vão desde o nascimento até os 3 anos, e seu coautor Stuart Shanker dizem que o recém-nascido "depende da capacidade do cuidador de adaptar seu olhar, voz e movimentos de uma forma prazerosa e emocionalmente satisfatória ao estilo único do bebê de responder ao mundo e assimilá-lo" (2004, p. 55). Nesses primeiros meses, eventos físicos ficam interconectados com respostas emocionais à medida que:

> a unidade básica de resposta sensorial-afetiva-motora torna-se cada vez mais definida por meio das interações entre bebê e cuidador [...] O que chamamos de emoções e textura da consciência são influenciadas pelas qualidades de interações distintamente humanas caracterizadas por regulação, sensibilidade e uma variedade de estados de sentimento. As crianças privadas desse tipo de interação não experimentam uma série de emoções sutis, especialmente aquelas que envolvem carinho, amor e empatia (p. 289-291).

Os primeiros meses de vida preparam o terreno para a aprendizagem.

O meio como mediador. Quem somos é resultado de complexas interações entre a cultura, a educação, o meio, as pessoas ao nosso redor e o nosso próprio DNA. Nos dias atuais, algumas crianças e jovens vivem em situações nocivas, tais como destruição de comunidades, guerras e imigração. Outros enfrentam um fardo insustentável de estresse causado por pais viciados, pobreza e criminalidade. Alguns jovens não se dão conta de seu potencial. Alguns são reprovados nos testes cada vez mais frequentes e que suplantaram outras atividades em sala de aula. Situação financeira confortável não proporciona imunidade contra o ambiente nocivo dos meios de comunicação, pais absorvidos pelo trabalho, *junk food* ou a ênfase excessiva em testes.

Acreditamos que a intervenção de adultos é o único antídoto para um meio desfavorecido, independentemente de sua causa. Acreditamos, ainda, que mediação eficaz pode ajudar crianças traumatizadas a aprenderem a se concentrar, alunos estressados a adotar uma abordagem mais calma, os com mau desempenho a se motivarem, os deficientes a desenvolverem habilidades cognitivas e os que têm bom desempenho a ficar ainda melhores. Como a mediação afeta a motivação e a cognição, as crianças que recebem mediação eficaz aprendem a experimentar alegria nas conquistas e, como resultado, tornam-se motivadas a aprender.

Resumo: a evolução de uma teoria

A gênese da teoria da mediação foi fruto de experiências variadas de Feuerstein quando jovem, no Holocausto, em seus estudos e em sua missão em Israel: transformar jovens devastados pela guerra em cidadãos produtivos. Esse caldeirão de experiências deu origem a uma poderosa teoria da aprendizagem que, com o tempo, tornou-se um conjunto igualmente poderoso de práticas.

OS TRÊS AGENTES DA MEDIAÇÃO

A mediação não é apenas a intervenção de um adulto, mas incorpora técnicas específicas. A mediação possui três agentes essenciais – o mediador, o estímulo e o mediado. Eles se cruzam de forma dinâmica e responsiva. O *modo* como os agentes se cruzam estrutura as ideias ao longo deste livro.

O mediador

O mediador é um agente de mudança cujas intervenções são guiadas pela compaixão e crença. Então, eis aqui Glenna, de 8 anos de idade, considerada de "baixo funcionamento". Seu bairro é assolado por crimes perpetrados por gangues, a comunidade está assustada e o clima de tensão é alto. Com um olhar perspicaz, a mediadora – sua professora – avalia o estado de Glenna. A professora sente uma necessidade urgente de aliviar a angústia que permeia a vida de Glenna. A necessidade estimulou a professora: ela acredita que sua missão é dar a Glenna e seus colegas uma chance de escapar do inferno de seu bairro. A professora sabe que seus alunos terão êxito apenas se se sentirem capacitados e acreditarem em si mesmos, que Glenna e seus colegas devem, cada um individualmente, desenvolver um interesse que pode se transformar em uma paixão, que eles precisarão de uma infinidade de habilidades de pensamento para atingir seus objetivos. A professora acredita que pode ajudar seus alunos a adquirir um gosto pela conquista e uma série de habilidades.

A professora de Glenna é uma mediadora; ela:

- seleciona um estímulo e o molda para atrair a atenção das crianças;
- apresenta o estímulo com autoridade;
- intervém no momento em que estímulo e mediado se conectam, mesmo que a conexão seja tênue, e intervém novamente quando o mediado responde;
- responde segundo a segundo às reações das crianças a um estímulo;
- apresenta um estímulo para que as crianças percebam tanto seu significado como a intenção do mediador na escolha desse estímulo; e
- se envolve de forma responsiva; isto é, à medida que as crianças se esforçam para responder, observa a fim de determinar como ela, a mediadora, por sua vez responderá. Se os alunos não compreendem qual é a intenção do mediador, o mediador esclarece o significado.

A mediação é o comportamento responsivo final – uma dança improvisada. A dança é imprevisível porque todo aluno é único e os "passos" na "dança", que devem modificá-lo *enquanto ele dança*, mudam segundo a segundo e são diferentes para cada criança. A crença dos mediadores de que alguém é capaz de fazer alguma coisa é uma força poderosa em sua capacidade de fazê-lo.

O estímulo

Um estímulo é qualquer coisa que os mediadores escolhem como foco de uma interação com os alunos que estão ensinando. Os estímulos nos bombardeiam constantemente – são aleatórios, desordenados, variados em intensidade e com frequência imprevisível. Os estímulos são tão poderosos que nos protegemos nos desligando. Se não o fizéssemos, todo e qualquer som, por mais sutil que fosse; toda sensação tátil, fosse ela o mais suave possível, qualquer cheiro – todas essas impressões sensoriais nos distrairiam. Os estímulos sobrecarregam quem tem dificuldade de concentração. A maioria de nós aprende a responder seletivamente a estímulos. Nas interações mediadas, os adultos se interpõem entre criança e estímulo e modificam o estímulo, eles próprios e a criança, com o objetivo de mudar a maneira como as crianças percebem o estímulo. O estímulo é a fonte de significado em uma interação mediada.

O mediado: uma lição para Glenna

O mediado é o foco da intervenção de um mediador. Vamos observar Glenna. Glenna aprendeu a se desligar. Ela quase nunca responde, mas sua professora concebeu refletidamente uma intervenção. Ela explica:

> Quero que os estímulos sejam comunicados, que penetrem na consciência de Glenna, que não passem despercebidos, mas que *a modifiquem*. Então, eu *planejei*; [Eu] *selecionei* cuidadosamente um estímulo novo e rico em conteúdo, diferente dos estímulos aleatórios aos quais Glenna está acostumada. A forma como vou mediar esse estímulo irá transpor o estado de desligamento e desprovido de foco de Glenna.
>
> Como Glenna consome sua comida com grande entusiasmo, escolhi a comida como estímulo. Meus objetivos são:
>
> • encorajar Glenna a usar comportamentos comparativos, e
> • conscientizar Glenna sobre os conceitos de mais e menos.
>
> Selecionei quatro balas de limão de aspecto semelhante, mas que variavam de extremamente doce a extremamente azeda.

A professora estava seguindo estes princípios de mediação:

1. Preparar a lição selecionando um estímulo provocativo de modo que a mediada se sentisse *compelida* a reagir a ele.

2. Mudar o estado de espírito da mediada. "Glenna! Olhe!", a professora ordena enquanto coloca as quatro balas na mesa. Imediatamente, Glenna fica interessada. Ela volta toda sua atenção, agora bem desperta, não está distante, alheia ou sonolenta.

3. Garantir que o estímulo seja percebido. Se os estímulos não forem percebidos, os mediados não se beneficiarão deles. A escolha de uma experiência alimentar leva em consideração a natureza de Glenna – suas preferências, o que lhe interessa e sua provável reação.

4. Certificar-se de que o estímulo seja aprovado. Nesse sentido, mediação é uma imposição: não olhe *para lá*; olhe *para cá*! Não faça *isso*; faça *aquilo*! A professora chama seu nome imperativamente: *"Glenna!"*

O sucesso da mediação depende do uso de técnicas específicas dos mediadores.

Um processo dinâmico. A professora prossegue pedindo que Glenna prove cada bala e depois ordene-as da mais doce para a mais azeda. Isso exige que Glenna faça uso de um comportamento comparativo. Nesta lição, Glenna deve usar uma operação mental chamada seriação – ordenar um grupo do item mais curto para o mais longo, do mais leve para o mais pesado, ou, como no caso aqui, do mais doce para o mais azedo. A capacidade de fazer comparações é a base para conseguir empregar a seriação.

Feuerstein diz que fazer comparações é uma das funções cognitivas mais fundamentais e importantes. Tal capacidade requer:

- focar-se nos detalhes,
- lidar com duas ou mais coisas simultaneamente,
- recorrer a esquemas (a organização de conceitos do cérebro), e
- expressar suas conclusões (Feuerstein, Feuerstein, Falik, & Rand, 2006, p. 242-243).

Se as respostas das crianças são fracas, inexpressivas ou desanimadas, significa que carecem de capacidade de elaboração.

Glenna percebe a diferença e, com um mínimo de orientação, responde descrevendo as quatro balas: "Esta é doce. Esta *não* é doce. Argh! Esta não é doce *mesmo*. Esta é meio doce". A resposta revela à professora que falta a Glenna conhecimento de conteúdo: ela não conhece a palavra *azedo*. Quanto mais mediação as crianças recebem, mais conteúdo elas adquirem. À medida que o conhecimento de conteúdo aumenta, o mesmo ocorre com a capacidade do aluno de registrar e lidar ativamente com os estímulos para que ele possa se beneficiar de situações futuras.

A lição continua. A professora usa a palavra *azedo* frequentemente até Glenna adotá-la e usá-la ela própria. Em seguida, a professora usa as balas como estímulo para ensinar a Glenna os conceitos de *mais* e *menos*, o principal significado que ela tem como intenção para esta lição. Em uma lição subsequente, ela usará um estímulo diferente – talvez outros doces, talvez bolas de Natal ou contas brilhantes – para reforçar a compreensão de Glenna sobre *mais* e *menos*. Ela continuará até Glenna usar esses conceitos espontaneamente em situações que diferem das lições e até que as respostas de Glenna sejam ponderadas.

Se as respostas das crianças fugirem do tema em questão, isso mostra que, à medida que *elaboram*, elas não conseguem escolher atributos relevantes ou deixam de fazer conexões. A elaboração consiste em um ou vários atos mentais diferentes dentre os muitos que o cérebro humano tem o potencial de realizar. As respostas das crianças refletem quais "conceitos verbais fazem parte do repertório de um indivíduo... [e podem ser] mobilizados no nível expressivo" (Feuerstein et al., 2002, p. 139). A capacidade de se expressar verbalmente permite que as crianças passem para níveis mais elevados de pensamento. Quando as crianças não conseguem explicar o que estão pensando, isso indica que estão tendo dificuldades em elaborar – usar operações mentais mais elevadas – para pensar em uma experiência. Complexos processos de pensamento estão por trás até mesmo de comportamentos aparentemente simples.

RESUMO: A ESSÊNCIA DA MEDIAÇÃO

A concepção do estímulo, o tom de voz do mediador, a resposta que o mediador provoca – *tudo* é deliberado, calculado e intencional, porque o objetivo é *mudar* a criança e tornar a nova habilidade permanente. Para Glenna pensar, ela deve aprender mais conteúdo e conceitos. Os mediadores separam o conteúdo e os conceitos dos estímulos, verificam exatamente qual parte é problemática para determinada criança e, então, descobrem maneiras eficazes de as crianças aprenderem o conteúdo ou formar conceitos.

A essência da EAM é:

- mudanças são produzidas nos três agentes – estímulo, mediado e mediador;
- a mudança persiste além desta ocasião; e
- a mudança se torna parte do repertório de pensamento, ou seja, torna-se disponível e é cada vez mais fácil de acessar quando os alunos precisam enfrentar problemas semelhantes no futuro.

> Na mediação, coisas pequenas – os gestos dos mediadores, a escolha de estímulos e a concentração da criança – podem fazer grandes diferenças.

A mediação permite que as crianças aprendam a pensar, usando inicialmente habilidades de pensamento fundamentais e, com o tempo, as de nível cada vez mais elevado. Por fim, as crianças desenvolvem o que alguns psicólogos chamam de *metacognição – pensar* sobre como estão pensando.

Usando estímulos

Onde encontramos estímulos? Qual é a sua natureza exata? Por que selecionamos um em vez de outro? Como tornamos um estímulo significativo em *determinada* ocasião? Como garantimos que a mediação orientará os alunos a reagir, não apenas a qualquer estímulo, mas a estímulos *específicos*?

Os estímulos fornecem o conteúdo de experiências de aprendizagem mediadas. Eles são abundantes em meios naturais e artificiais e podem ser moldados de inúmeras maneiras. A seleção de um estímulo é um processo cuidadoso: qual é a palavra exata para manifestar a intenção de um escritor? O compositor deve escolher o dó, o fá ou o sol menor? Que poema o professor deve recitar para ajudar os alunos a compreender a ideia de metáfora?

Os projetistas de exposições são mediadores: eles elaboram as exposições de modo a prender a atenção dos visitantes. Cada objeto, cor, posicionamento, palavra – *tudo* em uma exposição – representa o produto final do processo de seleção de um expositor. Tornar os estímulos disponíveis, impressionantes e atraentes para um aluno é um dos aspectos mais satisfatórios do trabalho de um mediador. O objetivo de um mediador é selecionar estímulos para fazer com que os alunos parem, foquem-se e pensem.

A história de Tom. Tom, de 10 anos, está repetindo a 4ª série. Lewin-Benham é sua tutora. Ela descreve a situação:

> Falta a Tom tanto habilidade quanto a persistência para separar uma palavra em sílabas; ele só presta atenção na primeira letra. Quando lê palavras longas, por exemplo, *apetite*, em vez de procurar dividir em sílabas, ele pega uma ou duas letras iniciais da palavra e as pronuncia como o primeiro som de uma "palavra" multissilábica, mas sem sentido: *a-pe-[balbucio]*, algo indistinguível. Para esta lição, uso sílabas como estímulo.

> Escolhi a palavra *apetite*. Primeiro, prendo sua atenção: "Tom!" Em seguida, pergunto qual o significado; Tom responde: "Aquilo quando você está com fome!" Isso me revela que a palavra faz parte do "dicionário mental" de Tom; que, se ouvi-la, ele a reconhecerá.

> Eu cubro toda a palavra, exceto a primeira sílaba, "a", e explico a Tom: "Estou dividindo esta palavra em pedacinhos porque sei que você pode ler pedacinhos". Tom consegue fazê-lo, lendo as sílabas "a", depois "pe", então "ti", e por fim "te", enquanto movo meu dedo para descobri-las uma após a outra. Tom se sai bem. Mas ele não consegue se lembrar das quatro sílabas nem combiná-las, o que significa que não consegue dizer todas elas em ordem e com rapidez suficiente para ouvir a palavra. Então, eu o treino para lembrar e combinar, para dizer todas as quatro sílabas cada vez mais rápido, até que ele ouça a palavra. Por meses, continuo ensinando lições para aumentar o conhecimento de conteúdo de Tom e consolidar sua capacidade para escutar.

Repensando os rótulos. Jovens diagnosticados com Transtorno do Déficit de Atenção com Hiperatividade (TDAH) têm uma atenção passageira. Eles não conseguem se focar em estímulos, muito menos guardar de cabeça quatro sílabas. Crianças com TDAH, na verdade, dedicam a mesma quantidade de tempo, atenção e investimento a *todos* os objetos. Outras crianças, que por várias razões têm vocabulários limitados, não ouvem quatro sílabas como uma palavra porque essa palavra (e muitas outras) não faz parte de seu "dicionário mental". A atenção passageira e o vocabulário limitado restringem muito a capacidade da criança para aprender a ler. A teoria da mediação não se refere a alunos como Glenna e Tom como alunos com TDAH, como lentos, ou como hiperativos. Em vez disso, na teoria da EAM, eles são chamados de alunos "não mediados" e, portanto, não aprenderam a tratar os estímulos de maneira diferente ou a usá-los de forma eficaz.

O trabalho realizado ao longo de décadas por Feuerstein e seus muitos colaboradores resultou em uma variedade de estímulos especialmente projetados. Trata-se dos instrumentos coletivos do PEI, que descrevemos em mais detalhes no Capítulo 3. Os cursos ministrados pelo ICELP e seus centros de treinamento em todo o mundo capacitam educadores e psicólogos na teoria da mediação e no uso dos instrumentos. Os cursos são normalmente realizados no verão e têm duração de duas semanas. Os setenta centros de treinamento ao redor do globo estão listados no site da ICELP.

> A teoria da mediação é uma lente diferente pela qual olhar as crianças definidas por rótulos.

Resumo: os agentes em uma interação mediada

Usamos muitas palavras para o "mediado" – *aluno, aprendiz, pessoa, criança, Glenna, jovem, Tom, crianças com TDAH*. O mediado é tudo isso – qualquer indivíduo que esteja sendo ensinado por alguém cuja intenção seja transmitir significado, fazer a conexão dessa experiência com outras e, assim, melhorar os processos de pensamento do cérebro.

Ao ler os cenários deste livro, lembre-se: uma Experiência de Aprendizagem Mediada (EAM) possui três agentes:

1. o mediador, professor, pai ou mãe, guia do museu ou qualquer outro adulto;
2. o estímulo (ou exposição ou lição) que é o objeto da intervenção e fornece seu significado; e
3. o mediado, ou a criança a quem a intervenção é dirigida.

Estes são o *quem* e o *o quê* na mediação. Em seguida, vamos nos focar no *como*.

ASPECTOS ESSENCIAIS DA MEDIAÇÃO

O grosso deste livro consiste em *como* mediar – os gestos, as perguntas, os comentários e outras formas de encorajamento que os adultos fornecem às crianças. Com base em um longo estudo sobre o que os mediadores fazem e como eles interagem, Feuerstein e seus colegas desenvolveram descrições de maneiras eficazes de mediar. Entre elas estão os três atos (ou parâmetros) essenciais – intencionalidade, significado e transcendência. Se algum desses atos não estiver presente, a interação não é uma experiência de aprendizagem mediada.

Descrevemos esses três parâmetros a seguir. Muitos outros parâmetros de mediação são identificados ao longo do livro.

Intencionalidade

Intencionalidade refere-se à atitude do mediador, que deve ser proposital, específica, às vezes imperativa, e sempre direcionada a uma finalidade em particular que tem clara em sua cabeça. Os vários aspectos da intencionalidade são descritos a seguir.

Destaque. Quando atuo como mediador, procuro destacar tudo o que apresento ao indivíduo. Portanto, seleciono cor, forma, conteúdo ou outros recursos como forma de atrair a atenção das crianças. O destaque é de vital importância para atrair a atenção das crianças para o objeto em consideração. É o aspecto da intencionalidade que conecta mediador, mediado e estímulo.

Imperativos. Se eu falar com você com intencionalidade, independentemente do assunto, irei me certificar de prender sua atenção. Minha postura e expressão serão imperativas. Não vou simplesmente colocar algo na sua frente, mas irei expô-lo de modo que você não possa deixar de notá-lo. Porque esta é a minha intencionalidade, você *vai* vê-lo. Ele *irá* penetrar em sua consciência, quer você queira ou não. Primeiro, modificarei *a mim mesmo* mudando minha atitude, tom de voz e a frequência de minhas palavras para ter certeza de que você está notando. Vou sussurrar, cantar, recitar, gritar, bater palmas, gesticular com o braço, fazer o que for necessário para tornar manifesta a minha intencionalidade, porque a intencionalidade motiva tanto o mediador quanto o mediado.

Reflexão. Intencionalidade significa modificar o estímulo e o mediado, focando-se simultaneamente em ambos: qual é o melhor *momento* para ver alguma coisa? Qual é a maneira mais *atraente* de apresentá-la? Qual é a maneira mais *eficaz* de fazer as crianças acompanharem? Apresentar algo com intencionalidade é selecionar um objetivo, esclarecê-lo, focar nele e torná-lo imediato para você e para as crianças com quem você está interagindo.

Multimodalidades. A intencionalidade de mediar pode ser realizada através da comunicação por meio de qualquer uma das várias formas – verbal, gestual, pictórica ou musical. Intencionalidade pode significar modificar o estímulo: amplificar, colorir ou lhe conferir um ritmo especial. O objetivo é tornar a mediação evidente, para que as crianças, em última instância, possam reconhecer o significado à parte da lição. Por exemplo: as crianças estão aprendendo um poema.

> A intencionalidade é o critério mais importante de uma experiência de aprendizado mediada.

O mediador o recita com elas, mas em vez de seu ritmo habitual, ele pronuncia cada frase lentamente para que as crianças possam repeti-la; altera o fluxo e o ritmo; muda o tom. Uma interação é eficaz quando afeta os mediados e eles, como resultado, tornam-se modificados – ou, em outras palavras, aprendem.

Significado

Significados são a essência dos estímulos. Um único estímulo pode conter múltiplos significados, traços sutis de significado e até significados opostos.

Selecionando um significado. Normalmente, o significado é entendido como vocabulário ou a definição de uma palavra. No entanto, as palavras podem possuir diferentes significados. A palavra *nota*, por exemplo, pode significar um som musical específico, um breve recado por escrito, um papel representando uma quantia de dinheiro ou dar atenção a tal coisa, como em "Tome nota".

As palavras por si sós podem fazer pouco sentido, como nas expressões "perder a cabeça" e "tirar um cochilo". Os mediadores são, de certo modo, meramente distribuidores do significado intrínseco a objetos, enunciados ou situações. Mas, como mediador, eu determino *qual* significado quero enfatizar. Selecionar um significado específico valoriza uma atividade. Quando valorizo algo, incorporo seu significado à tarefa.

Transmitindo um significado. A mediação do significado começa no momento em que você apresenta um estímulo às crianças. Simultaneamente, você (1) prepara as crianças para se tornarem receptivas e (2) prepara o estímulo para transmitir seu significado. Ao selecionar um significado, você especifica para o que deseja que as crianças se atentem, com o que lidar e compreender. *Por que* é importante que você saiba disso? Quero que você seja capaz de repetir, fazer uso, dominar o significado e, finalmente, universalizar a partir de um único exemplo.

Incutir a necessidade de significado. Aqui entra em questão *quanto* significado impor. Alguns acreditam que não se deve dotar as coisas de significado, pois, ao fazê-lo, isso desrespeita a individualidade dos outros: se *eu* seleciono o significado subjetivamente, então eu *os* privo da objetividade. A questão, no entanto, não é "eu estou desrespeitando-os?", e sim "que *efeito* isso terá sobre eles?" Retroceder um pouco por causa de respeito cria uma lacuna na capacidade das crianças para interpretar significado. A questão não é se as crianças querem um significado diferente do que o mediador transmite, mas se elas *desenvolvem a necessidade de buscar significado*. Quando os mediadores são objetivos, isso nega a orientação de procurar significado em tudo o que as crianças encontram no mundo – de fazer a pergunta: o que isso significa?

"Inadvertidamente", diz Feuerstein, "produzimos uma geração com um tipo de existência cega que é desprovida de significado". Eles têm a capacidade humana de buscar significado, mas

- não questionam como ou por quê,
- desconhecem sua capacidade de reagir a estímulos ou ignorá-los, e
- não conseguem perceber.

Significado e motivação. A propensão, ou a falta dela, para buscar significado depende de quanto significado as mães, as primeiras mediadoras, transmitem. Crianças imersas em estímulos e incapazes de atribuir significado a eles se tornam impenetráveis e, portanto, imodificáveis pela exposição. Observe jovens absortos na TV ou no videogame. Eles não apenas não conseguem compreender o significado do mundo ao seu redor, mas também não *querem* fazê-lo. Indivíduos com baixo desempenho não apresentam um comportamento de busca por significado.

Por outro lado, se tudo o que fazemos é imbuído de significado – se mediarmos por significado –, começamos a testemunhar indícios de motivação, então sua evolução e, eventualmente, uma disposição que torna as crianças propensas a buscarem significado. Oferecer significado não implica que as crianças mantenham esse significado ao longo da vida. Mas sem a necessidade de encontrar significado, as pessoas se sentem vazias; elas não têm objetivos e energia para persegui-los. Com que sentido?, elas perguntam. Por que eu deveria fazer isso? Que significado terá para mim?

Significado e os meios de comunicação. Muitos estímulos no mundo de hoje são transmitidos sem significado pelos meios de comunicação. Eles imperam na vida de muitas crianças; para algumas, é sua experiência primária. Lewin-Benham trabalhou com crianças de 3 e 4 anos que falavam empregando apenas as palavras que os super-heróis usam ou com os sons de desenhos animados. Como consequência, as crianças não ficavam focadas; cada experiência é um episódio

> O objetivo de mediar significado é incutir uma necessidade de buscar e encontrar significado e, assim, conectar os indivíduos ao mundo ao seu redor.

em si, desconectado de qualquer outra coisa. As crianças não veem necessidade de prestar atenção aos estímulos, de transmitir significado aos outros ou de fixar significados no cérebro como alicerce para formas de pensamento mais elevadas – e mais avançadas. Neil Postman (1931-2003), autor, crítico dos meios de comunicação e professor da NYU, chamou isso de "divertir-se até morrer" (1985).

Transcendência

Transcendência significa simplesmente que algo *vai além*. As crianças conectam o que estão fazendo agora a algo que lembram ou imaginam.

Transcendência e complexidade. Uma interação geralmente ocorre em resposta a uma necessidade criada por meio da intenção do mediador. As interações entre mãe e filho são a fonte de toda interação humana. A criança precisa comer, então a mãe a alimenta. Como ou onde ela alimenta a criança não importa. *Quando* ela a alimenta é que é importante porque a necessidade de comer é cíclica. A necessidade básica é satisfeita – em certa medida – pela mera interação. Mas transcendência consiste em, à medida que a mãe satisfaz a necessidade, ela introduzir algo que não tem nada a ver com a ação em questão. Pode ser cantando uma música, mostrando imagens à criança ou lendo um livro para ela.

Aquela mãe que simplesmente ensina ao filho uma pequena informação específica contribui muito pouco a título de mediação. Mas a mãe que, juntamente com a comida, fornece informações sobre ordem, limpeza, modos, costumes e ideias, cria essas novas necessidades na criança. Quando as crianças recebem algo que transcende uma interação específica, isso as motiva e as prepara para lidar com situações cada vez mais complexas.

Transcendência e transferência. Elementos transcendentes são vitais na mediação humana. Eles formam o que é chamado de "sistemas de necessidades em constante expansão das necessidades humanas" que existem desde os primórdios dos seres humanos. O gato, ao treinar seus filhotes, manifesta alguma intenção, por exemplo, para garantir que eles vejam como cavar um buraco para enterrar suas evacuações. Mas os humanos são os únicos animais que transcendem o imediato ao expressar o significado da experiência atual em termos de algo com que as crianças podem se deparar no futuro.

A mediação para a transcendência é um meio natural de universalizar, de transferir o que você aprende a diferentes situações que de alguma forma estão conectadas, mas em um local, tempo ou contexto totalmente diferente. Assim, extrapolando o que está incluído na interação, eu incorporo algo que prepara as crianças para um futuro desenvolvimento, expectativas, outras necessidades, hábitos e desejos. Esta é a parte mais humanizadora da mediação. O adulto que diz apenas "Faça tal coisa porque eu estou dizendo para fazer" desumaniza as crianças, mina a curiosidade e prepara o terreno para lutas pelo poder ou aquiescência passiva, duas condições que reduzem a disposição, a capacidade intelectual e a motivação para aprender.

Transcendência e motivação. O objetivo transcendente pode ser o próprio incentivo que as crianças necessitam para não desistir, mas para perseverar *neste momento*. Steven, 8 anos, estava relutante em praticar a contagem pulando números. Lewin-Benham explicou que esse tipo de contagem é fundamental para muitas coisas que vêm depois na matemática. Ela a comparou com a necessidade de conhecer os sons das letras para que se consiga ler e a necessidade de entender as funções de diferentes peças de LEGO™ para criar seus próprios objetos. Os exemplos o tornaram receptivo, e eles treinaram até ele dominar a contagem de três em três. A transcendência prepara as crianças para estender seus sistemas de necessidade a um grande número de atividades e interesses, até mesmo à recusa – adiar algo agradável ou abrir mão de um agrado. Todos nós já testemunhamos o comportamento aparentemente inexplicável de uma pessoa que tem pouco para comer, mas gasta seus escassos recursos em um ingresso para assistir a um show em vez de usá-lo em uma refeição.

> A transcendência conecta passado e futuro na vida do indivíduo.

Mediação e motivação

B.R. fora um bebê alegre, sempre sorridente e cooperativo; quando começou a andar, e na idade pré-escolar, era empolgado em relação a todas as experiências. Aos 2 anos, seu sorriso parecia um raio de sol. Aos 3, ele se envolvia prontamente, entretendo completos estranhos com músicas, histórias ou episódios pessoais; seu entusiasmo e alegria eram contagiosos. A mãe de B.R. estava deprimida e seu pai, desejando ajudá-la, decidiu fazer de B.R. uma companhia constante para ela. "Ela precisa dele para animá-la" foi a forma como ele colocou.

Aos 7 anos, B.R. fazia birra com mais frequência do que sorria, estressava-se por qualquer coisa por menor que fosse e era muitas vezes teimoso. Aos 10, sua falta de motivação era uma de suas características mais evidentes. Seu temperamento radiante havia sido mediado – para pior.

J.A., por outro lado, aos 2 anos de idade era intensa, focada, com uma noção clara do que queria. Se algo não atendesse às suas expectativas, ela se sentia aflita e muitas vezes chorava. "Vamos lá", dizia o pai, com um grande sorriso. "Deixe--me ver o seu sorriso." E, mesmo contra sua vontade, J.A. abriria um sorriso.

Desde o nascimento até os primeiros anos, as crianças aprendem observando as ações dos pais, sentindo suas emoções, imitando seu tom de voz, reparando, copiando e adaptando gradualmente – para melhor ou para pior – o que observavam e como são tratadas. B.R. adaptou o afeto de uma mãe deprimida que às vezes o ignorava e, outras vezes, o repreendia por razões incompreensíveis para ele. A combinação de uma referência materna depressiva e tratamento irracional (para ele) aos poucos minou seu temperamento naturalmente radiante. Já J.A. tinha exemplos positivos cujas interações eram agradáveis. Seus pais respeitavam a intensidade em sua natureza. Sua mãe a envolveu em amor incondicional e seu pai foi capaz de mudar sua atitude com seu próprio temperamento radiante ou com persuasão sutil: "Dê-me aquele sorriso!" Com essas referências, aos 7 anos ela já lidava melhor com as coisas. Sua intensidade havia sido mediada – para melhor. A mediação afeta a motivação, um aspecto importante da cognição. A natureza de seu temperamento é fortemente influenciada pelo ambiente emocional/cognitivo no qual as crianças estão inseridas (a dicotomia natureza/criação) durante seus anos de formação. Para B.R., ser o apoio emocional para uma mãe deprimida era um fardo maior do que ele podia suportar.

RESUMO: UM RETRATO DA MEDIAÇÃO

A mediação ocorre em inúmeras situações. Para aprofundar a compreensão do que significa mediar e ver a teoria em ação, fornecemos exemplos de incontáveis situações nas quais a mediação pode ser aplicada. Cada capítulo deste livro destaca vários parâmetros de mediação e expande os parâmetros de mediação a partir dos três fundamentais – intenção, significado e transcendência – em um amplo espectro de maneiras de mediar. No Capítulo 3, veremos a mediação em ação enquanto as crianças e seus professores usam um instrumento do PEI.

Pontos principais

1. Teoria da Modificabilidade Cognitiva Estrutural

- O desenvolvimento humano ocorre como resultado da biologia, do meio e da mediação.
- O comportamento representa o estado temporário dos indivíduos, não seus traços permanentes.
- O cérebro é capaz de mudar.

2. A mediação é um processo capaz de modificar comportamentos que sugerem mudanças no cérebro.
3. O *quem* e o *o quê* da mediação são seus três agentes: mediador, estímulo e mediado.
4. O *como* da mediação são os três parâmetros fundamentais – intenção, significado e transcendência –, bem como muitos outros.

Capítulo 3

A aprendizagem mediada em ação

Com quem ele deliberou, para lhe dar compreensão e lhe ensinar o caminho acertado, para lhe ensinar o saber, e lhe sugerir as medidas a tomar?

— Isaías, 40,14

Estamos em setembro, uma nova aula, um novo conteúdo. Na folha de rosto de um dos instrumentos do Programa de Enriquecimento Instrumental-Standard (PEI-S) estão:

- o título "Organização de pontos",
- o rosto de um menino (ou será uma menina?),
- cinco estrelas no céu noturno,
- as palavras "Só um momento... Deixe-me pensar".

Vinte e seis ansiosos alunos da quinta série observam a professora. Ela começa: "Quem pode me dizer o que há nesta página?"

Este capítulo fornece uma breve visão geral do conteúdo do Programa de Enriquecimento Instrumental de Feuerstein (PEI) – as séries de exercícios que desenvolvem habilidades de pensamento específicas e variadas ou déficits de pensamento identificados no diagnóstico. O foco do capítulo está na "textura" do uso da mediação: o que veríamos se estivéssemos sentados na sala de aula e observássemos um professor interagir com os alunos. Nosso objetivo aqui é mostrar a mediação quando ela é:

- o foco das lições em sala de aula, e
- realizada por profissionais.

Os exemplos estabelecem um padrão para os tipos de intervenção eficazes que facilitam a aprendizagem das crianças.

Neste capítulo, primeiro descrevemos em linhas gerais o PEI, depois observaremos duas aulas.

O PEI: VISÃO GERAL

O PEI-Standard (PEI-S) consiste em 14 abrangentes séries de exercícios. Cada série é chamada de instrumento e é organizada sistematicamente de acordo com funções cognitivas essenciais e específicas ou, em outras palavras, importantes habilidades de pensamento. Em cada instrumento, os exercícios envolvem repetidamente *as mesmas* habilidades cognitivas, mas aplicam-nas a problemas cada vez mais difíceis e diversos. O professor apresenta os exercícios página por página; as páginas são arrancadas de um bloco para manter o foco das crianças *na lição em questão*, e não em um livro inteiro ou na próxima página. O PEI-S é normalmente aplicado em dois períodos de 45 minutos por semana, durante 2 ou 3 anos.

Feuerstein defende que, durante o processo de executar as tarefas, o cérebro é condicionado porque, por meio da repetição, as funções cerebrais se cristalizam em novas estruturas de pensamento permanentemente acessíveis, chamadas redes neuronais. Com o tempo, acumulou-se pesquisa que demostra que o PEI e as teorias subjacentes são eficazes no desenvolvimento da cognição (Ben--Hur, 2008; Kozulin, 2006).

Observando um mediador: o PEI-Standard

Os quatro primeiros instrumentos do PEI-S são "fundamentais"; isto é, fornecem uma base de conceitos e estratégias essenciais para todo pensamento. Os instrumentos são intitulados:

- Organização de pontos;
- Orientação espacial I e II;
- Comparações;
- Classificações;

Os seis instrumentos seguintes constroem funções cerebrais diversas, que são mais complexas e requerem pensamento operacional, como fazer analogias, inferências e permutações. Os quatro últimos requerem pensamento de ordem superior e envolvem funções cognitivas, como o uso de silogismos e transformações, além de níveis mais altos de alfabetização e compreensão verbal.

No fim de cada instrumento, até pensadores altamente proficientes acham os exercícios desafiadores. Para surpresa de muitos educadores e psicólogos, funções de ordem superior tornam-se acessíveis a crianças cujo funcionamento havia sido comprometido previamente por um motivo ou outro. "O sucesso nos instrumentos anteriores modificou seus cérebros!" (Feuerstein, Feuerstein, Falik, & Rand, 2006, p. 212).

Cada instrumento visa inúmeros objetivos; juntos, eles permitem que os alunos usem habilidades de pensamento essenciais, tais como:

> organização, planejamento, conclusão, categorização, análise, tanto de materiais quanto da sequência de operações. Precisão, uso de dimensões de tempo e espaço, controle da impulsividade e redução do comportamento egocêntrico também são assinalados. Há uma melhoria tanto nas técnicas de solução de problemas como nas interações sociais (Feuerstein, Feuerstein, Falik & Rand, 2006, p. 224).

Os instrumentos do PEI fornecem maneiras abrangentes e sistemáticas de desenvolver a estrutura cognitiva.

Iniciando um instrumento. Este é o dia 1, a lição 1 da introdução dos alunos da quinta série ao PEI-Standard. A organização dos pontos é geralmente o primeiro instrumento apresentado porque estabelece a abordagem reflexiva, questionadora e intencional que a professora usará com todos os instrumentos. Começando com a folha de rosto (cf. a Figura 3.1), a professora organiza uma conversa com toda a turma prestando atenção. Com crianças mais novas ou aquelas cujo funcionamento é comprometido, a conversa pode se dar com um pequeno grupo. Com uma criança com falta de atenção, isso pode ocorrer individualmente. A professora faz perguntas, permitindo que as respostas prossigam até que todos que queiram contribuir o façam. Perguntas típicas são:

- Qual é o título?
- O que isso significa?
- Qual é o significado da expressão no rosto da figura?

- No que *vocês* estão pensando quando fazem essa expressão?
- O que as pessoas podem estar fazendo quando fazem essa cara? Por quê?
- O que a pessoa está segurando na mão? Por quê?
- Quais são as implicações?

A discussão revela que as estrelas *não* são um "céu noturno"; são pistas para um padrão e o principal objetivo dos exercícios deste instrumento é encontrar padrões.

Figura 3.1. A folha de rosto de cada instrumento tem o logotipo, a criança pensando, o slogan – "Só um minuto... Deixe-me pensar!" –, e uma ilustração que informa os tipos de exercícios contidos no instrumento.

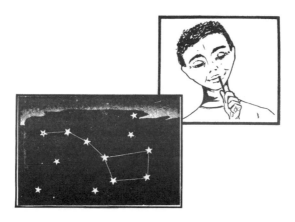

SÓ UM MINUTO ...
DEIXE-ME PENSAR !

Observe o padrão da palavra. Buscar por padrões é algo que o cérebro faz espontaneamente para dar sentido ao mundo. Ao conscientizar as crianças de que estão encontrando padrões, buscar por padrões aos poucos se torna uma técnica que as crianças usam naturalmente. Em outras palavras, as crianças tornam-se buscadoras de padrões conscientes porque a professora "mediou" – chamou a atenção das crianças, ensinou, enfatizou, ofereceu exemplos, explicou, usou repetidamente – a busca por padrões consciente como estratégia de pensamento.

A turma fica surpresa quando o sinal toca. Os alunos estavam tão absortos na conversa que não perceberam o tempo passar. As discussões dos alunos sobre os instrumentos do PEI geralmente quebram a monotonia das aulas ministradas pelos demais professores, porque nas aulas do PEI os alunos falam a maior parte do tempo.

Os muitos significados com os quais os alunos contribuem para as discussões fazem com que sintam que suas ideias são valiosas. Essas lições são o oposto da interação em sala de aula baseada na premissa de "uma resposta certa". Respostas predeterminadas ou lições previsíveis que especificam o que os professores devem dizer não fazem parte da mediação. Em vez de abordar um conteúdo específico, o objetivo é conscientizar as crianças sobre como elas estão pensando.

Estabelecendo uma abordagem. Na segunda sessão, a discussão é sobre o significado das palavras "Só um momento... Deixe-me pensar". Enquanto os alunos discutem, a professora desenha um mapa mental de suas ideias no quadro. O exercício atrai o interesse dos alunos e eles ficam absorvidos ao descrever os erros que cometeram ou observaram os outros cometer. Suas sugestões são oferecidas uma após a outra, palavras e frases como "que descuido", "isso está me incomodando", "oh, não!", "isso vai metê-lo em problemas". Gradualmente, a conversa converge para o pensamento, apropriadamente expresso por um aluno, que você comete erros quando se apressa. O grupo concorda que se apressar e agir de forma descuidada descreve com exatidão o motivo de eles cometerem erros.

O professor fornece muito pouca informação e, sem prejudicar o entusiasmo dos alunos:

- promove a discussão;
- atua como registrador;
- garante que os alunos ouçam uns aos outros de forma respeitosa;
- assegura que todos participem;
- deixa claro que zombar dos outros é inapropriado;
- cuida para que ninguém monopolize a discussão;
- mantém as observações focadas no tópico ou de alguma forma relacionadas a ele; e
- incentiva os alunos a serem cada vez mais precisos.

No fim, ela pede aos alunos que resumam o que os exercícios provavelmente envolverão e como eles provavelmente pensarão ao fazê-los.

A conversa define o tom de todo o programa de enriquecimento instrumental – o profundo envolvimento dos alunos. A professora estabeleceu uma norma atípica:

- As ideias dos *alunos* são o foco.
- O professor não ensina.
- As respostas levam a mais discussão.

A professora "mediou" a observação cuidadosa, a escuta atenta, a expressão precisa e comportamento agregador. A motivação da turma permanece alta quando, durante a terceira sessão, a professora distribui a primeira página de exercícios e diz: "Vamos começar".

Utilizando os exercícios. O instrumento "Organização dos pontos" possui 13 páginas com 8 a 22 exercícios em cada página. Em todos os exercícios deste instrumento (exceto nas três últimas páginas), os alunos se deparam com nuvens de pontos entre os quais devem discernir formas específicas que são apresentadas em um modelo na parte superior de cada página. Os exercícios nas últimas três páginas usam formas tridimensionais. As formas "se tornam cada vez mais misturadas e exigem níveis progressivamente mais altos de discernimento, precisão e separação... É necessário investir uma grande quantidade de poder mental para analisar, focar, transportar, planejar e antecipar" (Feuerstein, Feuerstein, Falik, & Rand, 2006, p. 219-220).

Na página um, o modelo mostra dois quadrados e um triângulo isósceles de ângulo reto. Seguem-se muitos exercícios, cada qual com uma nuvem amorfa de pontos. Nessa nuvem, os alunos devem discernir o padrão e, com um lápis, conectar os pontos que têm *exatamente* a mesma forma e tamanho das formas no modelo (cf. a Figura 3.2). O problema é que as formas são rotacionadas em várias direções e podem sobrepor-se umas às outras. À medida que as pistas, como pontos em negrito, interrupções, e rotações e sobreposições, aumentam, fica mais difícil distinguir qual ponto combina com qual forma. Conforme as formas se tornam mais complexas, os exercícios rapidamente ficam mais difíceis. Na página 6, os alunos procuram uma estrela de quatro pontas e uma forma composta feita de um retângulo e um semicírculo.

As tarefas requerem:

- projeção de relações virtuais,
- conservação da constância nas posições das figuras,
- transporte visual do modelo para a nuvem de pontos,
- precisão e exatidão,
- comportamento agregador,
- planejamento,
- controle da impulsividade,
- discernimento;
- separação de elementos próximos (Feuerstein et al., 2006, p. 215-219).

Enquanto a professora "media", ela traz ao conhecimento dos alunos as muitas funções do cérebro que estão utilizando.

Página um: Organização de pontos. A professora não põe os alunos para trabalhar isolados e em silêncio. Ela coloca uma transparência da página em um retroprojetor, acende a lâmpada e projeta uma cópia enorme da imagem na tela branca. A professora faz a turma trabalhar em conjunto e pensar em voz alta. Os alunos resolvem os problemas em grupo, como fizeram na discussão sobre a página de rosto.

A primeira pergunta da professora é: "O que está acontecendo aqui?" Ela chama Vernon, que sabe ser capaz de resolver o problema, mas que não usa as palavras com precisão. Vernon responde: "Você faz assim com eles". Gesticulando para que Vernon se aproxime da imagem projetada, a professora diz: "Venha nos mostrar". O primeiro exemplo é fácil; os pontos correspondem exatamente às posições das figuras e Vernon traça rápida e corretamente as três figuras.

Figura 3.2. Nos primeiros exercícios da página um do instrumento Organização de pontos (PEI-Standard), os pontos grandes destacados orientam as crianças na solução dos desafios.

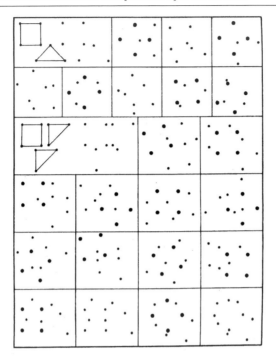

A professora chama Jenny, que pode não resolver o problema, mas é capaz de ser mais articulada. É um problema fácil porque, entre a nuvem de pontos, os quatro pontos que juntos formam um quadrado são grandes; eles praticamente saltam da página. "Jenny", ela diz, "faça apenas uma figura e nos explique ao mesmo tempo enquanto estiver fazendo". Jenny responde: "Estou olhando para um quadrado e ele está bem aqui, então vou desenhar daqui pra cá, daqui pra cá, daqui pra cá", unindo corretamente os pontos que formam o mesmo quadrado do modelo.

A professora, então, chama um aluno muito articulado: "John, fale-nos sobre o próximo". John, pontuando cada movimento com verbos e substantivos, diz: "Encontrei o topo do triângulo aqui e agora estou conectando o primeiro lado, a base e o terceiro lado". Em seguida, a professora chama por alunos que ela espera que usem a palavra ângulo, ou algum entre eles que contará os pontos, já que alguns dos exercícios mais avançados têm mais pontos do que o exigido. Uma tarefa mais difícil da Organização de pontos é mostrada na Figura 3.3.

> A forma como os alunos *expressam* problemas e soluções para si mesmos é tão importante quanto seu desempenho.

Início do trabalho independente. Como os alunos mostram que desenvolveram uma abordagem eficiente para a tarefa, a professora sugere que trabalhem de forma independente. Ela continua usando novos exemplos com os demais alunos. Se alguns demonstrarem inquietação porque o ritmo está muito lento, a professora sugere que trabalhem sozinhos. A professora prossegue com um grupo cada vez menor. Dessa forma, ela oferece mais apoio aos alunos que precisam. Eventualmente, todos os alunos estão trabalhando de forma independente no seu próprio ritmo, a professora circulando pela sala para observar e intervir conforme necessário. Se a professora sentir necessidade, ela chama a atenção de toda a turma para conceitos, estratégias ou vocabulário. A mediação de abordagens de resolução de problemas é uma importante estratégia de ensino.

Figura 3.3. Os exercícios em cada instrumento seguem o mesmo princípio, mas se tornam cada vez mais difíceis com o passar das páginas.

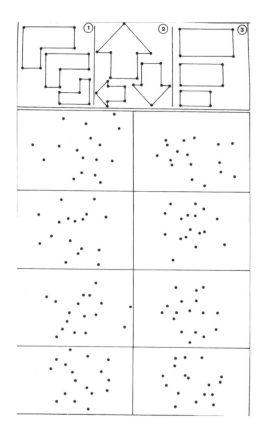

Concluindo uma sessão. A professora interrompe os alunos cerca de 10 minutos antes do fim da aula e inicia uma discussão com perguntas como:

- Como vocês fizeram a tarefa?
- Onde vocês tiveram dificuldade?
- Quando encontraram dificuldades, quais estratégias vocês utilizaram para resolver o problema?
- O que isso lembra vocês?
- O que vocês aprenderam com isso?
- Que tipo de pensamento vocês estão usando?
- Vocês conseguem pensar em outra aula na qual um problema exigia que vocês usassem o mesmo tipo de pensamento?
- A que outros problemas o que aprendemos hoje se aplica?

As últimas cinco perguntas são transcendentes, ou seja, ampliam a consideração dos alunos sobre como esse problema se relaciona com outros que podem ou não ter sido enfrentados. Novamente, a professora anota no quadro o que os alunos dizem, e eles debatem seu crescente número de ideias, continuando a fazê-lo enquanto saem da sala.

Os professores/mediadores asseguram que os alunos entendam o valor do que estão aprendendo e o papel que o cérebro desempenha em tudo o que fazem. O ensino interativo e responsivo é como argamassa: ele transforma os elementos da teoria da EAM (Experiência de Aprendizagem Mediada) em uma estrutura coesa. O objetivo é que os alunos tenham sucesso, e o mediador faz o que for necessário para esse fim. David Perkins (1995) revisa quatro abordagens robustas para o ensino de inteligência, entre elas o PEI. Perkins diz: "Feuerstein concebeu as dificuldades dos alunos tão atitudinais quanto cognitivas. Ele desejava não apenas munir os alunos com melhores habilidades cognitivas, mas incutir neles atitudes positivas e proativas em relação ao pensamento, à aprendizagem e à autoconfiança como pensadores e aprendizes" (Perkins, 1995, p. 188). Os exercícios do PEI são apresentados para que os alunos não apenas tomem consciência de quais processos de pensamento estão usando, mas também gostem de aprender a aprender.

Observando um mediador: o PEI-Básico

O PEI-Básico (PEI-B) foi desenvolvido para crianças entre 3 ou 4 anos e até 9 ou 10 anos. O PEI-B pode ser usado como diagnóstico quando professores, pais ou psicólogos suspeitam que uma criança possa ter problemas de aprendizagem. E o PEI-B pode ser usado com crianças cuja progressão é variada, o que é típico de crianças em séries iniciais. Como muitas habilidades cognitivas estão embutidas em cada exercício, o PEI-B pode ser usado com crianças que:

- foram diagnosticadas como tendo uma ou mais dificuldades de aprendizagem,
- ficam presas porque estão "cegas" para uma habilidade cognitiva essencial para passar ao pensamento de nível superior,
- não desenvolveram funções cognitivas devido a circunstâncias como pobreza, guerra, imigração ou outras influências sociais.

Uma ferramenta de diagnóstico. O PEI-Básico (e o PEI-Standard) pode ser usado como diagnóstico para identificar os déficits de pensamento dos alunos. Os professores podem retroceder ou avançar em um instrumento para descobrir exatamente onde uma criança está presa. Por exemplo, em Orientação Espacial-Básico, uma criança de 5 anos não conseguiu localizar um objeto com um grande círculo preto acima dele. Então, o professor questionou e observou a criança com a intenção de determinar se ela conhecia o seguinte conteúdo:

> Como os instrumentos do PEI-Básico identificam problemas, eles são valiosos para alunos com suspeita de dificuldades para usar uma ou outra função cognitiva ou que foram identificados como incapazes de usar uma ou mais funções cognitivas.

- os adjetivos *grande* e *preto*,
- o substantivo *círculo*,
- a preposição *acima*.

Tomando conhecimento de que o aluno conhecia o conteúdo, o professor concluiu que o comando *localize* estava causando o problema. De fato, o professor observou que o aluno não tinha a capacidade de analisar, isto é, explorar sistematicamente uma página para encontrar uma imagem em particular, e desta forma ensinou o aluno a analisar.

Uma outra criança não tinha a capacidade de lembrar os adjetivos *grande* e *preto* e a preposição *acima*. O professor repetiu essas palavras em atividades com jogos até que a criança as usasse prontamente.

Uma ferramenta de desenvolvimento da cognição. A maioria dos exercícios do PEI-Básico retrata situações interessantes, algumas engraçadas, outras absurdas, usadas pelos mediadores para estimular a discussão. Por meio da discussão, as crianças desenvolvem habilidades cognitivas básicas, como:

- troca recíproca,
- aprender a fazer perguntas,
- aprender a fazer comparações,
- detectar o absurdo,
- avaliar as emoções de outra pessoa,
- orientar-se no tempo e no espaço.

Os instrumentos constroem funções cerebrais essenciais – foco, análise, identificação e posicionamento. O conteúdo e as funções aprendidas com o PEI--Básico podem ser universalizados para qualquer assunto.

Até o presente momento, o PEI-Básico consiste em 11 instrumentos, com outros em desenvolvimento. Por abordar habilidades básicas, o PEI-Básico dispõe de muito mais conteúdo do que o PEI-Standard, no qual o conteúdo é minimizado para se concentrar nos processos cognitivos. O PEI-Básico também enfatiza a aquisição de um vocabulário cada vez maior. O programa foi testado em Israel, Bélgica, Holanda, Canadá, Chile, Alasca e em outros lugares. "Pesquisas sugerem que é possível melhorar significativamente a inteligência fluida em crianças com deficiências cognitivas usando um programa abrangente como o [PEI-Básico]" (Kozulin et al., 2009, p. 9). Um estudo recente confirma descobertas anteriores (Salas et al., 2010).

Formação de conteúdo e conceito. É essencial aprender o conteúdo para formar conceitos. E conceitos são essenciais para estabelecer relações. Por exemplo, quando você conhece o conceito de cor, pode pensar no número praticamente ilimitado de cores que existe, como a tinta se comporta quando você mistura cores, por que as cores combinam ou não entre si, a maneira como os diferentes artistas usaram a cor, como a cor alerta sobre perigo, seu significado nas bandeiras e brasões de família, como o sistema visual do cérebro interpreta a cor ou qualquer um dos infindáveis significados que a cor traz para a experiência humana.

Conceitos são maneiras de organizar o mundo; sem conceitos, o conteúdo permanece meramente episódico. É improvável que uma experiência episódica anterior trans-

> Os instrumentos do PEI são organizados para desenvolver sistematicamente desde funções cerebrais de nível inferior repletas de conteúdo (PEI-B) até pensamentos cada vez mais abstratos (PEI-S).

forme pensamentos passageiros em pensamentos cristalizados. O pensamento cristalizado, de aplicação universal, é possibilitado pela criação de novas vias neuronais. Cristalizar o pensamento resulta de experiências repetidas.

LIÇÕES DO PEI POR MEDIADORES

Tanto no PEI-Básico como no PEI-Standard, os exercícios são agrupados logicamente por conteúdo, conceito ou habilidades de pensamento e os alunos praticam repetidamente o mesmo princípio, mas encontram-no em exercícios variados. Como os exercícios variam, eles não são entediantes. Com prática suficiente, o ciclo de repetição/variação corrige funções cognitivas deficientes ou fortalece funções cognitivas precárias.

Organização espacial no PEI-Básico

Walter, de oito anos, apresenta grande dificuldade em seguir as instruções porque sua noção de relações espaciais é deficiente e, embora ele conheça muitos substantivos e verbos, ele confunde conceitos espaciais, confundindo frente com verso ou direita com esquerda. Além disso, ele tem dificuldade em acompanhar uma sequência de instruções que dependem de relações espaciais. Quando um professor diz: "Traga seus cartões para frente da sala e empilhe-os com a face para baixo no lado direito da prateleira superior", Walter se perde. No cérebro, a representação do espaço está estreitamente ligada aos centros de movimento. Sequenciar é uma atividade motora que "envolve manter e organizar a ordem de informações em série e integrar essas informações com dados aprendidos anteriormente... Sem essa capacidade, não seríamos capazes de lembrar, aprender ou mesmo pensar" (Ratey, 2002, p. 177).

A professora de Walter, treinada no PEI-Básico, sabe que o instrumento chamado Orientação Espacial-Básico (cf. a Figura 3.4) desenvolve a competência das crianças pequenas no uso de relações espaciais, ajudando-as a:

- reconhecer, diferenciar e identificar posições no espaço;
- desenvolver um vocabulário rico em referências espaciais, principalmente preposições.

Após observar a confusão de Walter usando referências espaciais, a professora começa ajudando Walter a aprender esses conceitos – em, acima, abaixo, fora, atrás, dentro, na frente e próximo a (Feuerstein & Feuerstein, 2003). Se Walter compreendê-los rapidamente, a professora passará para dentro, fora e entre.

Figura 3.4. Os exercícios no PEI-Básico usam muito mais figuras do que símbolos abstratos.

Algumas abordagens para o ensino de conceitos espaciais fazem com que as crianças usem objetos 3D. Feuerstein prefere usar figuras porque permite que os professores sejam mais precisos e exigem que as crianças traduzam palavras em imagens ou vice-versa. Traduzir palavras em imagens é uma forma de representação que requer alternar modos. Portanto, é um desafio cognitivo de um nível superior a manipular objetos. Muitos atos de pensamento requerem representação espacial.

Identificando o problema de Walter. A professora direciona a atenção de Walter para a página 1 em Orientação Espacial-Básico (cf. a Figura 3.4). Primeiro, ela assegura que Walter possa analisar um campo de informações – nesse caso, a imagem do primeiro exercício – para localizar uma coisa em particular. A análise é uma habilidade essencial; crianças que não conseguem analisar não conseguirão se concentrar. "Walter", ela comanda, "encontre o cachorro". Walter localiza facilmente tudo o que ela nomeia, incluindo pequenos detalhes, como o triângulo vermelho na bandeira e as linhas que representam a iluminação de um poste de eletricidade. Enquanto ela avalia a capacidade de análise de Walter, a professora também avalia se ele conhece os nomes das formas e cores e os conceitos de cor e tamanho. Ele conhece e encontra facilmente todos os objetos e usa seus nomes corretos, além de adjetivos e advérbios precisos. Tratam-se de habilidades essenciais para prosseguir com os exercícios. Como Walter possui essas habilidades, a professora avança.

A segunda imagem é semelhante à primeira, mas possui muitas formas – um total de 31, entre círculos, quadrados e triângulos, mais um retângulo e quatro diamantes – em seis cores diferentes e dois tamanhos. "Walter", ela pergunta, "você pode me dizer onde está um grande círculo preto?" Walter examina atentamente a imagem, logo encontra um círculo preto e responde: "Está na cabeça do garoto". A professora prossegue: "E você pode me dizer onde fica um grande quadrado preto?" "Aqui", diz Walter, "no telhado". A partir dessas duas respostas, a professora vê que o uso da palavra *no* por Walter é impreciso. As formas estão na verdade acima e não na cabeça do garoto e no telhado. A professora continua com esta página, observando e avaliando Walter enquanto lhe ensina a localização exata que cada uma das oito preposições representa. Após duas lições, Walter usa as preposições de maneira rápida e precisa.

Os exercícios prosseguem, com pares de páginas idênticas exceto que formas variadas abundam na segunda página de cada par. Quando Walter passa a usar as preposições naturalmente, a professora retorna à primeira página do par e diz: "Faça uma marca *acima* da moto". Fazer marcas requer uma representação mais difícil do que apenas apontar. Quando Walter faz as marcas com facilidade, a professora aplica desafios mais difíceis, para *desenhar* formas com determinadas cores e tamanhos em locais específicos: "Faça um grande triângulo preto acima do carro". Isso exige precisão em:

- rastreamento visual,
- orientação espacial,
- planejamento motor,
- coordenação. (Feuerstein, Feuerstein e Falik, 2004)

Quando usam Orientação Espacial-Básico, as crianças assimilam um vocabulário que lhes permite não apenas se orientar no espaço, mas também representar relações com diferentes coisas com formidável precisão.

Expandindo a capacidade de Walter. Os exercícios continuam em sete pares de páginas com dificuldades crescentes – um campo mais denso de objetos, alguns objetos irrelevantes, mais abstrações, mais detalhes. As representações espaciais tornam-se mais diferenciadas – por exemplo, *entre* e *no meio*. Algumas exigem que as crianças usem conceitos *relacionais* – maior, mais alto. À medida que os exercícios se tornam mais difíceis, as crianças precisam analisar com mais atenção e usar o que acabaram de aprender. O par final de páginas exige que as crianças consolidem os conceitos que aplicaram nos primeiros seis pares (Feuerstein, Feuerstein, & Falik, 2009).

> Os exercícios do PEI--Básico desenvolvem uma compreensão mais profunda de conceitos.

Organização espacial no PEI-Standard

No PEI-S, os exercícios de orientação espacial começam com figuras que exigem que as crianças representem relações entre figuras de uma página – uma casa, um banco, uma árvore e flores – e uma figura humana voltada para diferentes direções (cf. a Figura 3.5). Nos primeiros exercícios, há quatro figuras, uma virada para frente, outra para a esquerda, outra para a direita e outra de costas. Por exemplo, no problema da primeira linha do exercício 1, as crianças devem indicar onde a casa está em relação à figura na posição 2 (a resposta é: atrás). No problema da segunda linha do exercício 1, as crianças devem indicar onde as flores estão em relação à figura na posição 3 (a resposta é: à direita). À medida que os exercícios aumentam em dificuldade, as crianças são desafiadas a representar relações espaciais cada vez mais complicadas. Os exercícios mais difíceis são abstratos: os pontos representam objetos e as setas, a direção para a qual a figura viraria se o ponto estivesse à esquerda, à direita e assim por diante (cf. a Figura 3.6).

Figura 3.5. Os exercícios iniciais em Orientação Espacial (PEI-Standard) usam imagens fáceis de reconhecer – uma criança, uma casa, flores e coisas do gênero.

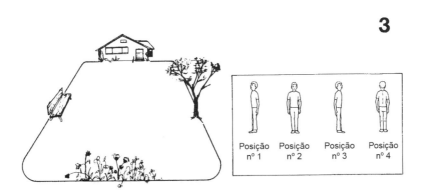

I. Onde os objetos estão localizados em relação ao menino?

Posição	Objeto	Direção em relação ao menino
2	A casa	
3	As flores	
1	As flores	
4	A árvore	
3	O banco	
3	A árvore	
1	A casa	
4	O banco	

II. Qual é o objeto?

Posição	Direção em relação ao menino	Objeto
1	à direita	
2	em frente	
3	à esquerda	
4	atrás	
4	em frente	
3	atrás	
2	à esquerda	
1	atrás	

Figura 3.6. Os exercícios posteriores em Orientação Espacial (PEI-Standard) usam símbolos abstratos – neste exemplo, setas e pontos.

Preencha com o que está faltando de modo que cada espaço contenha uma seta, um ponto e uma palavra que descreva a relação do ponto com a seta.

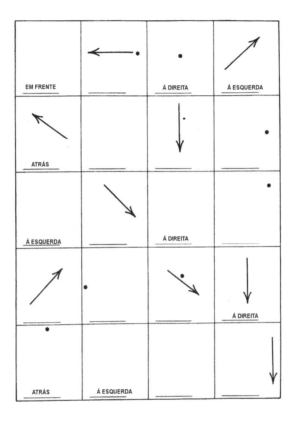

A princípio, o movimento do próprio corpo da criança serve como base para a distinção e divisão do mundo nas dimensões de à esquerda/à direita ou na frente/atrás. Os símbolos forçam um distanciamento ao usar o corpo para se orientar no espaço. O eixo do corpo continua a servir de base para a diferenciação, mas não é mais o único critério. As tarefas são novamente variadas e o nível de abstração aumenta à medida que deixam de representar objetos concretos (Feuerstein, Feuerstein, Falik, & Rand, 2006).

> Cada instrumento do PEI trata de diferentes grupos de funções cerebrais para ajudar as crianças a dominá--las gradualmente.

RESUMO: ENSINO IMAGINATIVO, IMPERATIVO E RESPONSIVO

O manual do Enriquecimento Instrumental, com suas páginas de tamanho avantajado e numerosas figuras, dedica 98 das 476 páginas ao PEI-Standard e inclui aplicações para grupos especiais, como cegos ou jovens em séries iniciais. Os cursos de treinamento de duas semanas, realizados em diferentes partes dos Estados Unidos e em outros países no exterior, treinam os participantes na teoria e no uso dos instrumentos. Confira *on-line* procurando no Google por *Feuerstein* ou *ICELP*.

Mediadores, tutores, professores, guias de exposição, pais ou outros adultos criam uma orientação para aprender: o adulto estabelece a natureza das interações, gerencia seu fluxo e, finalmente, guia os alunos através de um processo de aprendizagem. O processo literalmente "treina" (Posner *et al.*, 2008, p. 1-10) o cérebro para que as crianças aprendam a aprender.

As técnicas de mediação que vimos neste capítulo são:

- desacelerar ou acelerar o ritmo das crianças;
- aumentar o sentimento de competência das crianças;
- ensinar com intenção, significado e transcendência;
- treinar as crianças a reservar um momento para pensar;
- pedir às crianças que busquem padrões;
- aprender a fazer mapas mentais;
- identificar com exatidão;
- concluir experiências pensando em questões agregadoras;
- orientar-se no espaço com crescente precisão e abstração;
- resolver novos e complexos desafios.

Essas técnicas são exemplos de diferentes parâmetros de mediação.

"Atividades que desafiam seu cérebro realmente expandem o número e a força das conexões neurais dedicadas à habilidade" (Ratey, 2002, p. 37). Quanto mais uma estratégia é repetida, maior a probabilidade de se tornar habitual. Depois de tornada habitual, as crianças podem usar a estratégia com confiança em situações que exijam os tipos de soluções inovadoras, desafiadoras e criativas descritas neste livro. No Capítulo 4, acompanharemos professores especialistas em três lições diferentes.

Pontos principais

1. As lições eficazes primeiro introduzem as crianças em como abordar um exercício.

2. As crianças aprendem ouvindo e respondendo aos pensamentos umas das outras.

3. Deficiências cognitivas específicas – como a falta de busca sistemática ou relações espaciais desordenadas – requerem atenção imediata com ensinamentos e exercícios (ou estímulos) projetados para resolver e "consertar" a deficiência.

Capítulo 4

Mediadores especialistas

— Deixe o conhecimento crescer mais e mais.

Lord Alfred Tennyson, 1849

Neste capítulo, usamos três cenários – duas experiências em sala de aula e uma exposição em museu – que mostram as três características determinantes da mediação – intenção, significado e transcendência. A mediação é uma intervenção: um adulto interage com uma criança com a intenção de ajudá-la a aprender algo específico. A mediação tem a ver fundamentalmente com mudança. Teoria e práticas à parte, a mediação só é eficaz se um professor *acreditar* que as crianças podem mudar. Consumido pela noção de que 1,5 milhão de crianças foram assassinadas e toda uma geração foi praticamente exterminada no Holocausto, Feuerstein sabia que o povo judeu não podia se dar ao luxo de perder nem mais uma criança, que todas aquelas ainda vivas precisavam ser recuperadas, para que retornassem à vida normal, que pensassem, cantassem, vivessem, amassem, sentissem alegria. A intensidade dessa necessidade o levou a acreditar que poderia mudar as crianças. "Se você acredita que uma criança pode mudar", ele diz, "você fará algo para garantir que ela mude. Se você não acredita, não faz". "Entre todas as coisas que podemos aprender com Feuerstein", diz Lewin-Benham, "talvez o mais importante seja considerar, ao abordarmos uma criança, o que acreditamos sobre ela, o que esperamos dela".

Os mediadores podem ser os pais, os guias de museus, os professores ou qualquer adulto que queira ensinar algo a uma criança. Os mediadores devem selecionar um estímulo específico com a intenção de que as crianças:

- tomem consciência do estímulo;
- percebam todos os aspectos do estímulo;
- entendam o que o mediador pretende transmitir usando o estímulo específico;
- percebam que um estímulo pode ser transformado, que seu valor transcende a outras situações.

As histórias a seguir mostram o que significa para os professores usarem os três parâmetros principais das interações mediadas:

- intervir na atividade das crianças com intenção,
- transmitir um significado particular de um estímulo,
- tornar os estímulos tão poderosos que tanto os significados imediatos quanto os transcendentes tornem-se evidentes para as crianças.

Compare as experiências de duas crianças à luz das crenças e esperanças de seus professores. Jimmy, de 8 anos, tem uma personalidade cativante, um ótimo senso de humor, fala de maneira articulada e apaixonada sobre interesses profundos e se diverte ao descrever invenções que fará, pessoas que conhece, histórias que ouviu. Ele está na terceira série, mas é um aluno mais típico da primeira série: ele se contorce em sua carteira; se por acaso se lembra de suas lições, elas estão espalhadas. Sua caligrafia é imprecisa, possuindo apenas uma leve semelhança com letras ou números, mal acompanhando as linhas no papel. Sua professora só enxerga seus traços negativos – a desorganização e as capacidades de leitura que não são compatíveis com as de seus colegas. Ela aderiu ao programa de repetição mecânica de sua escola; sua sala permanece em silêncio a maior parte do tempo enquanto ela pauta o ritmo da transmissão de conteúdo pelas lições do caderno do professor. Se a paixão por estimular a mente das crianças a levou a ensinar, isso não está aparente. Ela deseja apenas que seus alunos passem nos testes estaduais. Grande parte de seu esforço se concentra na preparação para os testes.

Na sala de aula da terceira série ao lado, as habilidades de leitura de Laura são as menos desenvolvidas. Ao contrário de Jimmy, ela tem um vocabulário escasso e é incapaz de recontar elementos de histórias conhecidas como "João e o Pé de Feijão". Seu professor ensinou as crianças a trabalhar de forma independente, falar sem gritar, andar em vez de correr, guardar o material usado, e não brigar. Ele organizou tanto a sala de aula como seu tempo de modo que pudesse instruir as crianças uma de cada vez e, assim, concentrar toda a atenção em cada uma individualmente. Ele dispõe de muitos materiais que estimulam as crianças a pensar e podem ser usados independentemente por uma única criança ou por um pequeno grupo. Suas regras são claras: guarde quando terminar; peça licença para ir ao banheiro. As crianças foram treinadas a identificar onde as coisas são guardadas, quantas crianças podem jogar jogos específicos, que volume de voz empregar e outras regras que tornam possível o sistema de orientação individualizada.

O tempo que o professor passa ensinando habilidades de escrita, leitura ou matemática para cada criança é eficiente porque ele trabalha com apenas uma criança. Quando o professor foca sua atenção em Laura, ele se concentra em habilidades de pensamento específicas, como desenvolver a memória para a sequência lógica. Ele faz isso, por exemplo, perguntando o que há de errado em uma série de imagens com um elemento absurdo – a tampa mal rosqueada quando o leite é devolvido à geladeira, a trela que ainda está presa ao cachorro após seu passeio. Quando o professor fez uma apresentação a um grupo cívico, os voluntários, encantados com sua organização, ofereceram uma hora por semana para dedicar orientação a crianças que trabalhavam de forma independente. O professor quer preparar seus alunos para alcançar altos objetivos acadêmicos. A professora de Jimmy não teve contato com técnicas de mediação; já o professor de Laura é um mediador natural. Nem a professora de Jimmy nem o de Laura ouviram falar de mediação ou de Feuerstein. Mas se um treinamento no Enriquecimento Instrumental fosse oferecido, podemos adivinhar quem se inscreveria.

MEDIAÇÃO EM DUAS SALAS DE AULA

Dois cenários mostram como os professores que se destacam como mediadores usam a intenção de ajudar as crianças a se concentrarem, o que significa desenvolver capacidades diversas, e a transcendência para ajudar as crianças a construir relações entre experiências passadas, presentes e futuras. Um cenário ocorre no MELC (Model Early Learning Center) e o outro em uma escola de Reggio Emilia (Itália). O MELC era uma escola para crianças de 3 a 6 anos, qualificadas para o Head Start, localizadas nas "favelas" perto do Capitólio dos Estados Unidos em Washington, D.C. A maioria das crianças do MELC começou com uma linguagem limitada – vocabulário escasso, poucos conceitos –, circunstâncias causadas por pobreza econômica. As práticas em toda a escola foram baseadas na mediação – intervenção intencional dos professores nas atividades de todas as crianças. O exemplo a seguir mostra como o interesse das crianças nos aniversários delas próprias e de seus amigos funcionou como estímulo para que aprimorassem o vocabulário, desenvolvessem consciência do outro e se tornassem capazes de conceber uma ideia e realizá-la em três dimensões, colaborando com colegas. O exemplo da segunda escola mostra um projeto que motivou as crianças a resolver um grande desafio. Argila foi o estímulo.

Um ano de aniversários

O MELC desenvolveu elaboradas comemorações de aniversário que prosseguiram ao longo de cada ano e se tornaram uma das atividades favoritas. A mediação envolvia o uso *intencional* de estímulos variados para transmitir o *significado* dos aniversários e *transcender* dos aniversários até o significado de amizade. A experiência foi eficaz porque se valeu de algo de grande interesse para as crianças e suas famílias e proporcionou maneiras ilimitadas para as crianças se expressarem.

Interesse universal. Para qualquer pessoa, seu aniversário é especial. Os professores do MELC envolveram os pais na decisão sobre como realizar as celebrações que afirmariam a singularidade de cada criança, mas não sobrecarregariam as famílias. Optou-se por realizar festas na escola nas quais um pequeno grupo composto pelos melhores amigos da criança aniversariante, em colaboração com um professor:

- determinava a atividade preferida do aniversariante,
- decidia qual presente fazer que contemplasse a atividade preferida,
- considerava a melhor forma de fazer o presente e então fazê-lo,
- descobria como deveriam ser todos os outros arranjos da festa,
- executava os arranjos.

Modos ilimitados de expressão. As crianças variam enormemente em todos os sentidos, incluindo na capacidade expressiva. Um dos objetivos do MELC era aumentar essa capacidade, ajudando as crianças a aprender muitos e diversos meios de expressão. Os renomados educadores em Reggio Emilia, Itália, chamam esses meios de expressão de "100 linguagens". O psicólogo Howard Gardner dá o nome de "inteligências múltiplas". Feuerstein os identifica como "modos de expressão" de aprendizagem e acredita que aprender maneiras diferentes de expressar uma experiência acaba levando à compreensão. A elaboração de presentes cumpria o objetivo de ajudar as crianças a expandir o número de maneiras pelas quais elas poderiam se expressar. Os presentes eram complexos – executados com tal competência que você precisava lembrar a si próprio como eram jovens as crianças que os fizeram (Lewin-Benham, 2008).

As crianças desenvolviam suas ideias e realizavam a elaboração dos presentes e a execução da festa após uma longa conversa coordenada pelos professores dos alunos. Por meio do diálogo, elas expressavam opiniões, trocavam ideias, discutiam, debatiam e resolviam as diferenças, todas influenciadas umas pelas outras. O interesse das crianças era profundo porque:

- As ideias para presentes eram delas – fazer uma tartaruga para Howard porque ele era fascinado pela forma como as tartarugas se movem.
- Elas usavam uma infinidade de materiais para expressar suas ideias – cartolina para o robô de Ronald; grandes folhas de papel crepom colorido para esconder o ramalhete de balões surpresa de Galeesa; papel que elas mesmas pintaram para embrulhar o álbum que fizeram para Frank com as fotos de seus amigos.
- Havia oportunidades de usar ferramentas e materiais complexos e de difícil manuseio – marcadores finos para criar linhas precisas, decorar ou escrever mensagens; tesouras, furadores ou, com o auxílio do professor, guilhotinas ou picadores de gelo.
- Seus professores eram mediadores especialistas.

Os presentes elaborados pelas crianças refletiam enormes conquistas, como demonstram os seguintes exemplos:

- expressão criativa no livro de bolso para Lorian, texturizado em papel machê, pintado de rosa-choque, sua cor favorita, e arrematado com uma fita larga;
- capacidade de analisar e fazer escolhas apropriadas, como caixas de diferentes tamanhos para representar o corpo de um robô, o presente de Ronald;
- competência usando muitas ferramentas diferentes, como réguas e estênceis, que exigem um tremendo controle manual e uma certa compreensão dos números, a última geralmente com a ajuda de um professor, já que poucas crianças dessa idade entendem as propriedades numéricas das réguas;

• compreensão da mentalidade dos outros, que se refletiu no absoluto prazer com que todas as crianças receberam seus presentes;

• capacidade de colaboração, como mostra a habilidade das crianças de trabalhar em pequenos grupos para produzir presentes para 36 colegas de classe diferentes.

O trabalho das crianças foi significativo – original, criativo, complexo, competente e executado e recebido com alegria.

A experiência prosseguiu por vários anos letivos. No ano seguinte, o presente foi um retrato e uma descrição escrita do aniversariante. No outro ano, foi uma música e, no ano depois desse, uma dança – tudo concebido e feito por pequenos grupos de melhores amigos para representar em cada aniversário a singularidade da criança.

A mediação em ação. A elaboração de presentes exige que as crianças tomem consciência e apliquem:

• dimensão, como no carro de bombeiros que Willie e Akil montaram para DeMarcos;

• cor, como no calendário que quatro meninas elaboraram para Cemetria com uma imagem belamente pintada para cada mês;

• diferentes atributos dos materiais, como no colar produzido para Latricia a partir de contas de papel machê, sementes e outros materiais que poderiam ser perfurados e amarrados;

• diversos marcadores, como nos materiais de escrita reunidos e embalados para Angela, que gostava de se corresponder;

• cola, como no caminhão de Xavier, grande e elaborado, com funcionalidades – coladas – que todo garoto deseja em um caminhão;

• tesouras, como nos tambores de Otis, decorados com alegres formas recortadas em papel.

O uso de tamanha quantidade de materiais e ferramentas requeria movimentos precisos e habilidades variadas envolvendo a coordenação mão/olho/cérebro/corpo.

O projeto exigia que as crianças:

• se concentrassem intensamente no que estavam fazendo;

• expressassem empatia pela percepção dos desejos profundos dos amigos;

• usassem capacidades receptivas para distinguir sutilezas nos materiais;

• utilizassem habilidades expressivas em modalidades amplamente distintas – gráfica, figurativa, auditiva, tátil, visual, verbal;

• representassem ideias, transformando-as em palavras, desenhos e objetos 3D.

A transformação de uma modalidade para outra é uma função cerebral de alto nível que requer que se mantenham constantes alguns aspectos de uma ideia enquanto variam-se outras ou altera-se a forma (lembre-se da transformação da palavra/imagem, Capítulo 3). O princípio da transformação está no cerne da maioria dos processos científicos.

A *intenção* dos professores era apoiar os esforços das crianças para criar algo complexo em um prazo específico. Eles focaram as crianças no *significado* de:

• compreender os interesses de outra pessoa,

• imaginar como incorporar esse interesse em uma "coisa" que seus amigos gostariam,

• selecionar os materiais mais adequados para fazer a coisa,

• transformar uma ideia em realidade,

• colaborar,

• estar ciente da passagem do tempo.

Os professores desenvolveram os *aspectos transcendentes* dos aniversários, com ênfase na relação entre as comemorações de aniversário e a amizade, por meio de discussões frequentes com as crianças. Elas foram "mediadas" de várias maneiras para se sentirem competentes; compartilhar comportamento; buscar individualização e diferenciação psicológica; definir, planejar e atingir metas; focar; selecionar estímulos; e programar atos complexos (Feuerstein, Rand, & Feuerstein, 2006).

> A mediação tornou as crianças conscientes das complexidades de produzir objetos diversos, estabeleceu uma disposição para desfrutar da resolução de problemas em 3D e apreciar as habilidades manuais, e preparou o terreno para se engajarem em trabalho produtivo ao longo da vida.

Cavalos e cavaleiros

Intenção, significado e transcendência podem fazer parte do repertório de um professor, mas se não forem utilizados de forma *consciente* ou *sistemática*, poderão falhar em influenciar no pensamento das crianças. A intenção de mediar aumenta a consciência nos professores de todas as suas ações. Estar consciente é um ato cognitivo; é o ímpeto que impulsiona uma pessoa – professor ou criança – a fazer algo ou refletir a respeito de alguma coisa de modo a buscar por uma solução. Cognição refere-se à estrutura de como a mente está envolvida – pensar *no que* faço, *como* faço e no *quando* e *onde* das ações.

Muitos professores são mediadores naturais; um número crescente deles tem sido treinado nas teorias e técnicas de Feuerstein em cursos formais oferecidos pelo ICELP, o próprio instituto de Feuerstein, ou por outras organizações certificadas pelo ICELP. Em todo o mundo, existem 70 Centros de Treinamento Autorizados (CTAs) onde os professores podem receber treinamento. Os professores de muitas escolas de Reggio Emilia, embora não estejam familiarizados com a teoria de Feuerstein e a EAM, são um raro grupo de mediadores excepcionais. Considere esta história de uma turma de Reggio de crianças de 4 anos e meio e 5 anos.

Um desafio difícil. O professor havia dado a quatro crianças um desafio com clara *intenção*: fazer um cavalo de argila e um cavaleiro também de argila para montar em seu lombo. O meio utilizado foi a argila de baixo fogo, um material artístico que requer mãos competentes e alguma familiaridade com as técnicas para trabalhar argila. A argila artística é um meio satisfatório para pessoas de qualquer idade. Diferentemente da massinha de modelar, um material mais comumente usado, a argila artística exige um pouco de força para modelá-la – dedos para beliscar, arrancar, suavizar ou enrolar; mãos para apertar, puxar, empurrar, bater ou rolar para trabalhar a argila.

O *significado* no projeto era claro: as formas de cavalos e cavaleiros são limitadas pela natureza e um escultor deve aderir a essas restrições para criar um cavalo que apoie um cavaleiro e um cavaleiro que se sentará ereto no lombo de um cavalo. O desafio das crianças foi lidar com essas restrições.

Muitos *princípios transcendentes* podem ser extraídos da lição:

- equilibrar uma figura em cima de outra depende do formato, tamanho, peso e posição das duas figuras;
- foco e programação são etapas essenciais em um processo;
- leva tempo para realizar grandes coisas;
- desafios difíceis envolvem períodos de frustração;
- quando desafios são vencidos, é intensamente satisfatório.

A lição começou com o anúncio do professor no tom de comando típico dos docentes da Reggio: "*Allora! Attenzione!*" Esses anúncios envolvem os sistemas de atenção do cérebro. Quatro blocos de argila de bom tamanho, mais ou menos equivalente a um pão de forma, estavam depositados sobre a mesa, junto com ferramentas para modelar argila e varetas de madeira para sustentar as figuras. Havia muitas possibilidades de integrar as figuras, mas também muito perigo:

> Tomas e Fabio haviam feito cada qual cavalos toscos. "Mais grosso aqui", disse Tomas, acrescentando um pedaço de argila entre as duas patas de trás do cavalo, o que conferiu à traseira do animal um aspecto de tronco de árvore. Fabio tinha seus próprios problemas. Seu cavalo estava de pé, mas ele não conseguia imaginar como fazer o cavaleiro montar. Percebendo que precisava de mais estabilidade, ele abaixou o dorso do cavalo quase ao nível da mesa e comentou: "Assim está melhor".
>
> Vea, a professora, acompanhava o progresso, sabendo quais experiências essas crianças tinham e, tendo usado argila com muitas outras crianças ao longo de mais de 20 anos, perguntou: "O que temos aqui, Tomas?", olhando para o seu tronco de árvore. Ela saiu da sala, retornando logo em seguida com pedaços de madeira para suporte. Tomas pegou um, franziu o rosto, removeu o pedaço errado de argila, reformulou as pernas para sua forma original e rapidamente enfiou um apoio embaixo da barriga. "Ah!", exclamou Vea com prazer, "agora o cavalo permanece em pé como um cavalo".
>
> Fabio protestou: "Mas os cavalos não têm madeira embaixo..." "O *meu* tem", disse Tomas, satisfeito com as patas traseiras bem torneadas e orgulhoso por seu cavalo sustentar-se nas patas. Fábio, incerto sobre a madeira, virou-se para Vea. "Sim", ela assentiu com naturalidade, "a madeira está certa". Ainda não convencido, Fabio bateu nas costas de seu animal [até] que ele estava tão espalhado que a forma do cavalo mal era reconhecível. "E, Fabio", perguntou Vea, "como é que um cavalo desses vai sustentar um cavaleiro?"

O desafio foi vencido. Na seleção de Vea, em suas interações com as crianças, em seu apoio e desafios, observamos uma mediação altamente qualificada.

No fim da manhã, Tomas ia e voltava de pernas bem torneadas a troncudas, e vice-versa, decidindo finalmente por um cavalo com pernas bastante troncudas e com suportes de madeira, mas um cavalo que apoiaria um cavaleiro. Fabio resolveu seu problema incorporando suportes de madeira para cavaleiro *e* cavalo. Vea havia questionado, encorajado e fornecido materiais, alguns solicitados pelas crianças, alguns sugeridos por ela (Lewin-Benham, 2006).

Mediação no trabalho. O *significado* do projeto é que as crianças analisaram um problema difícil no material argila e resolveram o problema. A *intenção* é os muitos processos cognitivos específicos que as crianças usaram para resolver o problema, para citar alguns:

- concentrar-se em avançar com uma tarefa, apesar das frustrações;
- representação mental para visualizar o que as palavras cavalo suporta cavaleiro ou cavaleiro em cavalo podem parecer modeladas em argila;
- sequenciamento para fazer o cavalo primeiro, depois o cavaleiro e depois juntar os dois;
- planejamento para determinar quanta argila usar para diferentes partes do corpo ou como um cavalo deve ser modelado para apoiar um cavaleiro;
- análise para equilibrar uma figura de argila sobre outra, ou determinar o tamanho relativo de cada uma;
- antecipação de consequências, como um cavalo dobrar sob o peso de um cavaleiro ou de um cavaleiro que escorrega ou cai de um cavalo;
- "inteligência manual" ao aprender a modelar duas figuras complexas em um material tão exigente quanto a argila artística.

Os *aspectos transcendentes* do projeto são (1) as variadas soluções e explicações oferecidas por cada criança e rebatidas ou confirmadas pelas outras crianças e pelo professor e (2) como, nos dias subsequentes e em outros momentos, Vea construirá outras experiências sobre isso.

> Mediadores eficazes estimulam o trabalho competente, interagindo com *intenção*, transmitindo *significado* e tornando os estímulos tão poderosos que os significados imediatos e *transcendentes* são evidentes para as crianças.

A MEDIAÇÃO EM UMA EXPOSIÇÃO

No Capital Children's Museum (CCM), criamos o "Remember the Children", uma exposição sobre o Holocausto. Aqui, usamos a exposição para mostrar o que significa intencionalmente imbuir estímulos com significado e significado transcendente. Em um capítulo posterior, usamos esta exposição para mostrar como evocar a empatia de crianças pequenas, uma função cerebral de nível superior.

A exposição "Remember the Children"

O objetivo da exposição "Remember the Children" (Lembre-se das crianças) era estimular jovens visitantes a lidar com o significado de preconceito. A exposição foi posteriormente adotada pelo Museu do Holocausto dos Estados Unidos (USHMM) em Washington, D.C., como exposição permanente para crianças, onde é chamada de "Daniel's Story" (A história de Daniel).

A exposição do CCM incorporou muitas técnicas de mediação:

- usar intencionalmente estímulos extremamente variados – vídeo, áudio, vários ambientes recriados, discussões, atividades como pintar um porcelanato, escrever um comentário ou usar símbolos para expressar o significado da experiência;
- transmitir o significado de uma história em particular;
- transcender a história para mostrar sua relação com a condição humana universal.

A exposição foi eficaz. Como demonstrado aqui, prendeu a atenção dos visitantes, causou dissonância cognitiva e forneceu várias maneiras de resolver a dissonância.

Dissonância cognitiva. A experiência foi surpreendente. Liderados pela voz de uma vítima do Holocausto de 10 anos de idade, os visitantes caminharam por uma rua típica de mansões graciosas, por uma bela casa e depois por uma rua repleta de crianças carregando malas na mão. Os visitantes foram então conduzidos para uma área cercada, repleta de pessoas. Por fim, entraram em um quarto apertado e caindo aos pedaços do gueto (cf. a Figura 4.1). Obviamente, algo terrível havia acontecido. O contraste entre a bela casa e a moradia do gueto fez com que disparasse nos visitantes um alerta emocional. Eles sentiram simpatia e se identificaram com as vítimas, percebendo que o que havia acontecido aqui poderia acontecer em qualquer lugar, poderia acontecer com eles próprios! Nesse estado de ansiedade, os visitantes eram obrigados a buscar uma solução, diminuir ou dissipar sua ansiedade.

Resolução. A exposição ofereceu muitas maneiras de resolver o conflito. Os visitantes podiam:

- Aconchegar-se em almofadas confortáveis em uma área semelhante a uma biblioteca para ler e discutir um dos muitos livros sobre as experiências das crianças no Holocausto. Como Anne Frank, muitas crianças que viveram o Holocausto escreveram diários; o dela se tornou o mais conhecido.
- Registrar pensamentos, estimulados pela exposição, em um livro especial.
- Pintar um azulejo de cerâmica como um memorial às crianças assassinadas no Holocausto.
- Ouvir um sobrevivente do Holocausto falar.
- Fazer perguntas aos sobreviventes sobre suas experiências.
- Assistir a um computador imprimir continuamente num crescendo a cada minuto vários novos nomes de crianças que foram vítimas do Holocausto.
- Observar um grande contador elétrico que começou no número 1 no momento em que a exposição foi aberta e seguiu contando até 1,5 milhão, o número de crianças assassinadas no Holocausto.
- Estudar um quadro de boletins de notícias sobre casos atuais de violações de direitos humanos e seu impacto sobre indivíduos, famílias, bairros, nações, regiões inteiras ou o mundo todo.
- Manipular uma exposição prática sobre preconceito e discuti-la com um guia do museu ou outro adulto.

Figura 4.1. Visitar um quarto caindo aos pedaços em uma moradia do gueto despertou fortemente a empatia das crianças pelas vítimas do Holocausto.

Como as crianças estavam envolvidas de maneiras variadas e repetitivas para enfrentar e superar conflitos emocionais, elas aprenderam. Isso ficou evidente no que as crianças escreveram no livro especial que ficava em um pedestal iluminado do lado de fora do ambiente do gueto – comentários como: "Por que isso aconteceu apenas porque alguém era judeu?" Ou: "Espero que uma coisa tão feia e terrível como essa nunca mais aconteça no mundo". O que as crianças aprenderam também ficou evidente nos azulejos que pintaram como um memorial às vítimas do Holocausto. Suas imagens fortes expressavam empatia, raiva, esperança, consternação – toda uma gama de sentimentos.

Características da exposição

As técnicas usadas pelos funcionários do museu na criação da exposição refletem princípios centrais da mediação e mostram a mediação em ação. As técnicas são:

- discrepância na diferença entre a bela casa e o quarto caindo aos pedaços do gueto;
- repetição das inúmeras e variadas maneiras de processar emoções e pensamentos despertados pela exposição;

• transformação ao transmutar o medo em respostas positivas por meio de discussão, leitura, escrita, desenho ou outras formas de processar a experiência.

As experiências do museu exigiam que os visitantes:

• se concentrassem na história e nos detalhes da vida de Daniel;
• recebessem informações de modos variados – visual, auditivo, cinestésico (movimento), música;
• se orientassem no espaço, seguindo o caminho sinuoso através da mudança dos ambientes da exposição;
• superassem o medo participando de várias atividades para analisar as emoções cuidadosamente;
• expressassem empatia usando a história de Daniel como uma lente através da qual ver suas próprias experiências em casa, no playground, na sala de aula ou na exibição de notícias.

Para transmitir intenção, significado e ideias transcendentes, a equipe do museu projetou a exposição usando conscientemente:

• dimensão na recriação de todos os aspectos dos vários ambientes nos quais Daniel viveu;
• luz para mudar o clima em diferentes ambientes ou chamar a atenção para um objeto, como o *spot* que projetava luz sobre o livro no qual as crianças escreveram comentários;
• cor, que se seguiu do filme introdutório em preto e branco até as imagens coloridas do bairro em que Daniel morava, ou da acolhedora e convidativa casa de Daniel para uma moradia do gueto monocromática;
• analogia na aplicação da ideia de preconceito, despertada pela exposição, às circunstâncias na experiência do próprio visitante;
• contraste nas maneiras variadas com que cada visitante reagiu à exposição ou às mudanças na vida de Daniel;
• músicas que mudaram de humor e de tom, tocando nos diferentes ambientes para acompanhar as mudanças na vida de Daniel;
• narração da história de Daniel, em um dos muitos livros escritos para ou por crianças a respeito do Holocausto e disponíveis na biblioteca da exposição, ou nas experiências dos sobreviventes do Holocausto que contaram e discutiram suas próprias histórias como parte da experiência da exposição.

Mediação humana

Funcionários e voluntários bem treinados, incluindo sobreviventes do Holocausto, foram parte integrante da experiência. Cada grupo de crianças ouviu um sobrevivente contar sua história e as crianças foram incentivadas a fazer perguntas sobre as experiências e a exposição dos sobreviventes. As crianças foram "mediadas" para enfrentar a experiência passada do Holocausto, enfrentar a realidade atual de sarcasmo ou preconceito em suas próprias vidas, enfrentar as realidades de perseguição ou genocídio, perceber sentimentos de outras pessoas que conheciam ou sobre quem haviam lido, formar valores sobre como as pessoas se tratam e representar o futuro em suas expressões de esperança por um mundo melhor. Todos esses são parâmetros de mediação (Feuerstein, Rand, & Feuerstein, 2006).

> Os princípios de mediação podem ser adaptados a qualquer situação em que alguém queira que outra pessoa aprenda algo.

A mediação foi a tônica da exposição e teve êxito porque as visitas foram planejadas com o mesmo tempo tanto para discussão quanto para vivenciar a história de Daniel e participar de várias atividades da exposição. A discussão foi a principal técnica para incentivar os visitantes a refletir, analisar, resumir, discordar ou concordar e, através da experiência em comum, compartilhar suas reações.

RESUMO

Ao longo dessas histórias, criamos rótulos para diferentes critérios de experiências de aprendizagem mediadas: *conscientização* na exposição do Holocausto, *compartilhar comportamentos/comportamento de compartilhamento* nos presentes de aniversário, *competência* no trabalho com a argila, *foco* em todas as histórias. Essas palavras descritivas são ferramentas dos mediadores – conceitos que lhes permitem aplicar essas técnicas em diferentes situações. "Representações sem conceitos são cegas. Conceitos sem representações são vazios" (Kant, 1991). Os conceitos organizam o mundo e permitem que as pessoas experimentem "distância cognitiva", indo além da experiência imediata e usando criatividade, fantasia, intuição ou imaginação sobre o mundo em geral.

Feuerstein diz:

> Eu não inventei a mediação. Minha mãe tinha conhecimento dela muito antes de eu nascer. Eu apenas observei o que ela fazia e segui seus passos. A mediação é o modo pelo qual uma

geração após a outra melhorou sua vida usando experiências da geração anterior. O progresso da humanidade é garantido pelo fato de que as experiências são transmitidas para a próxima geração. As mães são mediadoras naturais e as principais transmissoras de cultura, ideias e valores. Elas fazem isso das formas mais maravilhosas.

Feuerstein passou um ano em residência em Yale, onde ele e James Comer, professor de psiquiatria infantil e líder em seu campo, tornaram-se amigos. Feuerstein conta como Comer lhe disse que, quando criança, ele questionou sua mãe sobre como ela podia ser uma empregada doméstica. Ela explicou a Comer, contou ele, que o trabalho que você faz não importa tanto: o que importa é *como* você o faz, e buscar a perfeição, não importa o que você faça.

Pontos principais

1. A mediação pode ajudar os adultos a orientar as crianças a desenvolverem pensamentos, valores e sentimentos cada vez mais sofisticados.

2. A mediação é uma forma de universalizar o pensamento, para que as crianças adquiram uma abordagem de aprendizado e a capacidade de usar habilidades de pensamento específicas em uma variedade de experiências.

3. O PEI é uma forma, mas apenas uma única, de ampliar o pensamento das crianças; exemplos ao longo deste livro mostram outras.

Capítulo 5

Quatro atos cognitivos essenciais

Como uma mosca de pernas longas no riacho
Sua mente se move sobre o silêncio.

— William Butler Yeats, 1946

No Capital Children's Museum (CCM), Rachael, de 7 anos de idade, aprendeu que o mundo é redondo. O tio dela era um viajante assíduo. Desde a infância, ela ouvia: "O tio Eddie está dando a volta ao mundo". Aos 4 anos, quando perguntada o que isso significava, Rachael respondia: "Meu tio está indo embora". Ou: "Ele está pegando uma mala". As palavras *a volta ao mundo* não tinham significado.

Visitando o CCM, a mãe de Rachael apontou para um globo pendurado no teto – certificando-se de que Rachael estava prestando atenção – e lhe disse que aquilo era o mundo. Rachael exclamou: "Oh! O tio Eddie está dando *a volta ao mundo!*" Esse foi um daqueles momentos em que "cai a ficha" quando, num piscar de olhos, algo que Rachael ouvira adquiriu significado. Psicólogos dizem que Rachael construiu um novo esquema – uma forma de seu cérebro organizar a experiência –, porque sua mente estava preparada e ela foi mediada das seguintes maneiras:

- Ela costumava ouvir as palavras "a volta ao mundo".
- As palavras foram motivadoras porque remetiam a alguém que ela amava.
- Sua mãe chamou-lhe cuidadosamente a atenção para observar um poderoso estímulo.

- Como o estímulo foi um exemplo concreto, ele proporcionou significado à experiência.

Neste capítulo, examinaremos quatro atos cognitivos subjacentes a todo pensamento: atenção, imitação, orientação espacial e movimento. Primeiro, analisaremos o comportamento das crianças que são deficientes nessas áreas e, em seguida, descreveremos como fortalecê-las para que elas formem novos esquemas.

ADQUIRINDO COMPETÊNCIAS BÁSICAS

É mais provável que o aprendizado ocorra se (1) uma mente estiver preparada por mediações anteriores para que esteja acostumada a observar, comparar, fazer analogias e construir relações; ou (2) se um adulto intervier em um momento propício quando as crianças demonstrarem envolvimento e estiverem curiosas, tendo dificuldades, perplexas ou de outras formas abertas à mediação. Se as crianças não foram mediadas no passado para perceber e buscar explicações, ou se muitos momentos de perplexidade passam sem ninguém para mediar, a chance de aprendizagem diminui consideravelmente.

As habilidades de nível inferior, ou essenciais, que as crianças provavelmente aprenderão nos museus são:

- manter a atenção mesmo com enormes distrações (desde que não sejam arrastadas para ver outra coisa);
- ensaiar ações que, através de brincadeiras e imitações, desenvolvam memória processual;
- orientar-se espacialmente, uma habilidade que, em última análise, nos permite adotar a perspectiva de outra pessoa;
- dominar movimentos que desenvolvem habilidades específicas e, como resultado, a autoconfiança.

"Nível inferior" não significa menos importante; na verdade, é exatamente o oposto. As habilidades de nível inferior são essenciais para que as crianças desenvolvam um pensamento eficiente e de nível superior e formem *esquemas*, a palavra usada por psicólogos para imagens mentais, modelos ou conceitos. Esquemas não se assemelham a objetos reais; eles não são "pequenas imagens no cérebro", mas neurônios que desencadeiam respostas em outros neurônios. Perkins (1992) diz que esquemas são "um tipo de conhecimento holístico e altamente integrado. É qualquer representação mental abrangente e unificada que nos ajude a trabalhar com um tópico ou uma questão" (p. 80).

Às vezes, as crianças não aprendem porque:

- têm a percepção difusa e a atenção dispersa,
- imitam sem noção ou consciência de que estão fazendo isso,
- estão desorientadas espacialmente, ou
- apresentam deficiências motoras que impedem sua aprendizagem.

Aqui, nós desenvolveremos cada uma dessas circunstâncias.

Atenção: o primeiro ato em toda a aprendizagem

Prestar atenção envolve inúmeros sistemas cerebrais, cada um consistindo em muitos outros sistemas complexos que realizam uma miríade e de ações, cada qual orquestrada pelo cérebro para ocorrer em sequência lógica, de modo que o cérebro e o corpo funcionem perfeita e ininterruptamente. O fracasso em uma única ação, por mais trivial que pareça, pode causar percepção difusa. Lembremo-nos dos seguintes versos de autoria anônima:

> Os enormes portões das circunstâncias
> Abrem-se na menor das dobradiças.
> Assim, a chance mais aparentemente insignificante
> Muitas vezes, dá à nossa vida o seu tom final.

A "chance" no cérebro não é acidental; é o disparo de neurônios que, por meio da repetição da mesma experiência, aprenderam a disparar juntos. Por outro lado, o poema é uma boa metáfora: coisas aparentemente pequenas no cérebro podem ter tremendas consequências na compreensão, no comportamento e na motivação de uma criança. Aqui, focamos em um aspecto da atenção, o que Feuerstein chama de "percepção difusa".

As limitações da percepção difusa. Significa que as crianças não olham de perto o suficiente para enxergar todos os aspectos dos principais recursos de uma experiência. Por exemplo, as crianças:

- ao observarem uma bola em um declive, não notariam a inclinação do terreno;
- ao observarem uma panela fervendo, não notariam o vapor;

- ao derramarem água em vasos conectados, não notariam o nível da água se igualando;
- ao tentarem encontrar o caminho através de um labirinto, não conceitualizariam orientações como direita, esquerda, para frente ou para trás;
- ao realizarem uma tarefa com papel e lápis, não conseguiriam ler todas as instruções;
- ao buscarem um exemplo, não analisariam de forma sistemática.

Crianças com percepção difusa podem não ser capazes de:

- ver todas as dimensões de um objeto;
- fazer a conexão com dois ou mais dados;
- observar a(s) causa(s) de um efeito.

Com a percepção difusa, as crianças veem uma pessoa virada para trás em uma sela e não percebem isso como um problema. Não iriam prever que um cubo pode se comportar de maneira diferente de uma bola na pista. Não perceberiam resultados, como perder o equilíbrio se você andar em uma sala com piso inclinado ou que seu cabelo esvoaçaria se passasse diante de um ventilador ligado. Elas não reconhecem ações ilógicas nem sabem como construir uma sequência lógica de ações.

Estratégias para reverter a percepção difusa. Para superar a percepção difusa, alguém deve chamar a atenção das crianças para – ou mediar – os aspectos mais importantes de uma experiência e incentivar ou demonstrar como procurar e reconhecer os aspectos mais importantes. Pais e educadores podem fazer isso orientando as crianças a:

- direcionar a atenção delas: "Tom! Siga o meu dedo!";
- identificar o que elas veem: "Maria, nomeie as formas, seu tamanho e cor";
- usar comportamento comparativo: "Encontre o objeto que é maior do que todos os outros";
- descrever com precisão o que elas veem: "Como você descreveria esta sala para alguém que nunca a viu?"

Superar a percepção difusa exige que os professores ajudem os alunos a se concentrarem ao fazê-los manter a atenção, observar características importantes, lembrar características que se destacam e relacionar o que percebem por meio de comparação e repetição. Essas palavras, embora escritas de forma sucinta, sugerem um processo que não é sucinto: exige interação individual pelo tempo que for necessário – 1 ano, talvez 2 ou 3. O processo requer intervenção paciente e persistente de um professor cuja intenção, em cada lição, é clara, focada, reflexiva e variada; de um professor que é inteligente em manter a atenção focada, inventivo ao selecionar estímulos e generoso em elogiar cada sucesso, não importa quão pequeno o progresso possa parecer. No cérebro da criança, que está sendo "treinado" pelo professor/mediador, um progresso aparentemente pequeno pode indicar um expressivo realinhamento dos neurônios. O uso de diversos estímulos e técnicas permite que os mediadores trabalhem com crianças de habilidades muito variadas.

Imitação: uma forma inata de aprender

As crianças imitam naturalmente, mas algumas são inconscientes do fato e imitam sem saber que estão imitando. Algumas crianças são seletivas e imitam apenas alguém com quem se identificam ou objetos que as atraem. Outras, não têm a capacidade cognitiva de selecionar um estímulo no qual se concentrar. Para superar a falta de consciência das crianças de que estão imitando ou imitando de maneira limitada, um mediador deve:

- instruir as crianças a se concentrarem em como estão reagindo a um estímulo: "Marcus, certifique-se de olhar para todos os três ângulos do triângulo";
- incentivar as crianças a observar como estão se saindo (seja bem ou mal): "Shameka, ouça com atenção para poder repetir exatamente o que eu digo";
- orientar as crianças a analisar quais comportamentos específicos elas usam ao imitar: "Johnnie, observe a si mesmo imitando Rob e descreva tudo o que fizer".

Crianças com TDAH podem não ter sido ensinadas a se concentrar em estímulos ou a ter consciência das ações detalhadas que compõem o processo de imitação. Essas crianças podem ser ajudadas se os mediadores aumentarem sistemática e repetidamente a consciência das crianças sobre:

- as ações mentais envolvidas em processos de pensamento específicos: "Nan, descreva o que você diz a si mesma quando soma 32 e 44";
- a sequência dessas ações: "Harry, o que exatamente você faz quando começa a lição de casa?";

- as técnicas de auto-observação, como fazer anotações, gravar, talvez se olhar no espelho ou fazer com que alguém observe e relate.

A mediação para a consciência requer atenção individual, de professor para aluno, para ajudar a criança a se concentrar, manter a consciência, observar, lembrar, comparar, repetir e ter autoconsciência.

Orientação espacial: uma base para o pensamento

A falta de consciência espacial é observada em crianças que representam algo por meio do movimento, e não através de palavras. Por exemplo, se for solicitado a crianças pequenas que mostrem alguma coisa, elas podem caminhar até essa coisa, levar você até ela ou apontar para ela, mas não usar palavras para dizer onde ela está. Se você perguntar a direção de algo a crianças mais velhas, elas poderão conduzir você até o local em vez de lhe dizer como chegar lá ou desenhar um mapa simples. Muitas pessoas chegam até a se virar numa direção ou outra para visualizar como chegar a um local; elas são incapazes de separar a direcionalidade do movimento. Algumas crianças, especialmente crianças pequenas ou aquelas que não desempenham prontamente funções cognitivas básicas (como focar, lembrar ou comparar), mesmo que realmente se movam ou imaginem se mover, ficam desorientadas quando tentam encontrar o caminho. A orientação espacial está na base de muitos processos de pensamento.

Conforme descrito no Capítulo 3, os exercícios no PEI-Básico e no PEI-Standard foram projetados para desenvolver a capacidade de usar o pensamento espacial de maneira eficiente. As atividades típicas em sala de aula que utilizam material impresso não são projetadas para identificar ou melhorar déficits espaciais que estão na origem de muitos tipos de confusão. Aumentar a conscientização das crianças sobre o componente espacial no pensamento é a forma de começar a mediar crianças com habilidades espaciais deficientes, como demonstram exemplos em uma seção posterior deste capítulo. A mediação eficiente exige que os professores conscientizem as crianças sobre o grande grau em que o pensamento depende da orientação espacial. Confira novamente a Figura 3.4 para ver a relação do pensamento espacial com muitas atividades cognitivas.

Movimento: uma subestrutura do pensamento humano

O movimento é uma base fundamental da aprendizagem, porque é um aspecto importante da experiência a cada segundo de cada dia. Sem o controle motor fino que temos sobre nossas cordas vocais, por exemplo, a fala seria impossível. A memória motora é importante para tarefas puramente "mentais", desde divisões longas até a sequência das etapas de um problema de gerenciamento (Ratey, 2002).

Os movimentos desajeitados ou imprecisos das crianças são evidências de deficiências de movimento. Algumas crianças não têm um objetivo ou não têm um princípio organizador por trás de suas ações – por exemplo, crianças que tentam encaixar peças em um quebra-cabeça, mas não coordenam seu movimento com a percepção e, portanto, não conseguem orientar a peça corretamente. Os olhos delas podem não seguir suas mãos, ou suas mãos podem não ir para onde seus olhos querem. Há uma infinidade de deficiências de movimento. Algumas ocorrem porque as crianças não foram ensinadas a:

- coletar dados,
- perceber pistas espaciais, ou
- responder a requisitos temporais, como a necessidade de sequenciar logicamente os movimentos.

Observar as funções do movimento à medida que surgem em bebês e crianças pequenas pode revelar problemas em potencial.

Superar as deficiências de movimento requer conscientizar as crianças da dimensão *temporal* de todas as ações: "*Agora* não, mas *mais tarde*" e "*Antes* não, mas *depois*". Os adultos riem da expressão "Preparar, apontar, fogo". O humor pode ajudar as crianças a enxergar ações ilógicas. A discussão, como mostra o Capítulo 3, pode treinar crianças a identificar o *ilógico* e tomar consciência do lógico. A prática de pensar em *quando* os eventos ocorrem e sobre a relação de um evento com outro ajuda as crianças a internalizar gradualmente a consciência de como sequenciar movimentos logicamente. A evocação de eventos passados e a projeção de eventos futuros ajudam as crianças a organizar, sequenciar e entender as relações entre os eventos temporais (Feuerstein, Feuerstein, Falik, & Rand, 2006). Compreender os conceitos de tempo (agora/mais tarde,

> Atenção, imitação, orientação espacial e movimento são essenciais para todos os atos de pensamento.

antes/depois) e a relação entre tempo e sequenciamento lógico fazem do movimento um ato consciente.

INTER-RELAÇÃO DE COMPETÊNCIAS BÁSICAS

A competência das crianças está ligada à atenção, imitação, orientação espacial e movimento. Como essas funções se relacionam entre si? Que impacto têm as experiências dos museus? O que mostram as pesquisas sobre o cérebro? Abordaremos essas questões a seguir.

Aprendendo a focar a atenção

Estudos revelam a importância da atenção em todo ato de pensamento. As exposições de museu fornecem aos mediadores muitos ganchos para focar a atenção.

Usando exposições para focar a atenção. Os projetistas usam muitas técnicas que proporcionam aos mediadores meios – estímulos – para atrair a atenção. Isso inclui movimento, iluminação, som, cor, isolamento de um objeto, densidade de muitos objetos e repetição da mesma ideia de várias maneiras diferentes. Os mediadores podem usar esses estímulos para focar a atenção das crianças:

- Como a velocidade da engrenagem grande se relaciona com a velocidade da engrenagem pequena?
- Por que a luz está brilhando *aqui*?
- O que você aprenderia com esta exposição se não houvesse som?
- Por que esta tela é banhada em luz *azul*?
- Qual o significado da cabeça exposta no pedestal?
- Como você pode localizar os carnívoros na exposição dos mamíferos?
- Onde mais você vê essa mesma ideia?

As perguntas possíveis são infinitas. O desafio é usar estímulos nas exposições de museus para fixar essas coisas no cérebro das crianças (como a lembrança de Rachael das palavras *volta ao mundo*). As crianças que não prestam atenção podem ser orientadas a focar nos aspectos de estímulo que atraem. Isso requer alertar as crianças a perceberem estímulos. As exposições do museu oferecem inúmeras opções para concentrar a atenção das crianças.

O cérebro e atenção. Atenção de alto nível é necessária enquanto as conexões entre os neurônios estão sendo formadas. Assim, existe uma forte relação entre atenção e aprendizagem.

Formando esquemas. Às vezes chamados de redes neuronais, os esquemas são grupos de células cerebrais que, por meio do uso repetido, formam um caminho no cérebro que eventualmente se habitua. "Habituado" significa que o cérebro usa esse caminho automaticamente, com pouca ou nenhuma atenção consciente. Exemplos são vestir-se, comer, resolver um problema de divisão longa, driblar uma bola de basquete, manobrar um carro e centenas de outros procedimentos, muitos dos quais efetuamos regularmente.

Considere abotoar a sua camisa: como essa atividade é automática, enquanto você abotoa a camisa, você pode se concentrar em encontrar as meias que combinam ou nas palavras para o teste de ortografia. Mas em algum momento no passado, abotoar a camisa exigia foco intenso e repetição; o processo ocupava muito espaço em áreas do córtex cerebral dedicadas a atos de pensamento de nível superior, como analisar, programar e imaginar resultados. Depois que você domina os procedimentos de abotoamento, eles são armazenados em regiões "inferiores" do cérebro, liberando o córtex cerebral para se concentrar em *outros* pensamentos de alto nível. Seu abotoamento sem pensar nisso mostra que o cérebro religou e formou esquemas (Ratey, 2002).

Enquanto um procedimento está sendo aprendido, os sistemas de atenção do cérebro – às vezes chamados de "executivos" ou sistemas de controle – estão fortemente envolvidos. Esses sistemas são responsáveis por: (1) um nível básico de excitação e alerta; (2) foco seletivo em estímulos e sinais específicos; (3) processamento adicional desses sinais de passagem "ou de maneira sustentada" (Neville et al., 2008, p. 107). A atenção inclui alguns dos equipamentos neurais com os quais nascemos, funções que os pesquisadores infantis chamam de "conhecimento central" (Spelke & Kinzler, 2007).

Estudos sobre a atenção. "Atenção e consciência são os fundamentos sobre os quais criamos uma compreensão do mundo" (Ratey, 2002, p. 111). Estudos recentes (Gazzaniga, 2008) identificaram as redes neurais que conectam as áreas do cérebro responsáveis pela atenção.

> Estudos extensos sobre os processos de atenção usados por bebês e crianças demonstraram que a rede cerebral de atenção está relacionada à autorregulação da cognição e da emoção. Está envolvido no atendimento a habilidades de alto nível, incluindo a associação de palavras [...] e atrasar recompensas. (Posner et al., 2008, p. 3)

Implicações para escolas e museus. As diversas exposições dos museus são novidades e provavelmente alertam o cérebro das crianças. Ao observar as crianças, considere: as crianças estão envolvidas em uma nova atividade que requer atenção de alto nível? Explicação de conteúdo novo? Demonstração de um procedimento que não lhes é familiar? Formação de esquemas? Se for esse o caso, a mediação é necessária. As rotinas diárias das escolas fornecem a repetição essencial para praticar e consolidar novas habilidades.

No entanto, Mihaly Csikszentmihalyi (1990) mostrou que atividades típicas em sala de aula entediam os alunos. Quando alguém está entediado, o sistema de ativação reticular do cérebro é desligado. Esta é a parte do tronco cerebral que recebe informações da maioria dos sentidos e de outras partes do cérebro. Se as lições em sala de aula são em sua maioria mecânicas, com dados limitados e sem novos elementos, o cérebro sente uma falta de atividade que, em muitos casos, induz um estado de sonolência, manifestado como tédio. Feuerstein diz: "Os tipos de variedade, novidade e desafio encontrados nas exposições contornam o tédio".

> Compreender como os diferentes ambientes afetam o cérebro permite que os professores usem as experiências da melhor forma possível, ajudando as crianças a aprenderem a pensar.

Fazendo da imitação um ato consciente

O projeto de algumas exposições, principalmente nos museus infantis, estimula as crianças a imitar. A imitação é um meio primário pelo qual os humanos aprendem.

Como as exposições estimulam a imitação. Os museus infantis recriam muitos ambientes familiares – supermercado, hospital, cidade, rua, cozinha, sala de aula, casa – onde as crianças podem imitar o que observaram. Outros museus recriam ambientes inteiros nos quais os visitantes podem experimentar a atmosfera e ver os artefatos de épocas passadas ou lugares inacessíveis, como laboratórios de cientistas ou cápsulas lunares. Tais exposições estimulam ações mentais, algumas imaginativas, outras imitativas.

Feuerstein diz: "Deve haver familiaridade suficiente [em experiências] para sentir conforto, novidade suficiente para sentir realização" (Feuerstein et al., 2006, p. 76). Csikszentmihalyi (1990) diz que, quando temos o equilíbrio certo entre familiaridade e desafio, entramos em um *estado de fluxo*, tão concentrados que perdemos toda a noção do tempo. Vygotsky refere-se ao equilíbrio certo entre familiaridade e novidade como a "zona de desenvolvimento proximal".

As oportunidades de imitação dos museus mesclam familiaridade – "dirija" um veículo – com experiências que não são familiares às crianças – opere os controles de um *cockpit* ou construa um edifício. Imitar requer o que os psicólogos chamam de conhecimento "procedural" – encenar sequências específicas de ações. Perkins (1995) diz que executar ações específicas é como "saber como, [como] ter informações apropriadas e processos mentais ao seu alcance" (p. 241). Em algumas exposições, as crianças reencenam – ou imitam – o que os adultos costumam fazer, mas que as crianças raramente fazem, se é que fazem. Em outras exposições, aquelas com um procedimento desconhecido, a imaginação dirige as ações das crianças. Ou, as crianças podem empregar ações familiares que não têm relação com o significado de uma exposição. Feuerstein diz: "Vemos a imitação como um dos principais mecanismos para a construção de esquemas cognitivos" (Feuerstein, Feuerstein, Falik, & Rand, 2006, p. 94-95). A questão é: o que as crianças estão imitando? Elas estão imitando procedimentos reais? Ações fantasiosas? A televisão? Cada qual envolve diferentes redes no cérebro. Uma observação cuidadosa à medida que as crianças imitam pode mostrar aos professores o que as crianças podem estar aprendendo ou se estão aprendendo.

Aprendendo imitando. Quanto mais familiar o ambiente, mais realista é a imitação. As crianças pequenas "brincam" de escola, imitando fielmente suas próprias salas de aula – ou brincam "de casinha" enquanto estão na escola. À medida que a recreação é substituída por instruções formais, a imitação é limitada – ou vista como trapaça. No entanto, as crianças imitam, para o bem ou para o mal, copiando ações inteligentes, travessuras criativas e, especialmente, qualquer coisa nova. A imitação de novos comportamentos, incluindo a fala, é a razão pela qual piadas no Twitter e postagens no Facebook "viralizam".

Katherine Greenberg, professora de psicologia educacional da Universidade do Tennessee, em Knoxville, e seguidora de longa data das práticas de Feuerstein, conta sobre uma aluna da 4ª série que estava muito infeliz porque não tinha amigos. Na escola da criança, os professores aplicavam a mediação; portanto, a criança havia aprendido técnicas para analisar seu próprio comportamento; observar, comparar e encontrar diferentes caminhos para o mesmo lugar; e pensar em como ela estava pensando. "As crianças que têm amigos", disse a criança à mãe, "têm cabelo curto; por favor, corte meu cabelo". A mãe cortou o cabelo da menina, mas ter os cabelos curtos não a fez conquistar amigos. "As crianças que têm amigos levantam muito as mãos", então ela passou a levantar muito a mão, mas isso não lhe trouxe amigos. "As crianças que têm amigos sorriem muito." Então, ela começou a sorrir muito e, em pouco tempo, fez muitos amigos. Loris Malaguzzi, fundadora das Escolas Reggio, compreendeu:

> Devemos enfatizar que, mesmo que as crianças sejam naturalmente dotadas da arte de fazer amigos ou atuar como professores entre seus pares, elas não melhoram essa arte por meio de instinto ou livros. Elas roubam e interpretam padrões de professores adultos; e quanto mais esses adultos souberem trabalhar, discutir, pensar e pesquisar juntos, mais as crianças se beneficiarão (1991, p. 17).

Ao atentarmos para como as crianças imitam, podemos determinar quão bem elas observaram, se prestam atenção aos detalhes, entendem a sequência lógica e fazem as conexões apropriadas. Ann lembra:

> Dos 2 aos 4 anos, a atividade favorita do meu neto Sheppy na área pré-escolar do Memphis Children's Museum estava em me fazer esperar em um cubículo enquanto ele voltava para a cozinha, do outro lado da exposição, para me trazer o almoço. Ao longo de três anos, o que eu comi mudou de uma variedade aleatória de alface ou biscoitos, para sanduíche e bebida adequados, seguidos de sobremesa. A mudança mostrou que Sheppy havia consolidado seu conhecimento sobre o que constitui uma refeição, um dos milhares de comportamentos complexos que as crianças devem dominar.

Feuerstein diz que a imitação postergada, que ocorre após a exposição – talvez minutos, talvez dias depois – mostra que o modelo foi interiorizado. A imitação proporciona às crianças a prática de dominar rotinas complexas.

O cérebro e a imitação. Em 1996, enquanto trabalhava com macacos, o neurofisiologista Giacomo Rizzolatti e seu grupo na Universidade de Parma, na Itália, encontraram na região motora do córtex um novo conjunto de neurônios que controlam a mão e a boca. Esses neurônios estavam ativos quando os macacos agiam e quando *assistiam* a uma ação (Gallese, Fadiga, Fogassi, & Rizzolatti, 1996). O *New York Times* noticiou:

> Um estudante de graduação entrou no laboratório com uma casquinha de sorvete na mão. O macaco olhou para ele. Então, algo surpreendente aconteceu: quando o aluno levou o cone aos lábios, o monitor tocou – brrrrrip, brrrrrip, brrrrrip – embora o macaco não tivesse se mexido, mas simplesmente observando o aluno segurando o cone e o movendo para a boca (Blakeslee, 2006, p. 1).

Os neurônios responsáveis, apelidados de "neurônios-espelho", têm funções e posições comparáveis no cérebro de macacos e humanos. Como outros testes realizados pelos laboratórios de Rizzolatti e de outros mostraram os mesmos resultados, o significado ficou claro: neurônios-espelho permitem que os humanos aprendam por imitação. Os cientistas dizem que as descobertas têm implicações enormes; pesquisas contínuas podem confirmar que encontramos o substrato neurofisiológico para a percepção da fala (Gallese et al., 1996).

> A descoberta de neurônios-espelho [...] é um dos achados mais importantes da neurociência na última década [...] Hoje, os neurônios-espelho desempenham um papel explicativo importante no entendimento de várias características humanas, da imitação à empatia, da intuição de pensamentos ao aprendizado de idiomas. (Fundação Europeia da Ciência, 2008)

Os neurônios-espelho operam em todos os comportamentos – falar, ouvir, ver, cheirar. Os neurônios disparam ao executar uma ação, bem como ao assistir outros executando-a. "O processo", diz Feuerstein, "não é apenas uma generalização; em essência, é um tipo de tradução do que uma pessoa percebe para o que ela faz ou pensa em fazer."

As implicações são que os alunos podem ser incentivados a perceber as ações dos colegas: quem fornece evidências efetivas quando responde a perguntas? Quem encontra fortes fontes de pesquisa? De quem são as apresentações visualmente poderosas? Quem usa boas analogias? Quem se destaca ao falar? Quem maneja computadores com facilidade? Quem faz projetos escolares inteligentes? Uma vez cientes do que os outros fazem bem, os alunos podem ser incentivados a imitar consciente e criticamente. As escolas têm o monopólio do tempo dos alunos. Ao incentivar a imitação ponderada, os professores ajudam os alunos a aproveitar o tempo para favorecê-los.

Aplicando amplamente a orientação espacial

Há mais oportunidades para o pensamento espacial nos museus do que nas salas de aula. Aqui, fornecemos exemplos e explicamos a importância do pensamento espacial.

Exposições e orientação espacial

Descreveremos a seguir algumas exposições favoritas com base em fatores espaciais.

Tubos e labirintos. Uma exposição familiar é uma estrutura alta, semelhante a uma escultura, com pistas intricadas para bolas (cf. a Figura 5.1). As crianças se divertem observando os movimentos, alguns previsíveis, outros aleatórios (cf. o Capítulo 12).

Lewin-Benham lembra:

> Sheppy, 6 anos, passou 1 hora e meia no Museu Infantil de Boston produzindo rolos de tubos de PVC (cf. a Figura 5.2). Ele fez mudanças sutis para dar maior impulso à bola ou tornar a pista mais complexa. Quando visitamos o museu no ano seguinte, ele disse: "Tenho sonhado com esta exposição o ano todo". "Por quê?", perguntei. "Porque", ele disse, "dá pra fazer muitas coisas". Ele passou a manhã inteira configurando uma rampa que atravessava a parede inteira e adicionando efeitos especiais. A cada rolo, o peso da bola distorcia os tubos, exigindo alinhamento contínuo, mudanças sutis no projeto e concentração total – todos estes processos cognitivos. Ele estava envolvido em um pensamento de alto nível, à medida que seu cérebro construía, ampliava e armazenava procedimentos eficazes para fazer uma rolagem complexa.

Figura 5.1. As crianças ficam hipnotizadas pelo movimento de bolas que caem através de um complexo labirinto de arame, trilhos e coletores.

Figura 5.2. A criança organizou os canos e os conectores de modo que, quando a bola toca os três sinos, eles reproduzem as notas de abertura de "Três ratos cegos".

O pensamento espacial permite que as crianças naveguem por labirintos. Vestígios de labirintos antigos comprovam que os desafios espaciais fascinam as pessoas há milênios. As modalidades espaciais e de movimento de labirintos e tubos atendem à necessidade de novidade e complexidade do cérebro.

Estruturas de escalada. Essas exposições elaboradas desafiam as crianças a se orientarem em espaços fisicamente complexos, a empregar direita, esquerda, para frente, para trás, na frente, atrás e muitas outras posições que representam o sistema de referência subjetivo que os humanos usam para se localizar no espaço (consulte o Capítulo 3). As crianças que compreendem de forma inata essas referências exibem o que Gardner chama de "inteligência espacial".

Tangrams. Esse antigo jogo chinês é composto por sete peças com formato geométrico – um quadrado e seis triângulos – para organizar centenas de desenhos diferentes, alguns realistas, como barcos ou chapéus, outros abstratos. Cada composição utiliza todas as sete peças. Algumas crianças não demonstram interesse; algumas posicionam as peças apenas com orientações; outras, com rapidez e sem diretrizes, montam figuras abstratas complexas. Os professores podem determinar se as crianças pensam espacialmente, observando-as usar (ou a falta de interesse em) tangrams. Jogue tangrams em um dos muitos sites da Internet.

O cérebro e a organização espacial. A orientação espacial é um aspecto essencial da inteligência; no entanto, fora das aulas de educação física, raramente é uma parte consciente do currículo escolar. Gardner (1983) enumera atos cognitivos que dependem do pensamento espacial:

- reconhecer o mesmo elemento em diferentes orientações, como inclinar um retângulo até que ele pareça uma linha;
- transformar elementos – por exemplo, recortar círculos ou quadrados e transformá-los em outras formas;
- formar imagens mentais e transformá-las – por exemplo, pensar em um pássaro enquanto ele voa ou num botão de flor se abrindo;
- reconhecer cenas, como um bairro ou um cenário de filme;
- orientar-se em espaços muito diferentes – uma sala, um prédio inteiro, um oceano, floresta ou deserto.

Perkins (1992) diz que conhecer algo "significa entender a peça no contexto do todo e do todo como o mosaico de suas peças" (p. 75). Essas formas de conhecimento dependem da orientação espacial.

Os exemplos a seguir mostram a importância do pensamento espacial.

Preposições. A professora de matemática Eleanor Wilson Orr (1987) fornece exemplos de alunos do ensino médio urbanos que não conseguem resolver problemas de matemática porque usam incorretamente as pequenas palavras de conexão que mostram relações. As preposições – *de, sobre, atrás, perto, abaixo, entre, ao lado de* – definem relações espaciais. O psicolinguista Steven Pinker (1994) chama as preposições de "uma das principais categorias sintáticas" (p. 512). Sem elas, o pensamento seria impossível. Desafie os alunos a interpretar uma passagem escrita desprovida de preposições. Preposições confusas impactam a leitura, a ciência, a matemática, as instruções a seguir e muitos processos básicos de pensamento.

Metáforas. Ao longo da história da ciência, muitas figuras imponentes expressaram sua percepção espacialmente:

- As analogias de Lewis Thomas entre micro-organismos e sociedade organizada,
- A imagem de Darwin da "árvore da vida" para representar a evolução,
- A visão de Freud do inconsciente como um iceberg submerso,
- A descrição de Dalton do átomo como um sistema solar,
- A estrutura de Kekulé do anel de benzeno,
- A dupla hélice de Watson e Crick para representar o DNA,
- A visão de Einstein de surfar numa onda de luz para descrever a relação entre espaço e tempo,
- A concepção de Szilard de uma reação em cadeia como o mecanismo de uma bomba atômica.

Tecer metáforas é algo feito em termos espaciais (Gardner, 1983).

As experiências espaciais permitem que as crianças adquiram conceitos e vocabulários essenciais para a precisão na fase de saída dos atos mentais (cf. o Capítulo 6). Lembra-se de Walter (Capítulo 3), que não distinguia entre *sobre* e *acima* até um professor mediar? O bom pensamento depende do uso de preposições e outras referências espaciais com precisão.

Feuerstein diz que mudar a capacidade das crianças de representar o espaço é:

> crítico por duas razões. Primeiro, ele está vinculado à percepção correta dos objetos em uma ampla gama de situações. Segundo, uma boa articulação do espaço representacional pode ser usada como eficiente [...] [maneira de desenvolver] o pensamento abstrato racional e [...] [corrigir] uma série de funções cognitivas deficientes (Feuerstein, Feuerstein, Falik, & Rand, 2006, p. 228).

Os alunos devem aprender o que significa pensar espacialmente e ser incentivados a usar o pensamento espacial com frequência – de forma crítica, consciente e precisa.

Sequenciando logicamente o pensamento por meio do movimento

Há poucas oportunidades de movimento nas salas de aula, muitas em museus, e sólidas pesquisas apoiando a relação entre movimento e função cerebral.

Exposições baseadas em movimento. O movimento é representado em processos logicamente sequenciados que ocorrem ao longo do tempo. Releia os exemplos deste capítulo e observe que o movimento é parte integrante de cada experiência. A atenção focada depende dos movimentos: as crianças devem inibir alguns movimentos e enfatizar outros, como manter a cabeça firme no pescoço, manter os olhos focados e conservar a postura. Todo ato cognitivo depende das habilidades subjacentes de usar ou controlar diferentes aspectos do movimento.

Representações internas. Peça às crianças que representem algo desenhando – não um desenho sofisticado, mas linhas simples para mostrar as conexões no que estão descrevendo. O movimento requerido pelo desenho é uma representação interna; o desenho transforma uma experiência em organização mental (esquemas). À medida que as crianças enriquecem uma explicação com um desenho, elas devem representar o movimento internamente, descrevendo-o ou visualizando-o. Esses atos consolidam a experiência para que os processos de pensamento estejam disponíveis para ações futuras. Quando os treinadores mostram fitas do desempenho profissional dos atletas ou os professores demonstram como fazer uma divisão longa, apresentar um trabalho ou seguir um processo científico, as representações internas que eles constroem são todas baseadas no movimento. Cognitivamente, esses processos requerem "planejar, calcular e formar intenções" (Ratey, 2002, p. 148), todas estas funções desempenhadas pelas *regiões do cérebro responsáveis pelo movimento real*" (p. 147, grifos nossos).

Ratey continua: a pesquisa acumulada "mostra que o movimento é crucial para todas as outras funções cerebrais, incluindo a memória, a emoção, a linguagem e a aprendizagem [...] Nossas funções cerebrais 'superiores' evoluíram do movimento e ainda dependem dele" (p. 148). "Não importa se a atividade é manter a temperatura corporal, movimentar-se como Michael Jordan ou aprender a ler, o movimento não pode ser separado de outros sistemas cerebrais. Muitas funções cerebrais são, fundamentalmente, movimento" (p. 155).

Nisto reside uma das principais diferenças entre a aprendizagem nas salas de aula e aquela nos museus: nos museus, há possibilidades de fazer algo se mover, observar coisas se movendo ou mover a si mesmo. As implicações para as salas de aula são encontrar maneiras de incorporar movimento, especialmente quando as lições são novas ou complexas.

O cérebro e o movimento. A mediação eficaz constrói a capacidade cognitiva das crianças, conscientizando-as de que o movimento faz parte de tudo o que fazem e do amplo papel do movimento, desde a atenção concentrada até a compreensão da matemática. O neurofisiologista Frank Wilson descreve o desenvolvimento físico no início da vida: o domínio motor

> é um dos primeiros imperativos maturacionais do sistema nervoso humano [...] [O] bebê vai executar brincadeiras [de movimento] e treinar [...] [estender a mão e agarrar] os movimentos sem parar, pois ele se dedica a coisas cada vez mais difíceis com o corpo. Esses jogos são criados pelo sistema nervoso, a fim de ensinar a si mesmo um senso concreto e experimental da física (1998, p. 104).

Wilson diz que as conexões entre movimento e cérebro são tão sinérgicas e completamente integradas,

> que nenhuma ciência ou disciplina isolada pode explicar de maneira independente a habilidade ou o comportamento humano [...] A mão [por exemplo] é tão amplamente represen-

> tada no cérebro, os elementos neurológicos e biomecânicos da mão são tão propensos a interação e reorganização espontânea, e as motivações e esforços que dão origem ao uso individual da mão são tão profunda e amplamente enraizadas, que devemos admitir que estamos tentando explicar um imperativo básico da vida humana (1998, p. 10).

Além de exigir foco, o domínio motor exige que as crianças mantenham o estado de alerta, integrem rapidamente informações visuais e espaciais às respostas físicas e se orientem em espaços complexos. A fim de que isso não aparente carecer de relação com as tarefas da escola, considere que as crianças que não conseguem fazer essas coisas também não conseguem responder às instruções dos professores: escreva seu nome no canto superior esquerdo; vire o papel e solucione os problemas do meio da página 20 até a parte inferior da página 21.

As crianças pequenas resolvem os desafios espaciais movendo-se de fato. Isso treina os neurônios motores no cérebro para fazer o corpo se mover, para ver relações parte/todo, para sequenciar logicamente e para realizar uma intenção. Os exercícios do PEI para crianças mais velhas exigem que elas simulem o movimento mentalmente (consulte o Capítulo 3). Gradualmente, os movimentos se tornam cada vez mais fáceis.

Perkins (1992) chama os atos fáceis de "desempenho da compreensão"; a palavra *desempenho* significa "ação". Compreender não é

> um estado de posse, mas um de aperfeiçoamento. Quando compreendemos alguma coisa, não apenas possuímos certas informações sobre ela, mas também podemos *fazer* certas coisas com esse conhecimento. Essas coisas [...] que exercitam e mostram compreensão são chamadas de "desempenho da compreensão" (p. 77).

RESUMO: MEDIAÇÃO – O ELO DE CONEXÃO COM A APRENDIZAGEM

Os museus oferecem uma variedade de estímulos que os professores podem usar para mediar, de modo que as crianças concentrem a atenção, envolvam-se em brincadeiras imitativas e orientem seu corpo no espaço – todos estes atos baseados no movimento.

Anote estas quatro funções cerebrais essenciais:

- atenção;
- imitação;
- orientação no espaço;
- movimento.

Todas as funções cerebrais de nível superior dependem delas. Procure-as em sua próxima visita a um museu, parque infantil ou qualquer experiência complexa e rica em conteúdo. Procure ocasiões para torná-las parte de seu ensino. Informe as crianças sobre quando estão usando ou podem se beneficiar do uso dessas funções. Tornar as crianças conscientes de como seu cérebro está pensando é uma poderosa forma de mediação. A construção da consciência – às vezes chamada de metacognição – conecta a experiência e o cérebro para que a aprendizagem dure. A consciência permite que as crianças se tornem seus próprios mediadores.

A mediação envolve fazer *o que for necessário* para conectar as crianças a uma ideia – inclusive para fazer melhorias em sua vida após períodos difíceis, como vimos no Capítulo 1. É uma metáfora adequada: um ambiente deve fornecer o estímulo para despertar o interesse das crianças, e o adulto mediador deve fornecer a pergunta, sugestão, gesto, ação, sobrancelha levantada ou outra interação que estimule as crianças a fazer uma conexão entre o estímulo e algo que já está em suas cabeças. Quando fazem conexões, as crianças aprendem.

Pontos principais

1. Quando os professores pedem que as crianças se concentrem, elas recorrem ao que os pesquisadores chamam de sistema "executivo" ou de atenção no cérebro.
2. Quando as crianças imitam o que veem os outros ao seu redor fazer, estão usando uma das maneiras mais elementares de aprendizagem do cérebro.
3. Quando as crianças brincam com preposições, exercem uma das funções espaciais do cérebro, os sistemas que nos permitem compreender como o mundo está organizado.
4. Quando os professores pedem às crianças que incorporem movimento em seus pensamentos, elas acionam os centros de movimento do cérebro, a base de praticamente todo pensamento e aprendizagem.

Capítulo 6

Definindo a eficácia das experiências de aprendizagem

E com prazer ele aprenderia, e com prazer ensinaria.

— Geoffrey Chaucer, 1387-1400

O trabalho de Feuerstein oferece duas ferramentas úteis em qualquer situação em que um educador queira determinar o que um aluno pode aprender com uma exposição de museu, como uma aula é estruturada ou que recursos uma experiência oferece para promover o aprendizado. Uma das ferramentas é o Mapa Cognitivo. A outra, Deficiências de Pensamento, categoriza estruturas cognitivas que de alguma forma específica bloqueiam a capacidade de pensamento de um aluno e podem ser alteradas por meio da mediação. Aqui, descrevemos essas ferramentas e introduzimos duas técnicas adicionais para ajudar os alunos a aprender com eficiência: como explorar sistematicamente e chamar à lembrança informações explícitas.

O Mapa Cognitivo é uma ferramenta para analisar os desafios em uma tarefa. Se um aluno não enfrentar esses desafios, a lista de Deficiências de Pensamento pode ajudar a identificar o motivo. Esta última ferramenta descreve aspectos das estruturas cognitivas individuais que estão relacionadas à aprendizagem de certos tipos de habilidades: as crianças percebem de maneira episódica, de modo que, se a tarefa exigir vincular as coisas, elas fracassarão porque só olham para certos aspectos ou perdem completamente outras? Por exemplo, na analogia "O verde está para a grama assim como _____ está para o céu", um aluno que percebe episodicamente pode ignorar a segunda parte da analogia, pensar em vez disso o que se passa com a grama e responder "vaca". Essa resposta seria lógica se a tarefa fosse fazer associações com a grama, mas a resposta não se encaixa na analogia dada. Juntas, as ferramentas descritas neste capítulo suportam uma mediação eficiente.

O MAPA COGNITIVO

O Mapa Cognitivo descreve sete diferentes aspectos de uma tarefa, os tipos específicos de desafios que a tarefa apresenta. Assim, fornece uma estrutura para analisar uma experiência de aprendizagem. A estrutura ajuda os adultos a pensar sobre o que acontece no cérebro das crianças enquanto usam exposições em museus, ouvem lições na escola ou se envolvem em outras experiências. Os mediadores usam o conteúdo do Mapa Cognitivo como recurso para analisar e interpretar a estrutura de uma experiência (Feuerstein, Rand, & Feuerstein, 2006). Feuerstein chama esses recursos de "parâmetros". Eles incluem conteúdo, modalidade, fase, operações cognitivas, complexidade, abstração e eficiência.

Conteúdo

Conteúdo significa "o assunto tratado e envolvido em um ato mental" (Feuerstein, Falik & Feuerstein, 2006, p. 7). Conteúdo é o que um indivíduo sabe sobre alguma coisa – uma criança de 4 anos de idade sobre cores e formas, um indivíduo de 94 anos sobre eventos históricos em sua vida. O que as pessoas sabem é determinado por suas próprias experiências, cultura e cérebro. Se o conteúdo de uma tarefa não for muito familiar, a tarefa será muito difícil. Pode ser difícil, até impossível, para os mediadores distinguir entre a falta de familiaridade das crianças com o conteúdo e sua falha em realizar uma operação cognitiva.

Sem conhecer o conteúdo, a compreensão é severamente limitada, se é que é possível. Por exemplo, leia e explique esta frase: "A duração do ciclo de uma Cefeida de escuro a brilhante determinou sua luminosidade média ou a quantidade média de luz que ela emitia" (Kupperberg, 2005, p. 24). Se você não conseguir explicar a frase, talvez seja porque você não sabe:

• conteúdo – o significado das palavras *Cefeida*, *ciclo* ou *luminosidade*;

• conceito – como os astrônomos determinam a distância das estrelas da Terra ou uma da outra;

• contexto – o trecho é sobre astronomia.

A carência de conteúdo, conceito ou contexto – aspectos importantes da cognição – pode prejudicar a capacidade de identificar, organizar, analisar, sintetizar ou usar qualquer outro processo de pensamento.

Outro aspecto do conteúdo é domínio – o conteúdo se enquadra na Geografia? História? Biologia? Esportes? Álgebra? Teoria da música? Dentro de um domínio, você deve determinar o contexto: se você está falando de cães, está se referindo a diferentes tipos de raças ou ao processo de treinamento? O papel dos cães na vida de crianças, inválidos ou idosos? Membros aparentados da família canina? Como os cães foram domesticados? Traços de diferentes raças? Ou outra coisa?

A falta de conhecimento do conteúdo das crianças pode não ter nada a ver com sua capacidade de *executar* a tarefa. Se falta conteúdo às crianças, o professor deve descobrir qual conteúdo está faltando e ensiná-lo! Feuerstein lembra um grupo de crianças marroquinas que, ao verem a neve pela primeira vez, pegaram-na, colocaram-na nos bolsos e a levaram para dentro! Para que qualquer coisa tenha significado, as crianças devem entender o conteúdo mais amplo.

O exemplo da Cefeida é de um campo que requer amplo conhecimento de conteúdo para processar os fatos e realizar operações cognitivas. Se as crianças não sabem nada sobre constelações, estrelas e ondas de luz, elas falharão em tarefas que envolvam princípios astronômicos. *As crianças envolvidas em uma tarefa não podem trabalhar a menos que conheçam o conteúdo.* É injusto, diz Feuerstein, chamar as crianças de fracassos se elas não conseguem atuar porque não conhecem o conteúdo. A primeira prioridade dos mediadores é determinar se o fracasso das crianças deve-se à falta de conhecimento do conteúdo ou à falta de capacidade para desempenhar a(s) função(ões) cognitiva(s) – o(s) processo(s) de pensamento – que a tarefa exige. Conhecer o conteúdo *e* usar uma ou mais funções cognitivas específicas podem ser essenciais em uma determinada tarefa. Se um professor não analisar primeiro se uma criança é prejudicada por falta de conteúdo ou por não saber usar um processo de pensamento específico, o significado da lição pode escapar à criança.

Modalidade

As modalidades são a enorme variedade de maneiras pelas quais os indivíduos recebem informações e expressam os resultados de atos mentais. O uso da palavra "modalidade" por Feuerstein é diferente de seu significado mais comum como uma forma de percepção sensorial ou atividade motora. Ao usar o termo *modalidade*, Feuerstein faz uma distinção entre o ato sensorial da percepção e o ato cognitivo de interpretar o que é recebido pelos sentidos. As modalidades incluem as "linguagens" figurativa, pictórica, numérica, verbal, simbólica ou qualquer combinação dessas ou muitas outras – literalmente, qualquer forma de expressão que possa ser entendida em uma cultura específica. Essas linguagens são as diversas maneiras pelas quais a "entrada" ativa o cérebro e as maneiras igualmente diversas pelas quais um pensamento, depois de elaborado no cérebro, é expresso. Howard Gardner chama essas linguagens de "inteligências". Elas são um aspecto essencial do pensamento.

Cada modalidade "fala", por assim dizer, de

- diferentes grupos de redes no cérebro;
- sentidos visuais, auditivos, táteis e outros;
- centros de movimento;
- centros de memória; e
- outros centros envolvidos em qualquer coisa que o cérebro process.

Toda cultura desenvolve suas próprias modalidades; pense, por exemplo, na variação nos sistemas de dança tradicional, música, gestos, moradias, escrita, esportes e parentesco.

Algumas pessoas se destacam em certas modalidades, mas mal operam em outras, efetivamente cegas à modalidade. Por exemplo, algumas crianças podem somar números corretamente e ler gráficos, mas não compreendem se o problema de adição é declarado em palavras. As escolas usam principalmente modalidades linguísticas, expressando quase tudo em palavras. Os museus usam uma grande variedade de modalidades.

> Um dos objetivos da mediação é aumentar o número de modalidades que as crianças podem usar e sua facilidade em cada uma delas.

Estágio

Uma fase é qualquer um dos três níveis, ou partes, de um ato mental: entrada, elaboração e saída. Todos os atos mentais consistem nessas três fases: resumidamente, a primeira é a coleta de dados, a segunda é a organização e a análise dos dados, a terceira é a expressão do que é concluído. Por exemplo, eu vejo o desenho de uma girafa, mas ela tem a cabeça de um cachorro! (fase de entrada) Por que o artista desenhou a girafa assim? Eu devo resolver este problema! Poderia ser uma criatura imaginária? Poderia estar usando uma máscara? Por quê? (fase de elaboração) "Eu acho que o desenho é criativo e fantasioso." (fase de saída).

Os limites entre as fases são fluidos. Os processos mentais específicos de uma fase também podem ser essenciais nas outras. A ideia de fases é um recurso, mas esse recurso pode ajudar os professores a entender onde as crianças estão presas em seus pensamentos.

Fase de entrada. Alguns atos mentais necessários na fase de entrada são:

- coleta cuidadosa de dados,
- comparação sistemática,
- orientação espacial, e
- consideração simultânea de duas ou mais fontes de informação.

As operações na fase de entrada são relativamente simples; por exemplo:

- percepção ("Vejo um carro!" uma criança de 2 anos de idade);
- identificação ("É verde!" uma de 3 anos).

Fase de elaboração. As crianças reúnem os dados coletados na fase de entrada, identificam o problema e extraem inferências dos dados. O que geralmente chamamos de "bom pensamento" depende de um bom processamento durante a fase de elaboração ou, mais precisamente, do uso eficiente dos dados. Por exemplo, alguns atos mentais necessários na fase de elaboração são:

- identificação do problema,
- seleção de sugestões relevantes,
- reunir dados,
- usar espontaneamente comportamento comparativo,
- buscar evidências logicamente,
- formar e testar hipóteses, ou
- sequenciar tarefas logicamente.

Os psicólogos Brown e Burton (1978) analisaram como os alunos da 2ª série fazem contas de subtração prestando atenção ao que eles diziam para si mesmos, observando suas ações, provocando suas explicações e estudando suas respostas. Eles descobriram que as crianças apresentavam problemas de subtração em mais de 200 maneiras diferentes! O estudo demonstrou as muito variadas redes de neurônios que o cérebro cria para realizar as complexas operações mentais que ocorrem no estágio de elaboração de um ato mental e que as crianças usam para estabelecer relações.

A falha na fase de elaboração pode resultar em "uma resposta empobrecida, uma resposta personalizada ou bizarra, utilizando dados que são significativos apenas para quem responde, ou talvez nenhuma resposta – um bloqueio na antecipação de uma falha completa" (Feuerstein, Feuerstein, Falik, & Rand, 2002, p. 140).

Fase de saída. As crianças combinam o resultado da entrada e elaboração em uma expressão. Alguns atos mentais necessários na fase de saída, na qual as habilidades de comunicação são essenciais, incluem:

- capacidade de ser preciso,
- disciplina para discernir e resistir às respostas de tentativa e erro,
- capacidade de transformar um processo mental em uma modalidade na qual ele pode ser comunicado; e
- capacidade de reprimir respostas impulsivas.

> A distinção entre as três fases de um ato mental é um dispositivo didático – uma forma de ajudar um professor a lidar com a enorme complexidade de qualquer ato mental. Em tempo real, o pensamento é um processo dinâmico entre as três fases.

As três fases são altamente dependentes uma da outra; a elaboração, por exemplo, é determinada pela entrada. Então, se John e Sam estão discutindo sobre quem fez o jarro de suco cair, Bill, que está tentando resolver o conflito, deve saber se John esbarrou em Sam acidentalmente, colidiu com ele intencionalmente ou estava tentando pegar o jarro em suas próprias mãos, mas não obteve sucesso. A evidência será o que Bill testemunhou ele próprio, se as observações de outras crianças confirmam ou contradizem a história de Bill ou o entendimento de Bill sobre as diferentes habilidades de John e Sam de lidar com uma jarra cheia de líquido. Na fase de entrada, os alunos devem saber no que prestar atenção para que tenham as informações necessárias para a fase de elaboração.

Operações cognitivas

São funções do cérebro nas quais ele organiza, analisa, transforma, deduz ou manipula de alguma outra forma as informações *durante a fase de elaboração*, a fim de gerar novas informações. Exemplos (Atenção – trata-se de uma pequena amostra de um número ilimitado de possíveis operações cognitivas; as idades dependem da capacidade de diferentes crianças e podem variar consideravelmente):

- *Comparar.* Estabelecer uma relação entre as semelhanças e as diferenças em duas coisas. "Mais isso do que isso" (4 anos); "O leopardo tem manchas, o tigre tem listras" (5 anos); "Vou colocar os animais de zoológico aqui e os animais de fazenda aqui [local diferente]" (5 a 6 anos).
- *Contar.* "Dois, quatro, seis, oito, dez, doze..." (5 a 6 anos).
- *Inferir.* "Um cavalo é maior do que uma ovelha" (5 anos); "Tom é mais alto do que Joe, Joe é mais alto do que Bob; portanto, Tom é mais alto do que Bob" (10 anos).
- *Organizar.* "Subindo a escala eu canto dó, ré, mi, fá, sol, mas descendo a escala eu canto sol, fá, mi, ré, dó" (8 anos).
- *Fazer analogias.* "As zebras têm listras; os leopardos têm manchas" (4 anos); "As listras são para as zebras o que as manchas são para os leopardos" (6 anos).
- *Deduzir.* "Se esse animal é mais ou menos do tamanho de um cavalo, mas vive em estado selvagem e tem listras pretas e brancas, deve ser uma zebra" (10 anos).
- *Encontrar progressões.* "Se eu vir 5, 10, 15, o próximo número será 20" (5 anos); "Se os pares de números que eu vejo forem 1, 1, 2, 3, 5, 8, 13, 21, então o próximo par de números deve ser 34, 55" (10 anos). Em progressões, as crianças devem encontrar a fórmula pela qual a sequência de números é organizada. Para fazer isso, as crianças devem deduzir uma relação.
- *Dispor em série.* "Coloquei as pedras das pequenas para as grandes" (4 anos); "Nós alinhamos do baixo para o alto" (5 anos); "Eu coloquei as cores do vermelho-escuro para o vermelho-claro" (7 anos); "Reorganizei a série: BAD, ADB, DBA, BAD" (9 anos).

• *Fazer silogismos.* "Todos os mamíferos mamam quando filhotes; o coelho é um mamífero; portanto, o coelho mama quando filhote" (8 anos).

A idade em que as crianças podem realizar uma operação mental depende do conteúdo que elas conhecem. Desde que as crianças conheçam o conteúdo, a operação poderá ser mostrada a elas. A noção de estágios de Piaget mostrou estar errada quando crianças de 3 anos foram capazes de fazer analogias *se conheciam o conteúdo.* O pensamento das crianças pequenas é dificultado pelo grande número de coisas que elas ainda não encontraram. Um menino pequeno que amava suco de laranja estava parado na janela, apontou para a chuva forte e gritou encantado: "Tuco de lalanja!" Ele fez uma analogia, reconhecendo que suco e água têm algo em comum. Mas, sem conteúdo específico – nesse caso, a palavra "chuva" – substituiu as palavras que ele conhecia. Os adultos nem sempre entendem o que essas expressões representam em termos de cognição das crianças e apenas as acham encantadoras ou divertidas. Felizmente, não classificamos crianças pequenas ou as testamos sobre como elas estão aprendendo a falar.

Pense no geólogo de campo tentando identificar os minerais em uma nova amostra de rocha ou no programador de computador tentando encontrar o bug em uma linha de código. Em tarefas tão complexas, mesmo um especialista com capacidade mental para analisar, deduzir e interpretar novas informações pode ser travado por conteúdos ou modalidades desconhecidos ou sobrecarregado pelo volume de informações. Quando a equipe de brilhantes cientistas da Craig Venter estava sequenciando o genoma da mosca de fruta, uma instrução errada na linha 678 entre 150 mil linhas de código sobrecarregou o programa (Shreeve, 2004). Se o conteúdo não for familiar, os alunos não poderão realizar operações cognitivas.

Complexidade

Complexidade refere-se à quantidade de informação a ser tratada em um ato mental e quão familiar é a informação. Quando você está aprendendo, cada peça de um ato complexo deve ser entendida por si própria. Pense no número de atos na leitura:

• ouvir os fonemas em uma palavra;
• isolar cada som individual;
• associar cada som a uma letra;
• misturar letras em um som que tenha significado (uma palavra);

- manter todos os sons em mente enquanto os mistura;
- aprender (memorizando) aquelas palavras nas quais o som *não* representa o fonema – palavras como *complexo*, *exato*, *máximo*, *xale*, *expresso* – e reconhecer (de memória) palavras suficientes para que você possa ler um livro.

Por exemplo, um leitor iniciante se depara com a seguinte frase: *Hoje cedo visitei o anexo*. Suponha que a aluna tenha aprendido um som para cada letra:

- Se ela souber apenas pronunciar o "o" como soa em *hora*, mas não em *houve*, ela não será capaz de ler a palavra *hoje*.
- Se ela souber apenas pronunciar "c" como soa em *casa*, ela não será capaz de ler em *cedo*.
- Se ela souber apenas pronunciar "s" como soa em *sopa*, ela não será capaz de ler na palavra *visitei*, em que o "s" tem som de "z".
- Se ela souber apenas pronunciar a letra "x" como soa em *caixa*, com som de "ch", ela não saberá que soa como "cs" em *anexo*.

E, como não há ataque fonético para a palavra *há*, ela deve ser memorizada, algo que um leitor iniciante talvez ainda não tenha feito.

Ler a frase é desafiador, porque cada palavra se desvia de um som fonético consistente. O número de unidades de informações desconhecidas torna irreconhecíveis as quatro palavras da frase aparentemente simples. Assim, a frase é complexa e difícil. Um iniciante pode ler como: Ó gi que do vissi tei o ane cho.

Além disso, suponha que a criança não tenha conhecimento algum de arquitetura e, portanto, não tenha um contexto para entender o significado, mesmo que consiga ler as palavras corretamente. Sem contexto, ela pode formar uma imagem mental de alguém visitando algo que se encontra anexado. Ou considere o aluno da segunda série para quem o inglês é um novo idioma. Não é de admirar que as crianças tenham problemas de leitura; é uma maravilha que alguém aprenda a ler. Como existem grandes quantidades de dados a serem lembrados e processos de raciocínio a serem dominados, o início da leitura é complexo.

À medida que as crianças aprendem cada processo e se lembram de quantidades crescentes de dados, a complexidade é reduzida.

Abstração

Significa quão próximo um ato mental está do assunto em questão; em outras palavras, qual a proximidade da ideia ou do objeto associado a uma coisa específica? Estamos falando de um felino (abstração) ou de minhas pantufas de gato (coisa específica)? Por exemplo, "menos abstrato" significa que algo é concreto, como as pegadas de um animal em terra fofa, o aroma de pão assado ou o esforço necessário para levantar um tijolo. Algo que é um pouco mais abstrato é uma imagem do animal, do pão ou do tijolo. Ainda mais abstrato é um símbolo para uma ideia como a bandeira de um país. O mais abstrato é uma marca, como uma letra em um alfabeto fonético, um numeral ou outro símbolo que, por si só, não tem significado (consulte o Capítulo 8).

Considere a abstração ao dividir 6 por 2. Uma criança pequena pode empurrar seis carros em dois grupos de três usando a percepção (o que ela vê) e o desempenho motor (objetos em movimento). Isso pode parecer simples, mas requer muitas redes neuronais em vários sistemas do cérebro – visão, movimento e separação de uma entidade em partes – no momento da vida em que *integrar* funções cerebrais variadas é um desafio de alto nível. As crianças pequenas usam tarefas concretas para expressar a ideia abstrata de divisão. Os alunos mais velhos, que resolvem o problema mentalmente sem referência a objetos concretos, usam o pensamento abstrato.

Tente o seguinte: visualize seis carros e organize-os mentalmente em três grupos. Visualizar objetos é menos abstrato do que lidar com a expressão numérica $6 \div 3 = ?$, que envolve mentalmente duas abstrações. Os números representam quantidades e um símbolo não numérico, o ponto de interrogação, representa um número ausente. No entanto, mesmo essa expressão numérica é menos abstrata que a expressão algébrica, $n = x \div ?$, que remove todos os números, usa *apenas* símbolos abstratos e, portanto, é o mais distante desses exemplos dos objetos concretos. Se as crianças têm dificuldade em tarefas abstratas, os professores devem reduzir o nível de abstração.

Uma cadeira é um objeto concreto. A palavra *móveis* é menos concreta porque o conceito se aplica a muitos tipos de objetos, além de cadeiras. A expressão *objetos domésticos* é ainda mais abstrata porque inclui móveis, instalações sanitárias, equipamentos de cozinha, fechaduras, maçanetas e muito mais. O termo *artefatos* inclui todos os itens acima *e* a variedade de estruturas construídas nas quais são encontrados. Quanto maior a categoria, mais abstrata ela se torna. Os *animais* incluem muitas classes diferentes; *coisas vivas* incluem muito mais.

Pensar abstratamente significa ignorar a diferença entre indivíduos ou subgrupos e construir um grupo independentemente das diferenças entre os objetos incluídos. Categorias mais baixas têm mais pontos em comum e categorias mais altas, menos. Abstração é a capacidade de ir além dos objetos que estão imediatamente à mão. A capacidade de pensar abstratamente envolve conhecer um grande número de diferentes tipos de objetos; comparar, contrastar e agrupar; ou, em outras palavras, pensar conceitualmente.

Eficiência

Eficiência é uma questão de velocidade, precisão e um nível de dificuldade percebido. Esses elementos mudam à medida que as crianças aprendem a executar tarefas que começam com operações simples e gradualmente se tornam mais complexas. Ao ensinar operações mentais às crianças, você reduz a complexidade e a abstração. A eficiência está relacionada à tarefa e é uma função de como as crianças realizam os outros atos do Mapa Cognitivo.

As crianças que realizam tarefas com precisão e rapidez realizam com eficiência. À medida que a complexidade e a abstração diminuem, o mesmo ocorre com a percepção das crianças sobre a dificuldade da tarefa. Os mediadores avaliam ou observam vários fatores para identificar com que eficiência os alunos executam uma tarefa:

- quão *prontamente* eles atacam o problema,
- se estão ávidos ou *resistentes*,
- quão *rápido* eles a executam,
- com que *nível de precisão* a desempenham, e
- quanta *energia* eles gastam na solução do problema.

Tarefas diferentes requerem diferentes tipos e quantidades de esforço mental em cada fase de um ato mental. A eficiência pode ser uma função de qualquer um dos outros aspectos do Mapa Cognitivo.

Um aspecto afetivo – ou emocional – faz parte de todo ato cognitivo: "Fadiga, ansiedade, falta de motivação, quantidade de investimento necessário ou vários outros fatores podem afetar o indivíduo no desempenho de uma tarefa" (Feuerstein, Feuerstein, Falik & Rand, 2002, p. 135). O que e quanto você faz são os aspectos cognitivos de uma tarefa. *Por que* você faz isso é o aspecto emocional (Feuerstein, Falik & Feuerstein, 2006).

Figura 6.1. O fascínio de rebater uma bola suspensa por uma corrente de ar ofusca o interesse das crianças na questão de *por que* a bola permanece no alto.

Ilustração de Daniel Feuerstein

Usando o Mapa Cognitivo

Você está parado ao lado de James, 8 anos, em uma exposição: uma pequena bola de praia de plástico flutua continuamente acima de uma pequena mesa; o que faz a bola ser mantida no alto não é visível (cf. a Figura 6.1). James corre para a bola. Ele não precisa inspecionar a situação de perto para perceber que uma corrente de ar está direcionada para a bola a partir de um ventilador abaixo. James imediatamente empurra a bola para longe da corrente de vento e ela cai no chão ali perto. O jogo o intriga e ele continua batendo na bola, tirando-a da corrente de vento, por vários minutos.

"James", pergunta a professora, "o que está acontecendo aqui?" Ele imediatamente responde: "O ar está empurrando a bola para cima" "Por quê?", questiona ela. James encolhe os ombros, muito absorvido em socos para se perguntar sobre a relação entre o vento e a bola, e correndo e socando freneticamente demais para a professora explicar. A atividade o envolve, não a ciência do Princípio de Bernoulli.

O Princípio de Bernoulli descreve a pressão de fluidos e gases em movimento e a força que eles exercem em relação aos objetos que atravessam ou contornam.

O princípio explica a sustentação da asa de um avião ou o fluxo de água ou gás através de tubos. Procure no Google por frases como "demonstração interativa de fluxo de gás" para encontrar imagens dinâmicas que podem ser manipuladas para desenvolver a compreensão do princípio. Veja os oito experimentos simples, usando materiais prontamente disponíveis, que estão no site da Universidade de Minnesota, Escola de Física e Astronomia, e no vídeo de experimentos fáceis de fazer por Scott Thompson; ambos estão na web.

Ao aplicar os componentes do Mapa Cognitivo à experiência de James, vemos:

- *Conteúdo:* James não sabe nada sobre o conteúdo do experimento, e não sabe o significado das palavras *fluido*, *gás* e *pressão*.
- *Modalidade:* a modalidade é o movimento contínuo da bola, o principal atrativo da exposição. A modalidade de James é a ação física, típica de crianças que apreciam essa exposição comum – bloquear a corrente de ar para que a bola caia ou agarrar a bola e tentar jogá-la através da corrente para um parceiro. Uma placa descritiva próxima (modalidade verbal) dá à exposição o nome de "Efeito Bernoulli" e explica que a velocidade de um fluido que passa através de um tubo aumenta à medida que o tubo se estreita, enquanto a pressão diminui. A placa contém um diagrama (modalidade gráfica) e uma fórmula (modalidade simbólica) para explicar melhor. Ele sequer repara na placa, James as ignora.
- *Fase:* James não formulou ou elaborou um problema nem expressou uma solução. É improvável que James tenha percebido que a exposição tinha algo a ver com ciência, afora saber que estava em um museu de ciências.
- *Operação cognitiva:* James sincronizou seus movimentos para deslocar a bola e apanhá-la. Isso desafiaria uma criança de 3 anos, idade em que as crianças tentam dominar os exigentes atos de apanhar bolas. Aos 8 anos de idade, as ações de James são principalmente o prazer físico de brincar com uma bola.
- *Complexidade:* se a exposição incluísse os tipos de animação que podem ser encontrados em determinados sites, se houvesse exposições próximas baseadas no Princípio de Bernoulli, mesmo aquelas tão simples quanto o experimento com a bola de pingue-pongue que você pode assistir na Web, a curiosidade de James poderia ter sido despertada para pensar sobre o efeito.

Por exemplo, poderia haver bolas que diferem muito em tamanho ou peso; os visitantes poderiam ter aumentado, diminuído, angulado, canalizado ou interrompido completamente o fluxo de ar. Papel poderia estar disponível para ser amassado e colocado sobre o fluxo de ar ou para moldar aviõezinhos para voarem sobre o fluxo de ar ou em um simples túnel de vento. Ou garrafas de plástico, bolas de pingue-pongue e de golfe poderiam estar disponíveis com explicações de experimentos simples. Se houvesse efeitos diferentes para testar, as crianças poderiam experimentar várias condições nas quais os objetos que geralmente caem permanecem suspensos! Encontre um site com projetos científicos que mostrem vídeos deste princípio científico.

> O Mapa Cognitivo pode ajudar os professores a determinar quão prontamente as crianças podem entender uma exposição e como seria mais compreensível se as crianças tivessem mediação ao manipular as exposições relacionadas.

• *Abstração:* a explicação do Princípio de Bernoulli foi verbal com várias palavras que as crianças de 8 anos talvez não conheçam; continha um gráfico, igualmente além da compreensão das crianças de 8 anos, e uma fórmula matemática, uma expressão abstrata além do conhecimento da maioria dos visitantes do museu, exceto físicos ou matemáticos. Portanto, a probabilidade de a maioria dos visitantes entender a ciência por trás da coisa era pequena.

• *Eficiência:* a exposição é altamente motivadora. Mas a atividade que motiva não tem nada a ver com a ciência.

A FERRAMENTA DE DEFICIÊNCIAS DE PENSAMENTO

Além de avaliar a dificuldade das tarefas, Feuerstein avalia o desempenho dos indivíduos. As avaliações revelam o que Feuerstein chama de *funções cognitivas deficientes.* O mapa cognitivo descreve a natureza da tarefa que se apresenta ao indivíduo; as funções cognitivas deficientes descrevem as respostas inadequadas ou ineficientes do indivíduo à tarefa. A combinação de ambos os fatores – tarefa e indivíduo – ilustra as razões do sucesso ou fracasso da tarefa. Como os professores sabem bem, qualquer criança pode ter funções deficientes em alguns casos e funções bem estabelecidas em outros, dependendo das demandas da tarefa.

Por exemplo, em tarefas que exigem que as crianças identifiquem objetos, elas não poderão fazer isso se não examinarem o objeto completamente e perceberem todas as suas características de forma clara e nítida. Se eles simplesmente derem uma olhada no objeto (ou ambiente ou texto), receberão informações inadequadas para executar a tarefa. Quando um professor identifica e descreve claramente uma deficiência, aumenta a probabilidade de ajudar as crianças a superá-la.

Ou, por exemplo, conservação de objetos significa que as crianças mantêm sua percepção de um objeto, mesmo que o objeto seja apresentado em uma orientação diferente. As crianças não podem conservar um objeto se não *compararem* em dimensões relevantes, como contorno, formato, comprimento, circunferência etc. A comparação é uma função da fase de elaboração; observar detalhes específicos de um objeto é uma função da fase de entrada. A professora pode precisar dar uma lição mostrando à criança exatamente o que procurar: "Está vendo? O objeto (um círculo recortado em cartolina, por exemplo) é perfeitamente redondo. Vou colocar outro círculo em cima (fase de entrada, coleta de dados). Agora, observe", e a professora inclina o círculo para que, da perspectiva da criança, ele não pareça mais redondo e diz: "Remova a forma de cima. O que parece agora?" (fase de elaboração, análise). Quando a criança responde "Círculo" (fase de saída, expressão), a professora passa a analisar as características do círculo, depois inclina novamente a forma e pergunta: "O que mudou?" Com a criança, ela determina que, mesmo que o círculo *pareça* diferente, apenas a posição mudou.

O nível da função cognitiva que as crianças podem usar é fortemente afetado pela eficiência da coleta de dados (fase de entrada). Por exemplo: veja como as crianças pequenas ou as que acham difícil fazer comparações exploram um objeto. Elas podem encostar a palma da mão ou tocá-lo parcialmente em vez de tatear cuidadosamente ou manter um dedo no lugar como ponto de referência. Quando o comportamento exploratório das crianças (fase de entrada) é parcial, fragmentado ou não sistemático, elas podem falhar se as tarefas exigirem que elas reconheçam objetos que estão tentando lembrar, ou podem estimar de forma imprecisa o tamanho ou outros atributos (Feuerstein, Feuerstein, Falik, & Rand, 2002).

Há muitas implicações. Por exemplo, em jogos de associação, as crianças podem não conseguir relembrar um objeto. Ou, sem uma descrição precisa, as crianças podem reter o objeto incorretamente em seu "dicionário mental" ou rememorá-lo de maneira imprecisa e, assim, ficarem frustradas ao tentar usá-lo mais tarde em tarefas de pensamento de nível superior. As crianças que não usam o comportamento exploratório sistemático podem perder pistas ou talvez todo o significado de uma experiência. Observar como as crianças exploram é uma pista da natureza de suas respostas. Se, ao analisar as respostas das crianças, os adultos perceberem que muitas respostas estão incorretas, eles podem alterar a experiência:

- O conteúdo precisa ser aprimorado?
- As crianças precisam aprender técnicas exploratórias?
- Existe oportunidade para explorar o material?

A lista de funções cognitivas que podem prejudicar a aprendizagem é apresentada no Apêndice A. Ela pode ajudar os professores a reconhecerem deficiências como um primeiro passo para superá-las.

Os professores podem mediar lições em sala de aula ou exposições em museus para:

- apresentar conteúdo desconhecido para que ele seja acessível;
- usar modalidades variadas para alcançar crianças cujas abordagens de aprendizagem diferem;
- prender a atenção por tempo suficiente para envolver as três fases do ato mental – entrada, elaboração e saída;
- informar as crianças sobre qual(ais) operação(ões) cognitiva(s) é/são necessária(s) (mais sobre isso nos próximos capítulos);
- fazer com que as crianças lidem com a complexidade, usando vários exemplos do mesmo princípio e situando os exemplos em estreita proximidade tanto no espaço como no tempo;
- garantir que as abstrações, se estiverem presentes, sigam logicamente a partir da experiência concreta que está presente ou próxima no tempo e/ou espaço;
- concentre a atenção das crianças para que ela seja direcionada ao princípio que a exposição ou lição foi projetada para transmitir.

> Identificar funções cognitivas deficientes ajuda os professores a entender onde a mediação é necessária. Em outras palavras, se sabemos o que é deficiente, podemos buscar mudá-lo.

Perceber que o pensamento é desafiador e que as crianças podem não entender as ideias de uma exposição significa que os professores devem incentivar as crianças a explorar e conscientizar as crianças de seu próprio pensamento à medida que exploram, que é a essência da metacognição e a base para a automediação.

DUAS TÉCNICAS PARA APRIMORAR A APRENDIZAGEM

Professores eficazes têm um grande repertório de técnicas para ajudar os alunos a aprender. Maria Montessori era um colosso entre os educadores; ela desenvolveu muitas técnicas, e as duas seguintes são universalmente aplicáveis. Ambas exemplificam a mediação que permite que as crianças sejam precisas durante o nível de entrada de um ato mental (Feuerstein, Rand, & Feuerstein, 2006).

Habilitando a exploração precisa

Os professores de Montessori usam uma técnica específica para introduzir formas geométricas, contornos de folhas, letras ou qualquer coisa que deva ser reconhecida por sua silhueta: eles orientam as crianças a usar seus "dois dedos sensíveis" (indicador e médio) para traçar cuidadosamente o contorno. Por exemplo, ao apresentar formas geométricas (círculo, elipse, quadrifólio etc.), formatos de folha (cordado, ovalado, linear etc.) ou formas de letra (letras individuais ou combinações), a professora chama a atenção da criança e concentra-a nos dedos sensíveis dela própria (a professora) enquanto percorre cuidadosamente a borda com os dedos. Em seguida, a professora entrega à criança o objeto que deve percorrer com o dedo. A beleza dos objetos Montessori – madeira polida, cores intensas, acabamento brilhante, toque acetinado – atrai crianças. Com letras e números de lixa, os professores mostram às crianças como traçar no *próprio* símbolo. A implicação para as exposições é que a adição de esboços para as crianças rastrearem pode ajudá-las a atentar para detalhes importantes na identificação. A técnica é especialmente útil para crianças mais jovens ou com dificuldade em entender ou recordar informações. A exposição de anatomia (Capítulo 1) teria sido mais eficaz se as crianças traçassem um esboço das características distintas de cada mandíbula.

Um professor, trabalhando individualmente com uma criança, primeiro demonstra e, se uma criança falha em explorar sistematicamente depois de ser mostrado como fazê-lo, pega delicadamente a mão da criança, toca as pontas dos seus "dedos sensíveis", identifica-os para a criança como "dedos sensíveis" e move os dedos da criança pela forma (cf. a Figura 6.2). Assim, o adulto fornece informações específicas sobre uma característica definidora e ensina uma técnica amplamente aplicável à exploração sistemática.

O professor também determina se as crianças não conseguem:

- identificar uma forma porque, na fase de entrada, sua atenção se desvia;
- transportar a imagem para o banco de dados mental enquanto elaboram; aqui, as pistas são crianças distraídas, apressadas, imprecisas ou resistentes;
- repetir o exercício o suficiente para associar o objeto ao seu nome e, portanto, não ter condições de lembrar do nome na fase de saída.

Figura 6.2. O efeito tátil de "fazer cócegas" nas pontas dos "dedos sensíveis" da criança transmite uma forte impressão ao cérebro. Depois que as crianças identificam seus próprios dedos sensíveis elas mesmas, os professores mostram como percorrer com os dedos bordas ou linhas. As três modalidades – visual, auditiva e tátil – reforçam o conteúdo de uma lição.

Ilustração de Daniel Feuerstein

Feuerstein diz que tatear cuidadosamente é uma técnica que as crianças podem aplicar em muitas situações diferentes. Desacelera as crianças impulsivas, concentra as crianças desatentas, envolve as mãos das crianças que aprendem se movimentando. Para todas as crianças, a técnica reúne as redes de neurônios necessárias para o funcionamento coordenado dos olhos e das mãos. A precisão instilada por essa técnica supera as deficiências no foco e substitui a percepção indiferenciada pela atenção consciente. Os desafios para os projetistas de museus e planejadores de lições são

> Melhorar o processamento na fase de entrada melhora as três fases de um ato mental.

(1) identificar qual conteúdo se presta à exploração pelo tato e (2) adicionar elementos que possam ser tateados.

Adquirindo conteúdo não familiar

Um obstáculo para pessoas de qualquer idade é não conhecer o significado das coisas. Para crianças pequenas, com baixo desempenho ou carentes devido ao seu meio, esse é um grande problema, como diz a rima infantil: "O mundo é tão cheio de várias coisas..." E bota coisa nisso! Os professores de Montessori usam uma técnica chamada "lição de três períodos" para ajudar as crianças a aprender a identificar e recordar conteúdo específico.

Período Um: Identificação. O professor, trabalhando individualmente ou com um grupo de duas a quatro crianças, apresenta três objetos, diz seus nomes, percorre suas bordas com os dedos e as explora manualmente. Então, o professor manda as crianças fazerem o mesmo. As ações do professor envolvem simultaneamente vários sistemas cerebrais:

- *Visual* – chama a atenção para o objeto e garante que as crianças se concentrem nele;
- *Auditivo* – alerta esse sistema dizendo o nome do objeto, talvez três ou quatro vezes;
- *Háptico (tátil/movimento)* – passa os "dedos sensíveis" das crianças pelas bordas ou explora manualmente o objeto.

Essa abordagem multimodal desperta a atenção e os sistemas de processamento do cérebro. Vários sentidos, o córtex motor e os neurônios-espelho disparam rapidamente. O uso simultâneo de vários sentidos amplifica a entrada e, se as crianças são "cegas" em uma modalidade, utilizam caminhos alternativos no cérebro.

Período Dois: Associação. O professor envolve as crianças em brincadeiras com os três objetos: o professor pode mudar a posição dos objetos, identificar um objeto pelo seu nome e pedir à criança que aponte para ele; mudar os objetos novamente, e assim por diante. Ou, o professor pode dizer: "*Entregue-me* o círculo". Ou "*Coloque* o triângulo isósceles de ângulo obtuso no topo do triângulo equilátero". Os jogos podem ser bastante elaborados: *carregue* a elipse pela sala. *Esconda* o pentágono perto do banco. Os jogos do período dois continuam por muito tempo – dias, semanas ou mais. À medida que repetem atividades variadas (tocar, carregar, colocar, esconder, encontrar), as crianças gradualmente associam os nomes dos objetos aos seus atributos e, com o tempo, consolidam o conhecimento do conteúdo.

Período Três: Recordação. O professor segura um objeto e pede às crianças para identificá-lo pelo seu nome. Se as crianças não conseguem se recordar, o professor volta ao Período Dois, ou mesmo reapresenta os objetos (Período Um).

A identificação, associação e recordação repetidas eliminam deficiências no conhecimento de conteúdo específico. Se as crianças falham, pode ser porque o adulto:

- omite uma apresentação,
- fornece uma identificação imprecisa,
- apressa-se durante um dos períodos, ou
- pede às crianças que se recordem sem dar tempo suficiente para elas fazerem uma associação.

Feuerstein chama esse processo de mediação de "associação e aplicação" (Feuerstein, Rand, & Feuerstein, 2006, p. 424); é uma das muitas categorias de interações mediadas.

Ao aprender a ler, se nunca foi ensinado às crianças o som de letras individuais ou foram ensinadas apenas pelos seus *nomes*, não se pode esperar que elas empreguem os *sons* das letras para "sondar" as palavras. (Se ela conhece o "c" como em "cedo", que soa como "s", não reconhecerá o "c" em "casa", que soa como "k".) Em qualquer situação, uma pessoa de qualquer idade é travada por tarefas que contêm conteúdo desconhecido. Ao ler, a mente gagueja quando se depara com uma palavra desconhecida. As crianças que não procuram nem descobrem o significado de algum jeito podem perder o sentido da passagem. As deficiências de pensamento não se limitam a crianças jovens, economicamente desfavorecidas, diagnosticadas com qualquer distúrbio específico (síndrome de Down, autismo, TDAH) ou pensadores não iniciados. Um problema cognitivo pode ocorrer em qualquer pessoa a qualquer momento.

> Técnicas que permitem às crianças fixar significado na memória podem melhorar todos os aspectos de seu pensamento.

CASO PARA MEDIAÇÃO: A HISTÓRIA DE DEMETRIA

Lewin-Benham relata:

> Demetria, a quem eu estava ensinando, tinha acabado de completar 11 anos, estava repetindo a terceira série pela terceira vez e finalmente estava lendo. Pelo menos, estava decodificando palavras comuns. Mas palavras como *fragrante, ravina, rebuscado* e milhares de outras não lhe eram familiares, então, histórias clássicas, como "A lâmpada de Aladdin" ou "Fábulas de Esopo", não faziam sentido. Demetria tinha um vocabulário ruim e apenas conhecimento rudimentar, porque tinha pouco estímulo cultural em casa e sua escola oferecia pouco mais do que lições rotineiras, livros tediosos e preparação para exames. Ela nunca visitara o zoológico da cidade nem estivera em seus museus. Seus três irmãos mais velhos haviam sido colocados em aulas de educação especial.
>
> Demetria era cativante, bem arrumada, carinhosa e educada. Além disso, estava entusiasmada com as nossas sessões de tutoria e, o mais importante, era cooperativa. Trabalhei com Demetria uma hora por semana durante dois anos letivos. Muitos dias foram perdidos porque as aulas não começaram até seis semanas no ano ou foram eliminadas durante longos períodos de preparação para provas.

As crianças que passam um tempo considerável assistindo à TV – como Demetria – não têm o conteúdo que as crianças ganham com atividades ao ar livre, imitação de amigos, desafios físicos, jogos colaborativos e conversas com adultos. A conversa deles repete principalmente as palavras ouvidas na TV. O problema com crianças como Demetria é como compensar os déficits gerados pela pobreza econômica. Superar a escassez dos primeiros anos das crianças exige enriquecer suas experiências e ensinar-lhes técnicas para explorar com precisão e adquirir novas informações. Ferramentas como o Mapa Cognitivo, análise de deficiências cognitivas, exploração cuidadosa e aumento do conhecimento do conteúdo constroem a capacidade de qualquer aluno de aprender habilidades cognitivas cada vez mais complexas e abstratas.

RESUMO: FERRAMENTAS DE OBSERVAÇÃO ANALÍTICA

Felizmente, a maioria das crianças não é tão seriamente deficiente quanto Demetria. Lembre-se de que as ferramentas apresentadas neste capítulo, quando usadas sistematicamente, podem ajudar as crianças a compreender o significado das experiências, superar os déficits de compreensão e, assim, aumentar a probabilidade de aprender.

Ao levar as crianças a um museu, permaneça nas exposições que elas querem ver. Examine a exposição usando os componentes do Mapa Cognitivo – em outras palavras, avalie se é provável que as crianças conheçam o *conteúdo*, se existe uma *modalidade* que elas usam naturalmente, quão *complexa* ou *abstrata* a exposição é. Então, observe as crianças. Perceba como elas abordam a exposição fazendo perguntas a si mesmo, como:

- Elas se detêm ou só espiam e se afastam rapidamente?
- Elas exploram sistematicamente, ou seu olhar fica zanzando pra lá e pra cá?
- As observações são pertinentes ao que está na exposição ou são irrelevantes?
- Se você envolver as crianças indicando a mensagem de uma exposição com palavras simples e fáceis de entender, ou diagramando ou desenhando um mapa mental de seus comentários, isso desencadeia respostas relacionadas ao conteúdo da exposição?

Suas respostas lhe darão uma ideia da dificuldade de envolver as crianças em uma exposição para que elas "entendam" seu significado.

Pontos principais

As crianças apreenderão ao máximo uma exposição ou lição se você:

1. Usar o Mapa Cognitivo para entender a natureza dos desafios em uma tarefa.
2. Usar a lista no Apêndice A para ajudar a identificar onde uma criança pode estar empacada.
3. Orientar as crianças a aprender a explorar sistematicamente.
4. Ajudar as crianças a adquirir novos conteúdos usando uma lição de três períodos.
5. Tornar as crianças conscientes das tarefas cognitivas específicas que estão usando e incentivá-las a usar as tarefas repetidamente e a reconhecer as funções cerebrais que cada tarefa envolve.

Capítulo 7

O uso criativo de exposições eficazes

Os problemas são frequentemente apresentados em termos vagos... porque é bastante incerto quais de fato são os problemas.

– John von Neumann (In: Macrae, 1992)

Este capítulo destaca várias técnicas utilizadas pelos museus para fazer exposições atraentes e explica a relação entre cada técnica e aprendizagem. Descrevemos técnicas de museus para que você as observe e, portanto, as utilize.

Os museus têm tanto a autoridade como os meios para criar conteúdos que capturam a atenção. Eles o fazem de várias maneiras: realizando exposições que oferecem experiências ricas, apresentando ideias geradoras de conflitos e utilizando múltiplas inteligências. Eles usam a intervenção humana. Nós descrevemos aqui essas técnicas.

APRENDENDO COM EXPERIÊNCIAS RICAS

Experiências ricas são diversas. Ocasionalmente, elas ativam as funções cognitivas por conta própria. Mais frequentemente, são eficazes por causa da mediação. Experiências ricas são:

- *repetitivas* – analisam uma ideia repetidamente;
- *variadas* – mantêm um princípio constante, mas variam o exemplo;
- *em diferentes modalidades* – usam imagens, tatilidade, experiências sensoriais variadas ou outros meios diversos para elaborar ou expressar informações;
- *detalhadas* – fornecem muitas opções de experiência;

- *redundantes* – oferecem uma profusão de exemplos semelhantes;
- estéticas – atraentes para os sentidos.

Segue a discussão de cada um dos pontos.

Repetição: significado por meio da variedade

Repetição significa fazer algo repetidamente com o objetivo de tornar familiar às crianças conteúdo, procedimentos ou princípios específicos. A repetição que requer movimento hábil desenvolve a coordenação mão/olho/corpo. A repetição com mediação desenvolve processos lógicos de pensamento e outras habilidades analíticas.

Exemplo: Polias. Polias foram usadas muitas vezes no Capital Children's Museuml (CCM):

- na exposição "Máquinas Simples" (Capítulo 1);
- num sistema de semáforo, *c.* 1880 (Capítulo 1);
- na exposição "México", em um poço de água à moda antiga;
- no "Salão de Ciências";
- em "O Som e o Silêncio", uma exposição sobre deficiência auditiva que permitiu às crianças soletrar com o dedo usando polias para manipular enormes "dedos" de madeira.

Em cada aplicação, as polias atingiram um efeito distinto. Além disso, as exposições estavam espalhadas por um imenso edifício, de modo que se deparar com as polias repetidas vezes era como encontrar um "velho amigo". Se houvesse uma planta temática do museu, o visitante poderia seguir uma "excursão pelas polias". A repetição torna o princípio subjacente aparente: as polias facilitam o trabalho.

Exemplo: Sistemas de Comunicação. No CCM, os sistemas de comunicação eram usados repetidamente: em muitas exposições diferentes, era possível fazer chamadas telefônicas, enviar mensagens, usar computadores ou decifrar códigos. Os códigos variavam:

- uma chave de código Morse para "operar";
- as lentes Fresnel – um sistema que usa uma luz forte – posicionadas de frente para as janelas, para que as crianças pudessem piscar sinais de luz através de um grande pátio;

• o código Hobo, colocado em um mural detalhado, e abaixo dele uma tradução dos muitos sinais que, por exemplo, mostravam se alguém na cabana o alimentaria, o protegeria, deixaria você trabalhar por comida, o pagaria ou o afugentaria;

• um quipo (conjunto de cordões e nós) da Mezoamérica que, antes da década de 1980, era um mistério que os estudiosos não tinham desvendado;

• o código Mixtec, também da Mesoamérica, apresentado em um mural de dois metros de altura por cinco de comprimento. As figuras coloridas, longas cadeias de símbolos geométricos e outras marcas misteriosas ainda não foram desvendadas.

Crianças, especialmente meninos de 8 a 12 anos, se divertem ao enviar mensagens codificadas. Os interesses ao longo da vida são despertados quando os adultos plantam ideias como: "Muitos tentaram, mas ninguém jamais decifrou esse código, embora ele já exista há centenas de anos. Talvez *você* decifre".

Repetição e aprendizagem. A repetição é essencial para a aprendizagem. Por meio da repetição, o cérebro consolida os processos de pensamento em um novo entendimento. Mas, se a repetição é monótona, carece de movimento, está em apenas uma modalidade, ou é muito complexa ou abstrata, os alunos oferecerão resistência. Muitas exposições estão longe de ser monótonas e estimulam as crianças a:

• fazer algo repetidamente,
• manipular,
• comparar,
• descrever,
• questionar.

Os imperativos humanos inatos levam as crianças a repetir. Ao fazê-lo, elas constroem um modelo mental de como um pouco do mundo funciona, verificam o modelo para ver se ele continua funcionando e, assim, estabelecem suas próprias regras (embora às vezes confusas, imprecisas ou completamente erradas). É importante que as crianças repitam até que parem por conta própria. Empurrá-los para outra exposição, quando ainda estão envolvidos, quebra a concentração e dificulta a consolidação.

Mediadores eficazes (1) observam as crianças e conversam com elas para determinar o nível de seu entendimento; (2) fornecem fatos, demonstram e repetem para alterar conclusões incorretas; (3) envolvem as crianças na comparação, análise e resumo do que fizeram; (4) encontram diferentes exposições que contenham o mesmo princípio para torná-lo claro; (5) transcendem a exposição: "Vamos encontrar outras máquinas que facilitam o trabalho". Ou: "Quais outros usos vocês podem descobrir para os códigos?" Declarações simples – "polias facilitam o trabalho" –, quando repetidas, são assimiladas pelo cérebro. Lá, elas atuam como ferramentas para provocar pensamentos e fornecer aberturas para discussões adicionais (Feuerstein, Rand, & Feuerstein, 2006). Incentivar a repetição é um dos tipos mais importantes de mediação.

Variação: o antídoto para o tédio

Riqueza significa variedade. Aqui, vemos um exemplo e examinamos como a variedade afeta o aprendizado.

Exemplo: Imprimindo. Por trás da "Loja de Impressão" na ala "História da Comunicação Humana" no CCM, havia uma "Oficina de Impressão". Trocando as atividades, as crianças imprimiam por meio de:

- estampagem;
- gravação em blocos de madeira;
- pintura com rolos ou carimbos sobre papel;
- marmorização no papel;
- uso de pincéis, penas ou esponjas;
- impressão de imagens em madeira, cobre ou papel-alumínio.

As atividades transmitiram a ideia de que existem inúmeras maneiras de imprimir. A variedade garantiu que a impressão fosse uma experiência nova.

Variedade e aprendizagem. A variedade é um antídoto essencial para o tédio, porque mantém o cérebro alerta; portanto, é uma técnica eficaz em muitas situações de aprendizagem. Um professor visitou a exposição "Comunicação", incentivando os alunos a encontrar muitas variedades de impressão: palavras, figuras, sinais, símbolos, caligrafia, jornal impresso, gravura. Ele pediu aos alunos que percebessem diferenças, questionassem técnicas e comparassem resultados. Os alunos concluíram que o *fator constante* em toda impressão é que deixa marcas nas superfícies.

Uma constante em uma coleção de folhas é que todas elas têm caules e veias. Uma constante em aritmética é que os números podem ser recombinados para aumentar ou reduzir quantidades. Os mediadores podem usar a variedade para desafiar as crianças a encontrar constantes. Encontrar constantes fornece uma maneira de organizar pensamentos.

> Repetição sem variedade desliga a mente; variedade sem repetição rouba a experiência do significado.

Modalidades: diferentes caminhos

Riqueza significa usar diferentes modalidades. Os seres humanos são capazes de receber, elaborar e expressar ideias em muitas modalidades diferentes, mas geralmente usam apenas uma fração dessa capacidade. Encontrar ideias em diversas modalidades amplia a mente das crianças.

Exemplo: o Scriptorium. Perto da "gráfica", havia um "Scriptorium", uma recriação do ambiente da Idade Média onde monges copiavam manuscritos à mão. A porta baixa e arqueada anunciava: "Preste atenção!" Em frente à entrada, o formato da porta era repetido em uma janela arqueada com painéis facetados que dividiam a luz do sol em raios de luz separados. Ladrilhos entrelaçados produziam um padrão simétrico no chão (cf. a Figura 7.1). O canto gregoriano, a leitura musical da Bíblia no século V, ressoava ao fundo. Uma página de um manuscrito com iluminuras estava acorrentada a um pesado pedestal, uma prática comum na Idade Média. Uma enorme mesa de carvalho continha potes de tinta, penas e papel para os visitantes escreverem. Na parede, pendia uma gravura histórica que dava nome aos objetos em um Scriptorium.

Figura 7.1. O Scriptorium era uma exposição ricamente detalhada de outro tempo e local. As percepções das crianças foram reforçadas pela mediação que as encorajou a identificar semelhanças e diferenças e fazer outras comparações.

Ilustração de Daniel Feuerstein

O cérebro foi alertado

- visualmente por todo o ambiente;
- auditivamente pelo canto desconhecido;
- espacialmente pela disposição dos objetos, repetidos em uma escala e modalidade diferentes na gravura;
- cinestesicamente, ao se escrever com instrumentos incomuns; e
- tatilmente ao se sentir a corrente, a pena, o papel, a tinta e as superfícies variadas da sala.

A pequena sala parecia muito distante no tempo e no espaço, e fornecia uma imagem mental de um ambiente que poucos já viram. A ambientação era de outro mundo, como cair na toca do coelho ou encontrar-se em Lilliput.

A partir da grande variedade de estímulos no Scriptorium, um adulto pode selecionar um estímulo com significado específico e usar sua novidade, diversidade, qualidade estética específica ou modalidade para envolver o pensamento das crianças.

Modalidades e aprendizagem. Um professor concentrou a atenção de quatro crianças no formato de uma janela. Ele pediu que encontrassem uma *corres-*

pondência exata, o que fizeram com facilidade. Então, pediu que encontrassem algo *semelhante*. Uma delas escolheu um detalhe no entalhe, outra escolheu um ladrilho no chão, e outra viu semelhança no formato de uma letra no manuscrito. Todas as vezes, o professor pedia às crianças que explicassem o que tornava os itens semelhantes. Em seguida, solicitou-lhes que encontrassem exemplos *diferentes*, sempre pedindo que explicassem os motivos de suas escolhas. O professor incentivou as crianças a dar exemplos da tonalidade do canto, do peso da corrente, do movimento da pena no papel e de outros aspectos do Scriptorium. Tomar consciência das modalidades estabelece uma base para a metáfora. Vocês conseguem ouvir como a música soa *pesada*? Veem o *ritmo* no ladrilho do chão? Sentem *o arrastar* da pena contra o papel?

Modalidades e comportamento comparativo. Na sucessão de *exato* para *semelhante* e depois para *diferente*, o cérebro passa por um processo de:

- Enumerar os recursos que você está comparando.
- Explorar sistematicamente os recursos.
- Descrever com precisão semelhanças e diferenças.
- Projetar uma relação.

O processo leva do concreto (os objetos comparados) ao pensamento abstrato, porque as relações só existem na mente. "O comportamento comparativo", diz Feuerstein, "é essencial para se estabelecer relações e, portanto, é uma das funções cognitivas básicas" (Feuerstein, Feuerstein, Falik & Rand, 2002, p. 145). Encontrar o igual, semelhante e diferente entre modalidades variadas produz significado, convida analogias (a está para b assim como c está para d) e estende o repertório cognitivo das crianças. Modalidades variadas fornecem uma base para a metáfora, a dedução, o silogismo e outras funções cognitivas de nível superior.

O professor usou muitas palavras – *comparem, sistemático, precisos, semelhantes, relacionados, concretos, abstratos* – que descrevem os processos de pensamento. Todas as vezes, ele dizia a seus alunos quais processos estavam usando e os incentivava a usar essas palavras para descrever como eles estavam pensando. Ao fazê-lo, ele "mediou" não apenas significado, intenção e transcendência, mas também a seleção de incentivos, estímulos verbais, recordações de curto prazo e associação e recordação (Feuerstein, Rand, & Feuerstein, 2006, p. 423-424).

Detalhes: portas de entrada

Detalhes chamam a atenção do cérebro. Perceber os detalhes e suas variações prepara o cenário para incentivar as crianças a construir conceitos coerentes a partir de um grande número de exemplos. Isso se chama raciocínio indutivo.

Exemplos abundantes. Crianças diferentes são atraídas para coisas diferentes – mudanças sutis nos padrões simétricos de azulejos de mosaicos, instrumentos de percussão variados em um *riff* de *jazz*, miniaturas em uma casa de bonecas vitoriana, paisagens realistas com trens elétricos, figurinos históricos, expressões faciais, máscaras. Os detalhes dizem: "Olhe para mim!" Os detalhes fornecem portas de entrada para crianças com interesses variados.

Os museus primam por oferecer experiências visuais detalhadas. Por exemplo, assista ao "Circo Calder" (Museu Whitney). Examine as "Salas de Thorne" (Chicago Art Institute). Visite os intrincados ambientes recriados no "Modern History Hall" (Museu Real da Colúmbia Britânica). Essas e outras exposições podem ser encontradas na web; pesquise no Google pelo título da exposição – por exemplo, "Circo Calder" – junto com o nome do museu. Adicione seus próprios favoritos. Tais imagens expandem a mente das crianças que nunca as viram, especialmente quando um professor estimula a discussão sobre elas.

Uma rica variedade de detalhes aumenta a probabilidade de as crianças encontrarem algo que desperte seu interesse e, desse modo, "fisgue" sua atenção. Quando as crianças encontram uma porta de entrada, os detalhes fornecem uma base para a construção de conceitos de nível superior, à medida que as crianças organizam os detalhes em sua mente.

Detalhes e aprendizagem. Um professor mostrou a seus alunos o desenho a carvão de Albrecht Durer, *Retrato da Mãe de Durer*, e a pintura de James Abbot McNeill *A Mãe de Whistler*. Quando ele pediu aos alunos para comparar as pinturas, mencionaram expressão facial, textura da pele, escuridão, luminosidade e muito mais. Em seguida, o professor pediu que *categorizassem* seus comentários; eles mencionaram emoção, cor e estilo de traçado. Assim, passaram de detalhes concretos para ideias gerais, um processo mental de nível superior. Imagens de reproduções ou grandes obras de arte são fáceis de encontrar na web. Certifique-se de procurar várias e, se possível, mostrar às crianças um original em um museu.

Fazer os alunos se focarem nos detalhes:

- enriquece suas imagens visuais,
- expande seu vocabulário, e
- fornece uma base para comparar, contrastar e categorizar.

Os detalhes oferecem portas de entrada para observar e, com mediação, usar o raciocínio indutivo. Quando os professores usam as palavras *observar, comparar* e *categorizar*, e incentivam as crianças a usar essas palavras para descrever seu pensamento, elas adquirem esses processos de pensamento.

Redundância: exemplos profusos

Redundância é uma forma de riqueza. No CCM, apresentamos diferentes culturas de forma redundante.

Exemplos culturais. Na exposição permanente "México" e nas exposições alternadas sobre a Tailândia, Índia, Japão ou Israel, você pode preparar comida, realizar compras, vestir-se, fazer artesanato, compor música e muito mais. Envolvendo-se em atividades comuns a diferentes culturas, os visitantes repetiam as mesmas coisas de maneiras variadas. Provar tortilhas, roti, na'an, bolinhos de arroz e matzo oferece sabores diferentes; vestir serape, pha sin, sari, obi e talis transmite uma sensação diferente; e esses alimentos e roupas têm funções distintas e significados simbólicos. Decorações mexicanas de flores de papel, guirlandas de *phuang malai* da Tailândia, arranjos elaborados de crisântemos cor de laranja da Índia, a forma escalena do Ikebana e flores penduradas em um Sucot mergulham você em cores e aromas que diferem significativamente e incorporam significados culturais muito diferentes; por exemplo, os crisântemos simbolizam a morte e a próxima vida, o Sucot simboliza a vida e a abundância.

Os objetos ilustram o princípio da *redundância* – uma efusão generosa de coisas semelhantes que variam de maneira significativa. A redundância torna as experiências novas e complexas. Feuerstein coloca a busca por novidade e complexidade entre as formas mais poderosas de aprender e, portanto, um importante parâmetro de mediação.

Redundância e aprendizagem. Os treinadores de tênis atiram bolas contínuas com trajetórias diferentes (ora óbvias, ora imperceptíveis). Os historiadores analisam ci-

> Ambientes ricos desafiam as crianças a "procurar por novidade e complexidade" (Feuerstein, Rand, & Feuerstein, 2006, p. 423).

clos que se repetem em diferentes épocas. Os sociólogos contrastam culturas com padrões variados de parentesco, ritual ou coleta de alimentos. Os projetistas de museus mostram linhas comuns entre diversas culturas. *A redundância fornece um foco para comparação.* Os professores podem perguntar: "O que eles têm em comum? Como eles diferem? O que exatamente é diferente? O que é típico do México em comparação com o Japão?" Os exemplos se acumulam até o cérebro ter uma profusão de ocorrências que expandem o significado. O significado expandido estabelece uma base para desenvolver a compreensão. Como o filósofo/psicólogo britânico Kenneth Craik (1914-1945) disse: "Você não pode extrair a verdade de uma observação particular de um evento específico" (In: Collinson, 2002).

Quando as crianças extraem significado a partir de um exemplo, os mediadores podem incentivá-las a aplicar esse significado a outros exemplos. Mas, para garantir que as crianças aprendam, a voz do mediador deve intervir e não deixar a aprendizagem ao acaso ou à exposição direta – o significado derivado das crianças por si só é um mito que desmascaramos no Capítulo 1. Orientar a atenção das crianças é uma parte essencial da mediação.

Estética: prazeres sensoriais

A estética enriquece a experiência humana, amplia a perspectiva das crianças e fornece caminhos para aprender. "O homem não é uma criatura de pura razão; ele deve ter seus sentidos deliciosamente atraídos" (Lamb, 1913, p. 40).

Exemplo 1: Lewin-Benham relembra

> Quando criança, fiquei fascinado com uma pequena obra de arte, na época atribuída ao ourives e escultor italiano Benvenuto Cellini, que ficava em seu próprio expositor em um salão principal do Metropolitan Museum of Art. O vaso ornamentado, em forma de concha, está empoleirado em uma serpente enrolada que repousa sobre as costas de uma tartaruga. O ouro é incrustado com esmalte, mas a alça, modelada como o busto de uma linda mulher cujo corpo termina como uma sereia, é esmaltada em tons ricos e multicoloridos e incrustada com uma enorme pérola e outras pedras preciosas. Para mim, ela era a mulher mais bonita do mundo.

Feuerstein diz:

O fato de Ann, quando criança, se automediar – descrevendo as formas, percebendo as particularidades, desfrutando da harmonia de uma pequena escultura – foi o produto de muitas experiências nas quais sua mãe mediou, fazendo com que Ann se conscientizasse e incutisse uma tendência a buscar pela experiência estética.

Exemplo 2: o objeto como caminho

Um objeto surpreendentemente belo pode desencadear tantos caminhos de pesquisa quanto os famosos 12 portões da cidade de Jerusalém provocaram metáforas na arte e na literatura. A seguir, exemplos de alguns caminhos de pesquisa que o cálice "Cellini" pode estimular.

Na verdade, o cálice "Cellini" foi uma falsificação do magistral ourives alemão do século XIX Vasters. Quando a falsificação foi descoberta, o cálice foi renomeado para "Rospigliosi Cup" (Stone, s.d.). Essa história verdadeira poderia estimular as crianças a estudarem a história da falsificação ou grandes histórias de crimes de fraude e detecção. Isso poderia levar à leitura do romance de Wilkie Collins, A *Pedra da Lua* (1998/1824), considerado o primeiro romance de suspense, um conto de como cada pessoa que rouba a pedra da lua é amaldiçoada. A leitura do romance pode despertar o interesse por pedras preciosas. Cada cérebro faz sua própria cadeia de conexões à medida que transcende, buscando relacionar ideias do passado, presente e futuro.

Exemplo 3: A literatura como caminho

A autobiografia do infame mestre renascentista e Cellini sugere outros caminhos de pesquisa. Em sua autobiografia, Cellini descreve a criação – e quase o desastre – ao lançar a famosa escultura de bronze *Perseu segurando a cabeça da Medusa*, considerada por alguns como o auge da escultura renascentista. A peça está, desde a sua criação em 1554, na Piazza della Signoria, em Florença, Itália. A vida de Cellini no tumultuado século XVI, conhecida por sua autobiografia, foi repleta de combates, prisão e criação de algumas das obras-primas mais famosas do Renascimento Italiano.

A autobiografia de Benvenuto Cellini. Alguns fãs de literatura acreditam que a autobiografia de Cellini contém as melhores histórias já escritas. Conta-se como Cellini escapou da prisão roubando um alicate, retirando os pregos das dobradiças da porta da cela e substituindo-as por cera de vela (Turismo. Intoscana. It, s.d.). Esse conto de fuga é tão bom quanto o do grande Harry Houdini ou Jean Valjean, herói do romance *Os Miseráveis* de Victor Hugo, que foi jogado em uma masmorra por roubar um pedaço de pão. Que professor não gostaria de despertar o desejo das crianças de ler tais romances! À medida que as crianças leem grandes obras, elas transcendem experiências anteriores, levando ideias por novos caminhos e exercendo funções cerebrais de alto nível, como analogia e metáfora, dedução, transformação e imaginação.

Mitologia grega. O mito grego conta como Perseu decapitou a odiosa Medusa cujos olhos transformavam os homens em pedra. O gorro de invisibilidade de Perseu e seu escudo parecido com um espelho lhe permitiram cortar a cabeça de Medusa sem olhar nos olhos dela. Tais histórias levam, no caso de crianças que a desconheçem, à mitologia grega, fonte de inspiração para o teatro, a música,

> A beleza em qualquer modalidade – visual, linguística, auditiva, espacial – preenche a mente das crianças com visões, sons e histórias que personificam as conquistas humanas.

a pintura, a escultura, a literatura e a psicologia. O *Perseu* de Cellini tem histórias esculpidas em todas as facetas, incluindo, dizem alguns, uma pequena escultura na parte de trás do pescoço de Perseu que pode ser o próprio Cellini. Mais histórias para estimular o apetite das crianças e uma foto do *Perseu* de Cellini podem ser encontradas na web; alguns sites de viagens têm excelentes imagens. Contar às crianças essas histórias expande suas mentes, constrói pontes para novos mundos e fornece o ímpeto para fazer conexões entre diversas ideias.

Resumo: a rica cornucópia dos museus

Os museus reúnem experiências ricas que contêm assuntos cuidadosamente escolhidos que se repetem com grande variedade, em muitas modalidades, detalhes minuciosos, redundantes e com beleza. A riqueza permite que os mediadores se ramifiquem prontamente de exposições que seduzem a imaginação das crianças a outros assuntos que, com a intervenção dos mediadores, conduzem a mente por diversos caminhos. Quando os mediadores usam experiências ricas, eles trazem complexidade à vida das crianças; isso mantém o cérebro focado e expande os significados que as crianças podem captar. A mediação induz uma mente a explorar. Perguntas estudadas – "Consegue imaginar...?" – podem ser o suficiente para lançar crianças em uma aventura de leitura. Ou, observações intencionais – "Suponha que isso aconteceu porque...!" – podem colocar as crianças em uma missão que as torna seus próprios mediadores, com o tempo.

As exposições do museu oferecem pontos de entrada para vastas áreas de estudo. A diferença entre um parque temático e um museu é que a erudição constitui o embasamento da exposição do museu, enquanto a sensação física conduz os emocionantes passeios pelo parque temático. A emoção de uma mente com ideias poderosas é o "passeio emocionante" oferecido pelos museus.

FORNECENDO IDEIAS QUE GERAM CONFLITOS

O conflito causa "dissonância cognitiva", o que significa que o cérebro está em estado de desequilíbrio. O desequilíbrio prende a atenção, desorienta o indivíduo e o deixa ansioso para restabelecer o equilíbrio. O desequilíbrio cria "momentos de aprendizagem" – e um forte desejo de encontrar uma explicação – mesmo que deficiente! O cérebro procura padrões mesmo quando eles não existem. Cuidado: "Verdade" não pode ser compreendida apenas por meio da percepção. Releia o mito da descoberta no Capítulo 1. A mediação que ocorre quando as crianças estão em estado de desequilíbrio pode mudar *permanentemente* o modo como as crianças pensam.

Objetos que caem

Essa exposição científica comum deve causar dissonância cognitiva: pressione um botão para observar objetos de diferentes formas e composições – uma pena e uma pedra – caírem no vácuo. Assista os objetos chegarem ao fundo juntos. O efeito no vácuo de uma pluma e uma pedra atingindo o fundo juntos é contrário a tudo o que experimentamos sobre a queda de objetos, uma vez que, quando crianças, jogamos colheres de cadeiras altas. A exposição ilustra que, em um ambiente *sem ar*, os objetos em queda se comportam de maneira diferente do nosso mundo cheio de ar, onde a rocha atingia o chão antes da pena.

Mas a exposição provavelmente não fará os visitantes se perguntarem, muito menos causará desequilíbrio, porque fatores complexos interferem:

• Crianças (e adultos) geralmente não percebem ou pensam na velocidade com que diferentes objetos caem.

• Muitos não sabem que o vácuo significa ausência de ar.

• A maioria não está familiarizada com a forma como os objetos caem no vácuo.

• Poucos consideram o fato de que a *resistência do ar* desempenha um papel importante na rapidez com que os objetos caem no ar (mas não na rapidez com que caem no vácuo).

Devido a esses fatores interferentes, ver a pedra e a pena chegarem ao fundo juntas não cria conflito no cérebro, *não* desencadeia o pensamento de que "algo está errado aqui" e não causa dissonância cognitiva ou inquietação mental. Sem um modelo mental de como os objetos em queda se comportam e dos diferentes efeitos do ar e da ausência do ar (vácuo), a exposição não terá significado e a mediação não terá impacto no pensamento. A compreensão dos fenômenos científicos requer diversos processos de pensamento, com inúmeras etapas e, muitas vezes, conhecimento prévio. Perkins (1995) diz que as pessoas que não percebem efeitos "tendem a pensar, via de regra, de maneira *apressada, estreita, difusa e/ou dispersa*" (p. 153).

Repensando a exposição

Usando o Mapa Cognitivo (Capítulo 6), a exposição pode ser alterada para envolver mais as crianças e dar aos mediadores melhores ganchos para criar entendimento. Os mediadores podem não ter os antecedentes para ajudar os alunos a pensar na ciência. Mas o primeiro passo é reconhecer a dissonância! Mesmo sem conhecer os princípios científicos, os mediadores podem apontar dissonâncias cognitivas que as crianças não percebem.

Aqui, aplicamos os parâmetros do Mapa Cognitivo à exposição do vácuo. Observe as diferentes técnicas de mediação:

• Teste o que acontece no espaço cheio de ar com uma bola de pingue-pongue e uma de beisebol, um sapato e uma folha de papel, um sapato e uma folha de papel *amassada*. (Um sapato atinge o chão antes de uma folha de papel, mas um sapato e papel amassado atingem o chão juntos.) Essa é uma experiência redundante nas modalidades *visual, cinestésica, bárica* e *háptica*, com efeitos inesperados!

• Use uma modalidade *cinestésica*. *Manipule* pares de diferentes objetos nos quais os dois objetos tenham a mesma dimensão:

- hastes de metal e isopor com o mesmo comprimento e circunferência,
- bola de bocha e bola Nerf de mesmo diâmetro,
- um tijolo e uma caixa de papelão de medida idêntica (variedade, modalidade cinestésica, comportamento comparativo).

Primeiro, experimente o contraste de peso e depois largue o par de objetos. Esses adereços *parecem* demonstrar que, em espaços cheios de ar, objetos mais pesados alcançam o solo antes dos mais leves. (Na verdade, isso é uma percepção equivocada, porque vários fatores afetam a velocidade na qual os objetos caem.)

• Concentre-se nos estágios de um ato mental:

- Entrada: incentive as crianças a observar com atenção, a lembrar escrevendo notas, desenhando ou fotografando o momento crucial à medida que dois objetos caem (modalidade verbal ou gráfica, atenção, comparação, associação de ideias) (Feuerstein, Rand, & Feuerstein, 2006, p. 424).
- Elaboração: peça às crianças que trabalhem juntas e falem em voz alta enquanto colaboram em seus próprios experimentos para testar se objetos pesados e leves caem na mesma velocidade ou em velocidades diferentes (modalidade verbal, teste de hipóteses, comportamento de compartilhamento) (Feuerstein, Rand, & Feuerstein, 2006, p. 423).
- Saída: peça às crianças que comparem o que pensavam inicialmente com o que realmente aconteceu e depois reafirme ou redesenhe o efeito de acordo (modalidades verbais e gráficas, comparação, busca de objetivos) (Feuerstein, Rand, & Feuerstein, 2006, p. 423).

• *Envolva operações mentais*. Peça às crianças para *prever* o que acontecerá quando dois objetos forem soltos no ar. Ou peça que *deduzam*:

- manipulando objetos idênticos com pesos diferentes, depois com o mesmo peso, mas com quantidades diferentes de resistência do ar;
- pensando na resistência do ar – exemplos: carros quadrados *versus* carros aerodinâmicos; pedalar mais rápido em uma bicicleta curvando-se sobre o guidão (modalidade verbal, várias operações mentais analíticas, procurar por evidências lógicas nas fases de entrada e saída).

As respostas das crianças revelam o que elas compreendem.

• *Analise a complexidade da exposição*, pedindo às crianças que considerem quais informações elas têm, o que elas não têm e como isso afeta o entendimento delas sobre a exposição (modalidade verbal, solução de problemas).

• Torne a experiência mais *abstrata*, fazendo as crianças imaginarem como viver em um mundo sem ar afetaria suas atividades diárias (modalidade verbal ou visual, transcendência).

• *Peça às crianças que analisem seu próprio estado mental.* Elas acham que as ideias da exposição são difíceis? O que era familiar? Que fatores afetaram sua vontade de enfrentar e resolver os problemas? Como elas mudariam a exposição para entendê-la melhor? (Modalidade verbal, relações de causa e efeito.) (Feuerstein, Rand, & Feuerstein, 2006, p. 423-425).

Mesmo com excelentes e múltiplas formas de mediação, a fim de superar observações intuitivas, porém incorretas, *as crianças precisam vivenciar repetidas vezes as experiências e discuti-las com alguém conhecedor.* Por mais inteligentes ou atraentes que sejam as exposições – ou quaisquer experiências –, elas não criarão conflito se as crianças não estiverem familiarizadas com um fenômeno. Nem a manipulação por si só esclarecerá as crianças que têm fobia ou ignorantes em relação às ciências. Mas, para as crianças que *de fato* sentem desequilíbrio, o caminho é pavimentado para substituir o mal-entendido pelo tipo de observação ponderada que é uma parte essencial do pensamento e a base da aprendizagem.

Para crianças que não sentem desequilíbrio, o papel do mediador é claro:

• Desafie as crianças a descobrir "O que há de errado aqui!"

• Ajude as crianças a comparar, contrastar, usar evidências lógicas e, de outras maneiras, explorar sistematicamente (Feuerstein, Rand, & Feuerstein, 2006, p. 425).

• Incentive as crianças a expressar o que estão fazendo em uma ou várias modalidades, de forma verbal ou não verbal (p. 424).

• Torne as crianças conscientes de como elas estão pensando, identificando por seu nome cada ato mental que suas mentes realizam.

> **Pontos-chave**
>
> 1. Os princípios da ciência geralmente envolvem dois ou mais fatores contrários à percepção.
>
> 2. As variáveis em um experimento devem ser identificadas – estamos falando de peso? Tamanho? Densidade? Distância? Velocidade?
>
> 3. As condições devem ser identificadas – estamos falando de espaços cheios de ar ou câmaras de vácuo?
>
> 4. Nos fenômenos complexos (a maioria dos fenômenos naturais são complexos), isole e explore um fator de cada vez.
>
> 5. Os mediadores não precisam saber "respostas" para ajudar as crianças a aprender processos analíticos – mas precisam ser questionadores!

APELANDO PARA VÁRIAS INTELIGÊNCIAS

As crianças diferem na maneira como absorvem as informações. Algumas são visuais, outras auditivas. Outras tantas processam informações através do movimento. Gardner (1983) nomeou essas diferentes capacidades de "inteligências múltiplas". Ele diz que os museus podem ser os únicos lugares onde pessoas que não são linguísticas ou matemáticas podem mostrar com sucesso suas habilidades. Museus

> oferecem às crianças muitas maneiras diferentes de aprender sobre as coisas. Eles não presumem que, se você não consegue aprender por meio de uma palestra ou livro, você é estúpido [...] A linguagem nem sempre é a melhor maneira de apresentar tudo, mas, ainda assim, na escola essa é a única maneira de as coisas serem apresentadas [...] Como os [museus] são instituições abertas – como visitante, você não sabe exatamente o que fazer –, você tem a chance de descobrir qual a maneira de aprender sobre as coisas é mais confortável para você (1992, p. 3).

Veja o que acontece nas exposições a seguir que se baseiam em diferentes inteligências.

Inteligência musical

"A Harpa Invisível" no CCM foi uma grande exposição eletrônica (veja a Figura 7.2). Ao acenar com os braços em um espaço aberto, você interrompia ondas de luz, fazendo com que as notas soassem. As crianças com inclinação musical perceberam rapidamente que colocar os braços em lugares específicos produzia músicas familiares. Seu sucesso ofereceu um modelo para outras crianças imitarem (Feuerstein, Rand, & Feuerstein, 2006).

Pesquisas atuais estão explorando a conexão entre música e várias capacidades cerebrais. Um estudo abrangente da Dana Foundation sobre a relação entre experiências artísticas e atenção descobriu que:

Figura 7.2. Crianças com inteligência musical intuitivamente entendiam que podiam "tocar" música simplesmente movendo as mãos. Poucos, no entanto, entenderam – ou se importaram – que o efeito foi causado pela interrupção de um feixe de luz nessa harpa sem cordas.

Ilustração de Daniel Feuerstein

Nas crianças, parece haver ligações específicas entre a prática da música e as habilidades na representação geométrica [...] Existem correlações entre o treinamento musical e o aprendizado de leitura e de sequência (Gazzaniga, 2008, p. vi).

Inteligências observadas

Algumas crianças conhecem sua própria mente e realizam suas atividades de propósito. Outras resolvem disputas ou são naturalmente convencedores poderosos. Gardner (1983) chama essas de inteligências *pessoais*.

Os professores em excursões de campo expressam surpresa: "Ela sabia exatamente o que queria fazer!" (inteligência intrapessoal). Ou: "Ronald não pode ser burro se consegue se orientar por aqui!" (inteligência espacial). Ou: "Eu pensei que Barbara era atrasada, mas ela resolveu esse quebra-cabeça antes de qualquer outra pessoa" (inteligências espacial e cinestésica). Tais comentários revelam que os adultos melhoraram sua opinião sobre as crianças ao observar o desempenho delas em um museu. Da mesma forma, os professores do PEI ficam surpresos quando as crianças realizam tarefas que até os adultos acham difíceis. Gardner diz que é mais importante na idade do ensino fundamental e nos primeiros anos ter "oportunidade de trabalhar intensivamente com os materiais que nutrem as várias inteligências humanas e combinações de inteligências [...] [O] impacto dos meios abrangentes [...] [é que] as mensagens de aprendizado e trabalho são manifestas e convidativas" (1991, p. 203-204).

A mediação não depende diretamente da modalidade ou linguagem em que a mediação é expressa. Gesto, imitação e até silêncio, como observa um professor, podem ser maneiras tão potentes de mediar como a fala, embora a linguagem, naturalmente, possa ser o transmissor mais econômico e eficiente da aprendizagem (Feuerstein, Feuerstein, Falik, & Rand, 2006). A seleção de um modo específico de instrução para um aluno em particular mostra a intenção de um mediador (Feuerstein, Rand & Feuerstein, 2006). Explicar às crianças *por que* você, professor, está usando um modo específico torna as crianças conscientes de que elas também podem selecionar um modo, verbal ou não verbal, para se expressar (Feuerstein, Rand, & Feuerstein, 2006).

Feuerstein e seus colegas observaram que, às vezes, o aluno com pior desempenho se torna o melhor. Feuerstein diz que essas crianças, especialmente as de baixo desempenho, costumam se intimidar com o que não sabem. Por que elas despontam depois de usar os instrumentos do PEI? O fracasso pode ser resultado não da incapacidade de realizar operações mentais, mas da inadequação da modalidade linguística que predomina na escola, ou por não se estar familiarizado com o conteúdo ou por não ter conhecimento do contexto. O material sem conteúdo oferece às crianças um novo começo no exercício de sua inteligência sem desencadear uma síndrome de falha prévia.

Quando observam o comportamento das crianças, os mediadores podem ver quais modalidades são eficazes com crianças diferentes. O papel do mediador é:

- observar quais modalidades as diferentes crianças usam naturalmente,
- proporcionar experiências que envolvam essas modalidades,
- conscientizar as crianças de seu sucesso.

Isso é particularmente importante para crianças que não têm autoconfiança (Feuerstein, Rand, & Feuerstein, 2006).

RESUMO: MEDIAÇÃO DE EXPOSIÇÕES

Zen Rose, aos 5 anos, ficou hipnotizada pelo seguinte diorama no Museu de Natureza e Ciência de Denver: uma leoa da montanha com suas presas cravadas em um cervo caído e seus filhotes assistindo a uma certa distância. Inúmeras vezes, Zen Rose se posicionou na frente do filhote mais distante da leoa e apertou um botão para ouvir o seu miado. Apontando para a leoa, ela disse à mãe: "Essa é *você* levando o jantar para casa" e, em seguida, apontando para o filhote, "aquele sou *eu* esperando que você me alimente".

Zen Rose estabeleceu uma relação entre a necessidade de alimentar os filhotes e de si mesma sendo alimentada. Ao fazer isso, ela transcendeu a situação retratada na exposição para um exemplo diferente – e muito pessoal – dessa necessidade universal. Sua mãe, como mediadora, demonstrou intenção em levar Zen Rose para ver essa exposição com frequência, transmitindo o significado da exposição e incentivando Zen Rose a transcender a experiência, envolvendo-a em conversas sobre os comportamentos dos animais.

O arsenal de técnicas inteligentes dos museus pode atrair poderosamente o cérebro humano e envolver sua capacidade de mudar e propensão a aprender. O ímã que alinha essas duas forças – exposições e aprendizado em museus – é a mediação eficaz de um adulto.

Pontos principais

1. A repetição é necessária para aprender a maioria das coisas. Quando as crianças se envolverem, não as apresse, mas deixe-as continuar até que o interesse desapareça naturalmente.

2. Observe exemplos da mesma ideia repetidos em diferentes exposições; discuta as diferenças e semelhanças; forme uma relação.

3. Fique de olho nos efeitos que não são o que você esperaria. O inesperado nos faz notar e, assim, o cérebro fica atento – um bom estado para aprender algo!

4. Observe os estilos de aprendizagem específicos das crianças. Ela é auditiva? Ele aprende olhando esboços? Ela aprende tendo exemplos específicos? Ele precisa mudar de lugar/se movimentar? Siga o caminho pelo qual as crianças aprendem melhor, mas também as incentive a tentar alternativas.

5. A aprendizagem nem sempre é exibida imediatamente. Às vezes, são plantadas ideias que não brotam por algum tempo. Revisite a experiência do museu discutindo-a e, assim, incentive as ideias a se manifestarem.

Capítulo 8

Mais atos cognitivos essenciais

Habitua o menino no caminho a seguir, e, mesmo velho, não se afastará dele.

— Provérbios, 22,6

A criança de três meses estava chorando, seus berros reverberando por toda a grande sala. Charlie, de 13 meses de idade e começando a caminhar, apontou para ela, olhando rapidamente do bebê chorão para os olhos de sua mãe até que chamou sua atenção. "Você quer", ela perguntou a Charlie, "ver aquele bebê?" Charlie assentiu enfaticamente, continuando a apontar e olhar para o rosto de sua mãe. Ela o pegou no colo e carregou através da sala. Charlie imediatamente se inclinou em direção à criança tanto quanto os braços de sua mãe permitiam que o fizesse, alcançou a cabeça do bebê e a acariciou, produzindo sons tranquilizadores enquanto isso.

As crianças são naturalmente empáticas, mas podem dispor de poucos meios para expressar empatia ou pouco estímulo dos adultos a essa característica humana inata. A noção natural de empatia das crianças pode ser estimulada, principalmente se as experiências se tornarem significativas por meio da mediação. Neste capítulo, descrevemos quatro habilidades essenciais que são parte importante do pensamento de níveis inferior e superior: empatia, aquisição de novas habilidades, pensamento em modalidades variadas e colaboração.

EMPATIA

Os sentimentos mais profundos de empatia nas crianças foram evocados pela exposição "Lembre-se das Crianças" (cf. o Capítulo 4), uma exposição criada pelo Capital Children's Museum em Washington, D.C. A exposição mostrava como o Holocausto mudou a vida de uma criança que foi uma de suas vítimas. Os visitantes nos disseram que a exposição incentivou um diálogo profundo em sala de aula que estimulou o pensamento das crianças sobre temas importantes como preconceito, relações humanas, guerra, crueldade, bravura e sobrevivência. Recomendamos a exposição para crianças acima de 8 anos e sugerimos que os adultos a visitassem primeiro.

"Lembre-se das Crianças": outra visita

A maioria dos jovens não é exposta à crueldade; eles confiam nos adultos e esperam que eles mantenham as crianças seguras. Quando os jovens visitantes descobriram quão cruéis os nazistas foram com as crianças, foi um choque.

A experiência da exposição. A exposição tem início quando Daniel, de 10 anos de idade e sobrevivente do Holocausto, narra um filme sobre o Holocausto da perspectiva de uma criança. Saindo do pequeno cinema, os visitantes se veem em uma rua de sobrados geminados em um bairro agradável, que pode ser de qualquer cidade em qualquer país do mundo. Ao virar a esquina, nos encontramos na sala de estar de Daniel: há música clássica tocando; a luz do sol é filtrada pelas cortinas de renda; os móveis são luxuosos. Castiçais de latão e fotos de família com moldura prateada repousam no antigo aparador; livros preenchem estantes do chão ao teto. A voz de Daniel narra sua vida cotidiana – chocolate quente, festas com patinação, cantoria à luz da fogueira.

A narração de Daniel prossegue descrevendo como ele e sua família são forçados a deixar seu lar. Os visitantes encontram um segundo ambiente, uma rua movimentada com muitas crianças novas carregando malas grandes. Logo, os visitantes chegam a outra rua, esta cercada por muros e apinhada de pessoas. A cada mudança de cenário, a música é alterada – primeiro é agradável, depois melancólica, e então sombria – e a narrativa de Daniel, sobre como sua família é forçada a se mudar e onde são agrupados, fica mais lúgubre.

Finalmente, os visitantes chegam em um apartamento do gueto – a pintura descascada, os canos quebrados, a única janela bloqueada por compensado empenado. A mobília resume-se a uma cama de ferro velha, um colchão sujo e um armário quebrado, vazio exceto por alguns pratos de lata amassados. Aqui, Daniel e sua família devem se espremer em um aposento apertado do gueto com dez estranhos. Em uma prateleira alta estão alguns livros, um par de castiçais de latão e duas fotos emolduradas, lembranças de seu amado lar, apanhadas às pressas enquanto a família fugia. O contraste entre a bela casa e a sala decrépita fez muitos visitantes irem às lágrimas.

Processando a experiência. Do lado de fora das reconstituições dos ambientes havia um grande livro encadernado em couro destinado a registrar as impressões dos visitantes. Ali próximo, ficava a Cadeira da Testemunha Ocular, que um sobrevivente do Holocausto ocupava para relatar sua própria experiência. Durante uma de suas muitas visitas ao museu, Feuerstein sentou-se na cadeira. Sessenta crianças estavam sentadas no chão aos seus pés. Sua esposa, Berta, de saudosa memória, e Ann permaneciam na periferia com outros adultos. Enquanto Feuerstein falava de suas experiências fugindo da Romênia, com a lista dos jovens da resistência escondida no forro do sapato, Berta ofegou e sussurrou: "Ele nunca falou sobre isso antes!"

A exposição evocara as fortes lembranças do próprio Feuerstein, décadas depois, ao contar sua experiência a estranhos, muitos dentre eles crianças que haviam acabado de visitar a exposição emocionalmente envolvente, e foi uma experiência catártica para esse psicólogo, uma oportunidade de usar sua própria história de vida para mediar a compreensão dessas crianças de um evento histórico pavoroso, reações humanas impressionantes e emoções poderosas.

Conversar com um sobrevivente foi uma das inúmeras maneiras pelas quais os visitantes podiam processar o conflito que sentiam ao pensar na crueldade sem limites dos adultos para com as crianças. As observações que os jovens escreveram nos livros com capa de couro eram empáticas: "Que coisa horrível, cruel e injusta foi feita aos judeus". Ou: "Por que tem que haver preconceito?" Com o tempo, as observações preencheram muitos livros, mostrando que os visitantes aprenderam o que é preconceito e as crueldades que pode provocar. A empatia dos jovens foi despertada pela história de crueldade com crianças que nada fizeram a não ser nascerem judias. Uma ideia repetida ao longo da exposição foi a universalidade da experiência humana – a história arquetípica de uma bela existência transformando-se em um pesadelo.

Só agendávamos grupos quando um sobrevivente pudesse conversar com eles pessoalmente. As diversas reconstituições em "Lembre-se das Crianças", as interpretações ao vivo e o encontro com um sobrevivente foram fatores mediadores que fomentaram a empatia das crianças. As evidências eram as expressões fervorosas de esperança das crianças de que o preconceito e a crueldade do Holocausto jamais voltariam a acontecer.

Exposições que evocam empatia

Muitos museus evocam respostas empáticas. O National Civil Rights Museum (Memphis, Tennessee) exibe a varanda onde o Dr. Martin Luther King Jr. foi assassinado como o ponto culminante das reconstituições que recriam poderosamente eventos decisivos no movimento pelos direitos civis das décadas de 1950 e de 1960. Ao chegarem ao quarto de hotel onde King se hospedou antes de ser morto, os visitantes são tomados pela emoção, as lágrimas escorrem por seus rostos. Com grande intenção, o museu focava os visitantes em casos de violações atuais dos direitos humanos. Os visitantes associam a empatia desencadeada pela história emocionalmente evocativa do Dr. King a outros exemplos de violações dos direitos humanos.

O New York Tenement Museum restaurou um edifício de vários andares, construído em 1863 que, entre esse período e 1935, abrigou 7 mil imigrantes que chegaram à América, começaram a ganhar a vida, a estabelecer suas famílias e a educar seus filhos. Cinco diferentes tours conduzem você a reconstruções cuidadosas de seus apartamentos lotados com a narração da luta de cada família. Os visitantes escolhem uma família e realizam um passeio de uma a duas horas por sua vida. Faça um tour virtual no site do museu; pesquise no Google o nome da instituição e vá para a página inicial.

A Trilha das Lágrimas é um percurso de 3.500 quilômetros sobre terra e água que acompanha o exílio dos índios Cherokee, que em 1838 foram removidos de suas terras no sul de Appalachia e forçados a caminhar para o Território Indígena a mais de 1.500 quilômetros, cruzando os atuais estados do Alabama, Arkansas, Geórgia, Illinois, Kentucky, Missouri, Carolina do Norte, Oklahoma e Tennessee. De um quarto a metade do seu povo pereceu. Hoje, o Serviço Nacional de Parques conserva a trilha. Um mapa interativo, mantido pelo Serviço Nacional de Parques em seu site, conta histórias do que aconteceu em vários locais da Trilha.

O cérebro e a empatia

O sentimento de empatia utiliza-se de muitos sistemas no cérebro; ele "transcende aquelas experiências diretamente disponíveis aos sentidos" (Feuerstein, Feuerstein, Falik, & Rand, 2006, p. 88). Um instrumento básico do PEI que ensina crianças de 3 a 10 anos a ler as emoções dos outros prepara o terreno para a empatia. O instrumento desenvolve a capacidade de usar informações que são fornecidas indiretamente, sem que o indivíduo tenha tido experiência ele próprio.

Para sentir empatia, ele precisa:

- estar consciente,
- encontrar significado,
- fazer comparações,
- assumir o ponto de vista de outra pessoa,
- compreender qualidades da vida como liberdade, direitos individuais, bem comum e outros valores.

Ter empatia significa representar o outro em si mesmo a tal ponto que se pode considerar a experiência alheia como sua própria e reagir de acordo.

Tais experiências proporcionam brechas para que os mediadores envolvam as crianças no diálogo, para falar sobre questões de profunda importância – a consideração dos seres humanos uns pelos outros, sua hostilidade ou compaixão. "Emoção e cognição", diz Feuerstein, "desempenham papéis complementares no sentimento de empatia. Para sentir empatia, você deve experimentar o sofrimento de outra pessoa. Mas você também deve saber o que aconteceu com a vítima – um processo cognitivo – para se identificar com ela." Uma das características do autismo é a incapacidade de sentir o que os outros sentem; assim, crianças com autismo podem rir quando alguém cai ou chora. Experiências que estimulem a empatia podem ser usadas para confrontar questões que, sem mediação sensível, são muitas vezes deixadas de lado – ridicularização, *bullying*, provocação, sarcasmo, abuso verbal ou físico. Esses problemas situam-se na interseção entre a imagem que você tem de si mesmo, a atitude dos outros em relação a você e o tratamento deles para com você.

Mediando a empatia

As exposições que evocam empatia são estímulos poderosos para ajudar as crianças a interpretar as experiências de maneira crítica:

• *Causa.* O que causou (... o Holocausto? ... o assassinato de King? ... as ondas de imigração? ... o deslocamento dos nativos americanos?)

• *Valores.* (Nome do evento) foi justo? Por quê? Alguém se beneficiou? Como? Por que não? Alguém se machucou? Como?

• *Realidade.* Você já foi vítima de preconceito? Como você se sentiu? Você já expressou preconceito? Como? Por quê?

> Tornar as crianças conscientes dos sentimentos promove a empatia; torná-las conscientes das funções cerebrais desenvolve a cognição.

Vídeo, literatura, exposições em museus ou experiências próprias evocam sentimentos empáticos. Esses sentimentos são matéria-prima para estimular a discussão sobre valores.

ADQUIRINDO NOVAS HABILIDADES

Os adultos dão como certo os projetos científicos, itens de artesanato ou arte que as crianças produzem. Eles podem expressar admiração, mas poucos entendem o que aconteceu no cérebro das crianças para resultar nesses produtos. Aqui, explicamos uma atividade artesanal e sua relação com o cérebro.

Experiência: fazendo um símbolo chinês

A Corrida de Barcos-Dragão Chineses é um festival anual no rio Charles, perto de Harvard Yard, em Cambridge, Massachusetts. Ele traz música asiática, comida, performances de dança, e oficinas de artesanato, promovidas pelo Museu Infantil de Boston. Aos 6 anos, o neto de Lewin-Benham, Sheppy, adorava as oficinas de artesanato. Uma delas exigia que as crianças fizessem um desenho, traçasse-o com uma caneta para "gravar" uma grossa folha de papel alumínio dourado, colocasse por trás da folha um pedaço de papelão, dobrasse a folha sobre as bordas do papelão, fazer um buraco e inserir um fio. Sheppy amarrou o cordão com seu desenho e contas coloridas – resultando numa bela peça de enfeite. A experiência mediou comportamentos de busca de objetivos, estabelecimento de objetivos, planejamento de objetivos e alcance de objetivos (Feuerstein, Rand, & Feuerstein, 2006).

O cérebro e habilidade

O artesanato exigia que o cérebro respondesse de maneiras variadas, que ampliam o repertório cognitivo e desenvolvem novas habilidades manuais. As crianças tinham que:

- concentrar-se e planejar (fase de entrada);
- trabalhar sistematicamente (fase de elaboração) para

  - selecionar comportamentos relevantes;
  - direcionar as mãos para atuar de maneira altamente articulada (fase de elaboração);

- explicar claramente uma intenção: "Quero o furo no canto, não no meio, para que não estrague o *design*" (fase de saída).

Fazer algo visualmente atraente satisfaz o desejo humano por beleza. Tornar-se hábil cria autoconfiança; ter seus esforços apreciados promove a autoestima. Esses sentimentos são componentes importantes da motivação. A motivação afeta todo ato cognitivo.

Ao explorar um museu, pergunte às crianças quais habilidades elas gostariam de adquirir: você gostaria de pintar assim? Esculpir uma canoa? Montar um diorama? Produzir faíscas elétricas? Pergunte se as crianças acham que seria difícil ou fácil. Pergunte como elas aprenderiam a habilidade. Pergunte quais habilidades elas possuem, quais habilidades seus amigos ou familiares possuem, quais habilidades admiram. Aplique a mediação para trazer a habilidade – a sua própria e a dos outros – à atenção consciente das crianças (Feuerstein, Rand, & Feuerstein, 2006).

DOMINANDO MODALIDADES VARIADAS

A maioria das pessoas sabe quais são os sentidos; um número menor sabe quais são as modalidades. Os sentidos são sistemas de redes de neurônios específicas, altamente complexas e para fins especiais, que conectam os seres humanos ao seu ambiente. As redes sensoriais se comunicam aparentemente de forma instantânea com outras redes neuronais. As modalidades são as propriedades físicas (luz, som, cor etc.) que provocam um sentido para receber estímulos e os meios que os humanos usam para se expressar. Existem, literalmente, milhares de modalidades receptivas e expressivas. Algumas das modalidades mais comuns são palavras, números, gestos, imagens, música e símbolos de todos os tipos. Aqui, exploramos as conexões entre os sentidos e as modalidades e descrevemos a transformação – experimentando algo em uma modalidade e expressando-a em outra.

Usando o pensamento da mão/visão

"Caixas fechadas" é uma exposição comum. As crianças colocam a mão dentro delas para identificar um objeto (um objeto por caixa) sentindo-o, e depois descrevem o que sentiram em palavras, figuras ou gestos. Sentir um objeto faz com que o estímulo tátil (a pena é macia), háptico (o tátil e o movimento combinados – a bola de golfe é esburacada) e auditivo (o sino toca) acione os receptores no cérebro. Descrever o objeto – um ato expressivo – envolve modalidades vocais, gestuais, desenhos etc.

Varie a experiência: peça às crianças que selecionem dentre várias figuras (modalidade visual) a que representa *com precisão* o objeto sentido. A seleção da imagem requer que o cérebro traduza uma experiência tátil em uma representação visual.

Ou, mais ainda: peça às crianças que façam a correspondência do que sentiram com imagens que sejam só um pouco diferentes uma da outra, exceto por uma que corresponda exatamente. Essa é uma tarefa cognitiva mais desafiadora, porque as crianças usam os dedos para extrair informações muito mais detalhadas. Enquanto os mediadores observam as respostas das crianças à "Caixa fechada", eles podem identificar deficiências nas capacidades receptivas e expressivas.

Alternando modalidades

Peça às crianças para organizar os sinos Montessori (13 sinos móveis, de Dó médio a Dó maior), blocos de madeira, sinos comuns ou qualquer série de tons em uma sequência específica (grave para agudo, escala maior, acorde Dó maior). Este é um desafio auditivo. Transforme o desafio em uma modalidade visual, solicitando às crianças que organizem os sinos para que correspondam aos símbolos. Por exemplo:

- Um padrão de linhas longas e linhas curtas (entrada visual) poderia ser transformado em tons (saída auditiva) se as linhas longas representassem tons menores e as linhas curtas representassem tons maiores.

• Pontos (entrada visual) na parte superior de uma página podem representar tons maiores e pontos na parte inferior de uma página podem representar tons menores – entrada visual para saída auditiva.

Um professor estabeleceu símbolos – estrelas em uma fileira reta, círculos em ziguezague – e desafiou as crianças a "pularem" o padrão, transformando a entrada visual em saída cinestésica. Outro professor fez com que as crianças usassem um símbolo diferente para cada classe gramatical (quadrado para substantivo, círculo para verbo e assim por diante, uma técnica Montessori clássica), transformando uma classe de palavra (um conceito abstrato) em um símbolo, outra abstração. Tais exercícios desafiam os processos de elaboração do cérebro, pois as crianças experimentam algo de uma forma, mas expressam a experiência de uma forma diferente. Cada professor conversou com as crianças sobre quais funções cerebrais estavam usando e por quê: você está usando pistas *auditivas* para criar um *padrão espacial*. Ou: você está usando *símbolos visuais* para *mover o seu corpo* em direções específicas. Todos esses exemplos mostram crianças transformando informações: recebendo em uma modalidade e expressando em outra, diferente – uma função cognitiva de alto nível.

Modalidades de "leitura"

Quando transformamos letras em sons (lendo em voz alta) ou palavras faladas em letras (escrita), usamos sinais convencionais (letras) como substitutos para as palavras. As palavras representam objetos, experiências ou ideias reais, mas são simbólicas. Nas três descrições a seguir, as crianças devem "ler" transformações cada vez mais abstratas (cf. o Capítulo 5).

Traços. Traços, a transformação menos abstrata, são substitutos próximos de objetos reais – por exemplo, pegadas, sombras, rastro de migalhas de pão de João e Maria, um odor no ar, o grito de uma águia. Traços são relativamente fáceis de ler, como, por exemplo, pisar ao lado de pegadas, interpretar o contorno das sombras, reconhecer o pai pela loção pós-barba. Os traços são expressos em modalidades visuais, táteis, auditivas e inúmeras outras; eles desencadeiam diferentes formas de consciência sensorial.

Símbolos. Os símbolos são substitutos mais abstratos da realidade do que os traços, porque os símbolos são sistemas mais pessoais. O reconhecimento de símbolos depende da mediação, porque muitos símbolos não são universais. Por exemplo, hinos nacionais simbolizam a unidade de um grupo: vozes cantam fervorosamente a música; sentimentos patrióticos surgem, mas apenas naqueles que aprenderam o significado da música. Bandeiras, chamadas Rofur, carregadas pelos temíveis guerreiros samurais no Japão dos séculos XVI e XVII, causavam terror no coração de seus inimigos. Para nós, são apenas imagens de árvores, crisântemos e outras formas naturais graciosas porque não temos experiência pessoal nem o conhecimento sobre o significado delas em sua cultura.

Símbolos abstratos. Palavras, numerais e convenções semelhantes são os substitutos mais abstratos da realidade. Por si sós, eles não transmitem significado; portanto, requerem mediação altamente sistemática para aprendê-las. As habilidades de leitura, por exemplo, são ensinadas dos 3 aos 6 anos de idade; tocar instrumentos musicais é ensinado por muitos anos. Exemplos de sistemas abstratos incluem:

- linguagem de sinais (gestual),
- código hobo (pictórico),
- semáforo (visual e cinestésico),
- Código Morse (cinestésico e auditivo),
- ícones e sinais de trânsito (visual),
- Braille (cinestésico),
- a língua do P (auditivo).

A linguagem de sinais é um sistema natural, porque é criada espontaneamente e depois modificada de forma significativa por quem a utiliza. A linguagem é parte tão integrante do ser humano que as crianças que nascem surdas, se deixadas por conta própria, inventam elas mesmas uma linguagem de sinais. A linguagem de sinais usa as mesmas formas sintáticas da fala – plurais, tempos passados e futuros, relações espaciais, condicionais (poderia, deveria). Os linguistas citam a linguagem de sinais espontânea como evidência de que, exceto por danos cerebrais congênitos, o cérebro está pré-programado com formas linguísticas. Embora a ordem das palavras, prefixos, sufixos e outras formas gramaticais sejam infinitamente variados entre as culturas, todas as línguas, incluindo a linguagem de sinais, permitem que seus locutores expressem negativas, condicionais, dissimulação e muitos outros tipos de pensamento cognitivo/emocional. Em outras palavras, os linguistas encontraram a mesma estrutura subjacente em todas as línguas (Pinker, 1994).

Variações nos idiomas, embora enormes barreiras entre os povos, são apenas diferentes modalidades nas quais a capacidade humana inata da linguagem é expressa.

A música é um sistema cerebral universal que transmite sentimentos de forma poderosa. O neurologista Oliver Sacks (2008), diz:

> Os fragmentos musicais abrem caminho para os sistemas talamocorticais subjacentes à consciência e ao eu, e aí são elaborados e revestidos de significado e sentimento [...] Quando esses fragmentos atingem a consciência, o significado e o sentimento já estão instalados (p. 88).

Os seres humanos geram sentimentos e compreendem as informações recebidas e transmitidas de inúmeras maneiras. A capacidade de transformar uma modalidade em outra é uma das muitas funções cerebrais notáveis.

Cérebro e modalidades

Quanto mais modalidades as crianças aprendem, mais opções seus cérebros têm nas fases de entrada e saída de um ato mental. Além disso, quanto mais abstrata a modalidade, mais o aluno se aprofunda na experiência direta e maior o desafio cognitivo. Dominar os desafios da "distância cognitiva" leva ao pensamento avançado, à criatividade e à capacidade de inovar. Pesquisas demonstram reiteradamente quais redes neuronais estão envolvidas quando funções cerebrais de nível superior percebem em uma modalidade, processam em muitas e expressam em uma ou várias outras.

A identificação de objetos pelo tato (consulte a seção "Caixas fechadas" mencionada anteriormente) requer vários atos cognitivos simultâneos:

- ter em mente o que você sentiu,
- recuperar o nome de seu "dicionário mental",
- expressar verbalmente uma experiência tátil.

A tradução de uma modalidade para outra requer regulamentação e controle do comportamento, à medida que as crianças coletam dados. Aquelas que não conseguem identificar os objetos, dizer o seu nome ou combinar um objeto com uma imagem podem estar olhando ou tateando de forma rápida e descuidada, com má vontade, serem impulsivas ou pouco sistemáticas. A falha pode ocorrer na fase de entrada, elaboração ou saída da tarefa (cf. o Capítulo 6). A falha pode resultar do fato de as crianças serem "cegas à modalidade" (incapazes de receber informações em uma determinada modalidade) ou "mudas" (incapazes de se expressar em uma determinada modalidade). Outras razões possíveis para a falha estão enumeradas na lista de funções cognitivas (Feuerstein, Rand, & Feuerstein, 2006; cf. o Apêndice A).

Com centenas de bilhões de conexões neuronais possíveis, o cérebro se move, virtualmente de forma instantânea, de uma experiência sensorial para um conceito global. Os conceitos que formamos nos tornam únicos. Segundo o neurobiólogo vencedor do Prêmio Nobel Gerald Edelman, consciência significa reutilizar redes neuronais; em um processo altamente subjetivo, o cérebro continuamente mapeia e refaz experiências que gradualmente constroem redes e camadas de redes. Nas palavras de Edelman: "Todo cérebro é absolutamente individual. É muito provável que o cérebro de [cada pessoa] seja único na história do universo" (2009, p. 1). O fato de que o significado de estímulos pode ser transmitido em um número praticamente ilimitado de modalidades permite que os mediadores ajudem a ensinar as crianças. Aqui, os mediadores combinam sua habilidade de observar crianças com a arte da seleção (Feuerstein, Rand, & Feuerstein, 2006).

> "O número de possíveis interconexões entre células [do cérebro] é maior do que o número de átomos no universo" (Ornstein & Thompson, 1984, p. 21).

COLABORAÇÃO

Uma ênfase primária da educação é ensinar aos jovens as habilidades de compartilhar, revezar-se, ouvir e colaborar. Alguns museus montam intencionalmente exposições que, assim como usar uma gangorra ou jogar damas, exigem colaboração.

Exposição: espelhos sonoros

Uma exposição comum do centro de ciências que requer colaboração consiste em um par de espelhos acústicos parabólicos, colocados um de frente para

> A imitação supera as placas descritivas, ajudando as crianças a entender o que fazer. Mas é necessária mediação para ajudar as crianças a compreender os princípios.

o outro em um espaço amplo (cf. a Figura 8.1). O "espelho" de som reflete as ondas sonoras, não as ondas de luz. Não importa quão suavemente uma pessoa sussurre em um prato, a outra pessoa ouve claramente. Mas, sem um parceiro, a exposição não funcionará. Algumas crianças descobrem como usar a exposição por meio da imitação, outras apenas pela explicação de um mediador. Poucos, se houver algum, leem as placas descritivas, embora alguns adultos as utilizem para explicar como a exposição funciona ou quais princípios científicos tornam o efeito possível.

Exposição: o careca loiro

Uma exposição colaborativa popular, criada pelo Exploratorium, é "Todo mundo é você e eu". Duas pessoas sentam-se de frente para um espelho de duas faces aceso de cada lado (cf. a Figura 8.2). Baixar ou elevar o nível de luz sobrepõe o rosto de uma pessoa à outra: uma garota de cabelos loiros se vê com um bigode escuro e óculos com armação de aço; um senhor de idade vê sua careca ser substituída por uma exuberante cabeleira loira. A exposição obriga estranhos a permanecerem juntos brincando com sua aparência.

A experiência bizarra desperta o cérebro e conscientiza as crianças sobre as mudanças, à medida que adquirem atributos que são nitidamente os de outra pessoa e se veem parcialmente como aquela. A colaboração ocorre espontaneamente, mas compreender os princípios sobre luz e visão que explicam o fenômeno requer mediação. Muitas experiências oferecem mais de um foco para mediação – aqui, colaboração, formulação de hipóteses ou uma aula sobre luz e óptica.

Figura 8.1. Uma criança em uma das pontas do corredor que sussurra no espelho acústico parabólico pode ser ouvida por um amigo no outro espelho. A exposição depende da colaboração e, na maioria das vezes, de alguém para explicar o que fazer.

Figura 8.2. Assumir as características físicas e roupas de outra pessoa é intrigante e requer colaboração. Um mediador deve explicar como as luzes, os espelhos e o sistema visual interagem para criar o efeito.

Ilustrações de Daniel Feuerstein

O cérebro e a colaboração

As diferentes habilidades dos indivíduos tornam possível a colaboração. Um lê instruções; outro as interpreta. Um manipula habilmente dispositivos complicados. A boa memória de outro registra o andamento. Um percebe pequenos efeitos que os outros não reparam. Outro tem a habilidade interpessoal de prevenir ou resolver disputas. As crianças expandem suas habilidades observando os outros e exercitam seus pontos fortes trabalhando com os outros.

A colaboração estimula as crianças a explicar, compartilhar observações, dialogar, combinar estratégias, exercitar a paciência e concluir tarefas. Explicar algo para outra pessoa desenvolve seu próprio entendimento. Por fim, é por meio da conversa focada na solução de problemas – particularmente entre crianças que abordam tarefas de maneira diferente – que a aprendizagem se dá. "Todas as funções mentais de nível superior... são inicialmente criadas por meio de atividades colaborativas" (Kozulin, 1988; Wertsch, 1985b, 1991a, citado em Berk & Winsler, 1995, p. 20).

Os mediadores podem tornar explícitos os comportamentos colaborativos conversando com as crianças sobre seus diferentes pontos fortes individuais. Feuerstein chama isso de "mediação da individuação e da diferenciação psicológica" e "comportamento compartilhado" (Feuerstein, Rand, & Feuerstein, 2006, p. 423-424). Quando os adultos conscientizam as crianças a respeito da colaboração, eles estão mediando a reciprocidade, ajudando as crianças a entenderem tanto o processo como os benefícios de compartilhar conscientemente o que você sabe com os outros (Feuerstein, Rand, & Feuerstein, 2006). O neurologista Frank Wilson (1998) conjectura que a atividade colaborativa foi o impulso que provocou mudanças no cérebro que eventualmente permitiram a evolução da fala.

> A atividade individual de algumas salas de aula elimina a possibilidade de colaboração.

A colaboração entre pais e filhos

Ao estudar como pais e filhos colaboram em exposições de ciências, os pesquisadores Crowley e Callanan (1998) descobriram que as crianças que interagiam com as exposições com os pais presentes aproveitavam a exposição como projetada, permaneciam na exposição por mais tempo e realizavam cada tipo de exploração repetidamente.

> Crianças sem pais presentes [...] quase sempre [...] passam para outra exposição após menos de um minuto de envolvimento [...] Nas interações em que os pais explicam, a probabilidade de as crianças *falarem* sobre o que estão vendo enquanto exploram a exposição é duas vezes maior [...] [e] em quase todos os casos em que as crianças explicaram, elas o fizeram em resposta à explicação de um adulto (p. 15).

Normalmente, pensamos que as crianças consideram evidências e elaboram teorias por conta própria (cf. Mitos, capítulo 1). Mas Crowley e Callanan concluem que isso não se enquadra na literatura sobre como as crianças desenvolvem o pensamento científico:

> Nossas descobertas sugerem que as teorias do desenvolvimento do pensamento científico precisam ser reformuladas para levar em conta o *papel central dos pais como guias e intérpretes.*
>
> Nossas descobertas também sugerem que os museus interessados em apoiar o pensamento científico das crianças devem considerar o projeto não apenas para um público de crianças, mas também para um público de crianças e pais envolvidos na aprendizagem colaborativa (1998, p. 15, grifo nosso).

Essas conclusões se estendem não só ao pensamento científico nos museus, mas a qualquer assunto em qualquer ambiente. A mediação para incentivar a colaboração entre adulto e criança é essencial se queremos que a aprendizagem seja eficaz ou que as crianças pensem com mais eficiência sobre questões cada vez mais complexas. Ao incentivar as crianças a colaborar, os professores podem efetivamente mediar comportamentos de compartilhamento, reciprocidade, percepção de sentimentos, transmissão de valores e muitos outros atos de pensar/sentir (Feuerstein, Rand, & Feuerstein, 2006).

ATOS DE PENSAR COMPLEXOS

A cognição pode se tornar muito complexa porque há muitos atos envolvidos no pensar: focar a atenção, selecionar um estímulo para prestar atenção, manter o foco, analisar uma situação, definir um problema, considerar uma abordagem, encontrar uma solução e expressar resultados.

A base da destreza

A cognição é complexa porque requer (1) pensar em problemas altamente diferenciados e (2) usar muitas habilidades de pensamento diferentes em qualquer tarefa. Pense nisto: arrumar uma mala, selecionar a configuração no micro-ondas, buscar as ruas menos congestionadas, resolver problemas na aula de física. No começo, cada um é um desafio de alto nível que, por meio da repetição, eventualmente leva à destreza, para que a tarefa possa ser realizada com facilidade.

Destreza é uma combinação de habilidades que se tornaram habituais e um tipo de meta-conhecimento que o indivíduo que o detém exibe durante o desempenho. Os neurocientistas têm dificuldade em quantificar a destreza, embora muitos laboratórios de ponta pesquisem o assunto. Considere o pensar dos mestres do xadrez que foi estudado, entre outros, pelos pioneiros cientistas da computação William Chase e Herbert Simon. Chase e Simon (1973)

> Estima[ra]m o tamanho do repertório de movimentos de xadrez de um grande mestre enxadrista [...] em cerca de 50 mil! "Não é tão inacreditável", afirmaram. Esse é aproximadamente o vocabulário de um nativo do inglês extremamente instruído, e os enxadristas de nível mestre são tão instruídos quanto se pode ser no xadrez (citado em Perkins, 1995, p. 217).

Desde então, a estimativa de Chase/Simon foi contestada, mas permanece como uma impressionante evidência do grau em que o desempenho de um *expert* depende da memória.

Pesquisas contínuas sugerem que a visualização, o planejamento futuro, e os mecanismos neurais ainda não compreendidos podem afetar igualmente a destreza (Chabris & Hearst, 2003).

A mãe de David percebeu que, aos 10 anos, sua caligrafia era um obstáculo em sua escrita, mas que ele adorava usar o computador. Ela encontrou um site gratuito de avaliação de digitação com um programa que segue uma progressão lógica passo a passo em uma série de exercícios (http://www.typeonline.co.uk/lesson1. html). Cada exercício fornece *feedback* imediato sobre a velocidade e precisão de David, para que ele possa, literalmente, assistir à habilidade se desenvolver. O *feedback* motivou David a praticar. Curiosamente, o site é visualmente monótono; não há jogos, astronautas, alienígenas ou sons – coisas que os adultos supõem que devam estar presentes para prender a atenção das crianças. Tomara que esse link fique ativo por um longo tempo, porque a maioria dos programas que testamos falha em motivar e prender a atenção de uma criança ou na apresentação lógica das subtarefas a serem dominadas.

A destreza se desenvolve a partir da habituação de muitas habilidades diferentes e separadas que se combinam nos atos graciosos, precisos e aparentemente intuitivos do atleta, cirurgião, cantor, arquiteto, poeta – ou digitador – magistral. Colocar as crianças em um caminho rumo à destreza requer, primeiro, nutrir um interesse aparente ou semear um interesse que desperte a paixão de uma criança. A seguir, são apresentadas as análises de quais funções cognitivas compõem a habilidade, quais estímulos motivarão a aderência necessária ao domínio e como fornecer *feedback* para que as crianças possam ver o seu progresso. A motivação da criança determinará a disposição com que ela se esforça para adquirir a habilidade, mas a motivação, por sua vez, é afetada pela natureza do estímulo.

Pensamento e transferência

A cognição envolve, entre outros fatores, o que um indivíduo já sabe para resolver novos problemas. Os psicólogos cognitivos chamam isso de transferência – aprender algo em uma situação e aplicá-lo em outras diferentes. O pai de Lewin-Benham disse-lhe para estudar latim porque suas construções lógicas a tornariam melhor em matemática. Ela lembra que aprender latim não surtiu efeito sobre a matemática, mas permitiu que ela entendesse a gramática inglesa. Sem saber as terminações dos casos em latim, ela consideraria a gramática inglesa incompreensível. Perkins (1995) diz que a transferência pode ocorrer, mas precisa de "atenção imediata. Em particular, o ensino eficaz de estratégias de pensamento geral exige muito trabalho em [...] transferência, com ênfase no estabelecimento ativo e reflexivo de conexões" (p. 227).

Na teoria de Feuerstein, a transcendência, como componente essencial da mediação, desenvolve uma propensão a transferir e fornece experiência concreta ao fazê-lo. O que é transferido, diz Feuerstein, são construções mentais – conceitos, princípios, estratégias, vocabulário, regras. Lembre-se dos vários fatores que permitiram Rachael, no Capítulo 5, adquirir um novo esquema. Ou por que Sheppy (anteriormente) conseguiu rapidamente dominar – e apreciar – uma nova técnica de artesanato. A psicóloga Lauren Resnik chama isso de "cognição situada", a ideia de que a aprendizagem precisa ser incorporada em um

> Encontrar ideias transcendentes é uma forma de generalizar de um exemplo para outro ou, em outras palavras, "transferir".

contexto. Quando a transferência ocorre, podemos presumir que houve mediação eficaz e uma base de experiência (esquemas) a partir da qual uma regra ou "sistema de produção para fins especiais" (Perkins, 1995, p. 155) se forma no cérebro e é aplicada a diferentes atos de pensar.

A ABUNDÂNCIA DE EXPERIÊNCIAS EM MUSEUS

Os museus fornecem muito mais tipos de experiências do que as escolas, onde os domínios geralmente são separados um do outro, a modalidade de instrução é essencialmente verbal e a avaliação é baseada principalmente em testes escritos. É improvável que a matemática seja ensinada como parte do aprendizado da leitura; a física geralmente é ensinada apenas como ciência, independente da história ou da matemática. Por outro lado, os museus misturam domínios, instruem em diversas modalidades e fazem do desempenho a base da avaliação.

Você pode, por exemplo, encontrar uma exposição de física organizada em uma linha do tempo histórica; ver reconstituições do momento em que pensadores revolucionários, como Copérnico (1473-1543), têm um *insight* surpreendente; ou manipular você mesmo os modelos para fazer os planetas girarem e orbitarem. Na escola, você encontra essas ideias como palavras em livros, aulas, equações algébricas ou problemas de física. Nos museus, você usa telescópios, vê imagens de satélites em órbita enquanto se senta no módulo de comando de um veículo espacial ou manipula simulações de ideias complexas por computador. O Museu da Ciência em Boston tem simulações nas quais você manipula alimentos geneticamente. Em outras palavras, você encontra conteúdo em um contexto. Sua compreensão na escola é julgada por suas respostas escritas às questões das provas. Nos museus, seu *desempenho* mostra o que você sabe – seja manipulando os modelos corretamente, realizando experimentos logicamente, fazendo perguntas relacionadas ao que vê ou explicando claramente os fenômenos.

Quando uma exposição chama a atenção de uma criança, ela fornece um ponto de entrada para os mediadores:

- explicarem ou ampliarem o conteúdo,
- discutirem conceitos relacionados,

- isolarem processos de pensamento deficientes e desenvolvê-los, começando pelo concreto e passando a experiências cada vez mais abstratas, e
- orientarem os alunos para os recursos com os quais eles podem descobrir mais.

O assunto integrado e as diversas modalidades dos museus põem alunos cujo forte não é linguagem ou matemática em pé de igualdade com os colegas. Isso não significa que a modalidade escrita seja desnecessária. Muito pelo contrário: modalidades escritas, representacionais e essencialmente verbais são o principal meio e ajudam as crianças a passar para o pensamento de nível superior. Se as crianças não puderem explicar o que estão pensando verbalmente, terão dificuldade em elaborar. Mas as funções verbais se desenvolvem mais rapidamente quando funções cerebrais essenciais de nível inferior são estimuladas durante os primeiros anos das crianças, funções como as discutidas no Capítulo 5 – atenção, imitação, orientação espacial e movimento.

As muitas modalidades dos museus permitem que os professores observem as crianças em novos ambientes e, assim, vejam suas capacidades ou deficiências sob uma nova luz. Com essa perspectiva adicional, os mestres estão mais bem equipados para planejar que conteúdo fornecer, pontos fortes a serem desenvolvidos ou deficiências a serem superadas. O objetivo é prover as crianças com as estruturas cognitivas necessárias para enfrentar os desafios de um mundo cada vez mais complexo.

RESUMO: MEDIAÇÃO PARA COMPLEXIDADE

Seja no museu, na sala de aula ou em outro lugar, o aproveitamento do cérebro depende de como as experiências são mediadas. À medida que você passa do museu ou da sala de aula para o mundo exterior menos estruturado e estimulante, o desafio é aplicar as mesmas ideias sobre estímulos, experiências e mediação em diversos lugares. A questão – onde quer que você esteja – é como qualquer experiência direta pode ser mediada para que o cérebro abrace a complexidade, para que recrie a experiência passada, elabore a experiência atual, imagine a experiência futura e, no processo, faça conexões, perceba relações e aplique princípios.

Pontos principais

1. Crianças pequenas são naturalmente empáticas, uma tendência que pode ser fortalecida quando um mediador pede que elas discutam sua consciência da situação dos outros.

2. Quanto mais experiências mediadas as crianças tiverem, mais fácil será para elas aprenderem novas habilidades ou ideias que, de alguma forma, relacionam-se com a experiência passada.

3. Incentivar as crianças a receberem novas informações em diversas modalidades e a se expressarem em diferentes modalidades expande as capacidades do cérebro.

4. A colaboração estimula as crianças a mostrarem umas às outras o que elas podem fazer e, assim, reforça as habilidades e aprimora os sentimentos de competência.

Capítulo 9

Parcerias inovadoras

Não vos ajusteis aos modelos deste mundo mas transformai-vos, renovando vossa mentalidade, para que possais conhecer qual é a vontade de Deus: o que é bom, agradável e perfeito.

Romanos 12,2

As ideias de feuerstein sobre mediação são expandidas neste capítulo com vários conceitos sobre como desenvolver ou fortalecer parcerias entre escolas e museus, a fim de promover o pensamento e a aprendizagem das crianças. As ideias se dividem em duas categorias: aumentar a eficácia da mediação e mesclar as melhores características de museus e escolas.

Os conceitos deste capítulo expandem um repertório de ensino do Mapa Cognitivo (Capítulo 6), análise de "deficiências de pensamento" (cf. o Capítulo 6 e o Apêndice A) e técnicas de mediação (mostradas ao longo do livro) para incluir:

- solilóquio,
- mentoria, e
- colaborações incomuns com museus.

Os conceitos deste capítulo desafiam os museus a:

- fornecer materiais,
- colaborar com as escolas na criação de exposições semelhantes a museus, e
- aceitar alunos como estagiários em diversos ambientes de trabalho.

Muitos museus oferecem programas excelentes e variados para alunos aprendizes. Alcançar mais do que os sortudos alunos que são selecionados exigiria novos níveis de colaboração escola/museu, comprometimento dos funcionários e a crença de que os benefícios valeriam o investimento.

CRENÇAS SOBRE A APRENDIZAGEM

Algumas pessoas usam os resultados dos testes como evidência de aprendizagem. Outros usam o desempenho – bebês começando a andar e a falar, um *swing* aprimorado no golfe. Feuerstein considera a aprendizagem *o crescimento na eficiência e eficácia com que o cérebro processa quaisquer desafios que enfrenta*. Aprendizagem significa que o cérebro muda para que desenvolvamos habilidades como usar a linguagem com precisão, encestar arremessos de gancho, lançar foguetes. Em outras palavras, a aprendizagem é crescimento demonstrado na capacidade de "mobilizar" uma capacidade expressiva ou de resolver desafios de crescente complexidade.

Como é, de fato, a aprendizagem eficaz?

Muitos acreditam que apenas lugares que parecem escolas são educacionais, que a aprendizagem ocorre principalmente em salas de aula com crianças nas mesas de frente para o professor, que as crianças aprendem quando estão caladas, paradas ou assustadas.

Na realidade, a aprendizagem ocorre quando as crianças estão focadas, ativas e alegres. A aprendizagem também ocorre quando as crianças são desafiadas, desde que os desafios não sejam nem entediantes nem opressores. A popular expressão "estar no clima" e o conceito de *fluir* (Csikszentmihalyi, 1990) descrevem o estado ideal no qual um indivíduo aprende. A emoção e a alegria das crianças nos museus não correspondem à imagem mental de aprendizagem de algumas pessoas. No entanto, diversão, emoção, riso e atividade são características de como aqueles que estão aprendendo se comportam e, mais importante, são poderosos auxiliares da aprendizagem. No entanto, esses comportamentos geralmente ocorrem fora da escola. John Falk e Lynn Dierking (2010), que escrevem sobre a aprendizagem em museus, descobriram que os recursos não escolares são responsáveis pela grande maioria da aprendizagem de ciências na América.

O que é conteúdo?

As escolas chamam conteúdo de "currículo"; os *playgrounds* chamam de "recreação"; os campos esportivos chamam de "prática". Os museus chamam de "temas de exposição". Muitos ambientes ricos em conteúdo não têm placas descritivas. O fotógrafo Robert Capa, cujas imagens da frente de batalha revolucionaram a fotografia de guerra e se tornaram ícones da emoção humana, usou a cidade de Budapeste como seu campo de aprendizagem. Antes mesmo de se tornar adolescente, "Ele era íntimo de todo pedaço de espaço verde, todo beco, toda parada de metrô" (Marton, 2006, p. 53). Marton diz de Michael Curtiz, diretor do filme *Casablanca*: "Nem seus pais nem suas escolas moldaram Curtiz. Foi Budapeste" (2006, p. 16).

Comparadas às ruas da cidade, as exposições dos museus são altamente formalizadas. No entanto, as exposições raramente se equiparam aos livros e currículos que muitas pessoas acreditam serem *as* listas de verificação para o que as crianças devem aprender. Sem considerar o conteúdo dos materiais escolares ou o que as crianças realmente aprendem com eles, os adultos presumem que, se os materiais estão nas salas de aula, eles são educacionais. Mas, para muitas crianças, uma experiência mediada em um museu pode fornecer simplesmente os "pontos principais" que dão sentido à aprendizagem escolar. O rabino Rafi Feuerstein (comunicação pessoal, 20 de abril de 2010), disse: "Por meio da mediação, a criança aprende uma linguagem universal que lhe permite interagir com o conteúdo em muitos contextos diferentes". Em outras palavras, a mediação desenvolve funções cerebrais que são a base de *todo* pensamento.

> Conteúdo, o "estofo" do pensamento, é mais provável de ser encontrado fora da escola.

Um exemplo: Matemática. A exposição da mercearia nos museus das crianças pode se assemelhar à mercearia de brincar nas pré-escolas. No entanto, fazendo uma comparação, a exposição do museu provavelmente tem:

- balanças que funcionam – um dispositivo de medição calibrado com precisão;
- uma caixa registradora real que exibe valores ou imprime uma lista detalhada de compras – formas de expressão simbólica;
- alimentos realistas – estimulam a comparação e a categorização;

• variedade de alimentos – aumenta o interesse e oferece novidade e complexidade.

A exposição se presta a experiências matemáticas precoces e concretas, enquanto a mercearia da escola se presta principalmente a imitações. A imitação é importante na aprendizagem. Mas, quando um espaço não está bem equipado, isso limita o que as crianças podem aprender.

Considere que a mercearia bem equipada do museu pode ser usada para desenvolver habilidades de pensamento matemático quando mediadores incentivam as crianças a:

• contar quantidades específicas de frutas, vegetais ou outros alimentos;
• classificar compras em carnes, laticínios, padaria;
• categorizar itens: carne vermelha, frango, aves e vegetariano;
• Aprender a ler uma balança;
• reunir itens em série: mais ou menos pesados, numerosos, coloridos, com belas embalagens, saudáveis;
• fazer conjuntos, como o que comemos no café da manhã ou no jantar, o que usamos para assar um bolo;
• usar a correspondência individual: temos quatro pessoas em nossa família e cada uma comerá um potinho de pudim. De quantos potinhos precisaremos?;
• aprender a somar dinheiro: cada frasco custa R$ 1; você tem três frascos; quantos reais isso custará?;
• aprender a linguagem das frações: compre meio quilo de fubá, um quarto de uma peça de queijo parmesão;
• aprender a linguagem das funções aritméticas: três vezes mais maçãs;
• aprender o idioma dos recipientes: quartilho, quarto de galão, galão;
• aprender a linguagem do peso: grama, quilo.

Reflita: existem objetos a serem manipulados para que as crianças se envolvam em processos mentais, como progressões ou seriação? (Cf. o Capítulo 6.) Existem modalidades diferentes para que as capacidades receptivas e expressivas das crianças sejam aprimoradas? Existe variedade para que as crianças possam comparar e estabelecer uma base de precisão na observação de estímulos?

Em uma "mercearia" bem equipada, os mediadores podem incentivar as crianças a organizar os itens de várias maneiras que se baseiam em habilidades de pensamento de nível superior. Além do exemplo matemático anterior, os itens de mercearia podem ser organizados de acordo com o que o corpo exige para ser bem nutrido e manter um peso saudável; por quais processos os alimentos passam da fonte para a mesa; o transporte necessário para os alimentos que ingerimos; fatores históricos que determinaram o que os humanos comem; fatores geográficos que influenciam a comida de diferentes culturas.

Em ambientes ricos, as oportunidades de mediação são abundantes e as possibilidades de conexões são infinitas. Objetos são os estímulos a partir dos quais as crianças estabelecem conceitos e, com a mediação, os expandem, alteram ou consolidam. Cuidado: as folhas de trabalho (*worksheets*) – mesmo com perguntas como as descritas acima – subvertem a mediação. A mediação é uma troca bilateral entre mediador e aluno(s) na qual a resposta de um influencia os outros. Preencher folhas de trabalho não é um processo responsivo.

Mediadores observam pistas do que interessa às crianças. Dos recursos listados anteriormente, apenas alguns – talvez apenas um – irá interessar a uma determinada criança. As respostas dos mediadores ao(s) interesse(s) dos indivíduos determinam o conteúdo da interação. Mas as interações dos mediadores são determinadas pela forma como o ambiente é preparado.

Outro exemplo: História. A maioria das escolas de ensino fundamental ensina às crianças a história de suas próprias cidades, e a maioria das cidades possui prédios históricos, retratando dias passados ou lembrando moradores ilustres. A versão escolar da história pode ser escrita em livro-texto com vocabulário limitado e "fatos" politicamente corretos que são infrutíferos, desprovidos de conflito e fechados à interpretação. Os prédios históricos capturam a imaginação com artefatos reais, demonstrações e narrativas de funcionários que se destacam como "atores históricos", vestindo-se como e retratando pessoas históricas notáveis ou residentes comuns de períodos específicos.

Considere a história do relógio de pêndulo de Thomas Jefferson, instalado em 1792 em sua casa, Monticello, em Charlottesville, Virgínia:

> Jefferson projetou o relógio para uma residência na Filadélfia e, após a chegada de pesos para sua instalação em Monticello, descobriu-se que a altura do Hall de Entrada era menor que o comprimento das cordas. A solução de Jefferson? Permitir que os pesos "desçam até o chão, onde entram em um bura-

co quadrado e cheguem ao piso do porão..." Os buracos foram cortados, os pesos foram pendurados e o marcador para sábado pode ser encontrado no subsolo da casa (Monticello, 2011).

Como é emocionante para as crianças perceber que um grande estadista/ inventor/presidente cometeu um erro e aprender como ele o corrigiu. Jefferson confiou no conhecimento do conteúdo e na experiência de:

- representar o tempo marcando segmentos em uma corda;
- usar modalidades variadas: auditivas, visuais e cinestésicas;
- usar o pensamento espacial para visualizar o que estava abaixo do hall de entrada, para que ele pudesse prever aonde os pesos iriam;
- pensar eficientemente nas três fases de um ato mental;
- usar operações cognitivas, incluindo:

  ✓ análise de um problema difícil.
  ✓ raciocínio análogo.
  ✓ transformação.

- enfrentar a complexidade, evidente nos inúmeros tipos de informações necessárias para resolver o problema;
- engajar-se no pensamento abstrato e simbólico: representando a passagem do tempo (um conceito abstrato) com pesos e corda (representação simbólica);
- trabalhar eficientemente;
- perseverar.

O sucesso de Jefferson é evidente pelo fato de que o relógio funciona com precisão há mais de 200 anos.

Os mediadores podem:

> O conteúdo fornece o "estofo" de que são feitos os atos mentais.

- fazer perguntas desafiadoras: como Jefferson poderia prever onde fazer buracos no chão?,
- desenhar o Mapa Cognitivo (Capítulo 6), como fizemos anteriormente,
- incentivar as crianças a encontrar exemplos da busca de objetivos, da realização de objetivos, da programação e da orientação espacial de Jefferson, conectando cada exemplo a uma habilidade de pensamento essencial,

- desafiar os alunos a recriar um relógio semelhante ou criar um relógio original.

Conteúdo: o "estofo" do pensamento. Poucas pessoas, além dos psicólogos, conseguem identificar os atos mentais necessários para entender e resolver problemas. Os professores podem não ter habilidade para analisar como ou o que as crianças estão aprendendo. Não saber como julgar se as crianças estão aprendendo reforça a crença de que as crianças aprendem apenas na escola. Como ferramenta analítica, o Mapa Cognitivo pode revelar a natureza das tarefas em uma experiência. No entanto, os adultos ainda devem perceber que:

- Envolvimento profundo é evidência de que as crianças estão aprendendo. (No entanto, vemos crianças profundamente envolvidas sendo afastadas para ver a próxima exposição.)
- A repetição, essencial para aprender quase tudo, ocorre quando as crianças estão profundamente envolvidas. (As interrupções impedem a repetição das crianças.)
- A variedade torna a repetição tolerável.

As conexões entre o conteúdo das exposições do museu e os currículos escolares podem não ser óbvias. Por exemplo, certas pinturas modernas – Kenneth Noland, Josef Albers, Piet Mondrian – oferecem um currículo em forma, cor, repetição, razão, proporção e outros conceitos matemáticos baseados em geometria e simetria. Pesquise na internet para encontrar sites que conectam propriedades matemáticas e artísticas.

Em uma palestra no Capital Children's Museum, o matemático, cientista da computação e epistemólogo Seymour Papert disse: "Você não pode pensar sem pensar sobre *alguma coisa*". Em outras palavras, o conteúdo é o "estofo" que o cérebro usa para analisar, inferir, deduzir, sintetizar e executar qualquer operação mental. Quanto mais conteúdo as crianças souberem, mais recursos elas terão com que refletir. Lewin-Benham lembra:

> Shep, 6 anos, e eu saímos na parada errada no MTA de Boston. À nossa frente havia um imponente arranha-céu revestido de vidro e a fachada refletia uma igreja de arenito do final do século XIX. Para mim, a visão era avassaladora. Exclamei: "Sheppy! Veja essa justaposição do antigo e do novo". Ao que Sheppy respondeu: "É como as camadas de rochas antigas e novas dentro da terra".

A comparação de Sheppy de edifícios antigos e novos com camadas rochosas de diferentes eras revelou o "estofo" rico em seu cérebro. Os museus estão repletos de coisas ricas. A mediação sistemática estimula as crianças a usar os "estofos" no ambiente ponderadamente.

Os mediadores nem sempre sabem o que as crianças extrairão de experiências ricas. O matemático e educador de museu Eddie Goldstein relembra a experiência de sua filha, Star, na exposição do Museu da Natureza e Ciência de Denver "RocketWorks". Durante várias visitas, Star trabalhou por horas para construir e lançar um foguete de papel para "chegar à lua", a 30 metros de distância. Meses depois, em uma aula sobre os planetas, Star aprendeu que, em seu ponto mais fino, os anéis de Saturno têm apenas 30 metros de espessura. Ela disse a Eddie: "Você sabe quanto são 30 metros? Foi a essa distância que eu lancei aquele foguete!" Para Star, o conteúdo do "RocketWorks" se tornou um dispositivo de medição.

> A responsabilidade dos adultos é assegurar que o conteúdo seja rico o suficiente para ser digno da enorme capacidade do cérebro de formar relações.

INTERVENÇÕES DE ADULTOS

O modo como os adultos intervêm nas experiências das crianças é importante. Duas técnicas úteis são o solilóquio, um tipo de recurso utilizado por adultos; e a mentoria, um conjunto de comportamentos para guiar as interações entre adulto e criança.

Solilóquio

Solilóquio implica que os adultos conversem enquanto fazem alguma coisa, explicando cada passo, descrevendo mudanças, apontando reações à medida que ocorrem, revelando seus próprios processos de pensamento para que as crianças possam imitá-los, colaborar ou adaptá-los. Isso se torna possível quando as crianças ouvem o diálogo interno dos adultos à medida que os adultos se aproximam de uma exposição, descobrem como ela funciona e ponderam sobre o seu significado. O solilóquio é um importante desenvolvimento recente no repertório conceitual e instrucional de Feuerstein (Feuerstein, Falik, & Feuerstein, no prelo).

No solilóquio, os adultos articulam todos os pensamentos, as pistas de como eles "entenderam", o "cair da ficha" que finalmente leva à compreensão. Os solilóquios dos adultos revelam seus processos de pensamento. As crianças os ouvem pensar e, ao mesmo tempo, observam suas ações. Os adultos podem ser genuínos – analisando uma exposição pela primeira vez ou podem "atuar" no solilóquio como se fosse a primeira vez.

Exemplo com pressão do ar. Imagine esse comentário recorrente ao apresentar o efeito Bernoulli às crianças (cf. o Capítulo 6). Adulto: "Olha, a bola permanece nesse fluxo de ar. Pergunto-me se eu empurrá-la para baixo o que acontecerá. Veja! Ele salta até sua posição original! Parece que o ar está empurrando a bola para cima. Mas! Espere um minuto! O que acontecerá se eu inclinar a corrente de ar? Uau! A bola ainda permanece na corrente de ar. Então, acho que não é só o ar empurrando a bola. Algo mais deve estar acontecendo. O que devemos tentar a seguir? Veja! Aqui está uma cesta de objetos. Vamos ver o que acontece com um balão. Eu aposto que ele se comportará como a bola".

Benefícios. Usando palavras explícitas, os adultos asseguram que as crianças percebam aspectos importantes de uma experiência. O solilóquio mostra às crianças o que significa seguir um processo logicamente, usar uma linguagem totalmente articulada e envolver diferentes processos de pensamento para realizar tarefas. No exemplo anterior, as crianças testemunhariam:

- movimento preciso,
- observação atenta,
- previsão,
- ativação da memória,
- uso descritivo da linguagem,
- perseverança,
- alegria e espanto.

Quando os adultos cometem erros, eles podem assumir uma atitude exploratória, permitindo que as crianças testemunhem persistência. Por meio do solilóquio, os mediadores podem falar por meio de atos mentais, como foco, seleção de estímulos, programação, antecipação positiva e imitação (Feuerstein, Rand, & Feuerstein, 2006). O solilóquio permite que as crianças entendam como abordar e dominar tarefas. Ouvir adultos empregar solilóquios pode, potencialmente, predispor as crianças a buscar desafios.

Mentoria

Os adultos que exercem a mentoria são bons parceiros do museu. As técnicas de mentoria diferem das técnicas de ensino. Muitos professores são ótimos mentores.

Definição. Aqui estão as definições de estratégias de mentoria que alguns professores adaptaram:

- treinar ou guiar;
- concentrar a atenção em uma criança de cada vez;
- observar;
- acompanhar uma sequência de atividade que surge;
- basear os comentários em observações do comportamento das crianças ou em anotações do que elas dizem.

Esses atos de mentoria são característicos de uma boa mediação.

Mentoria em Museus. Idealmente, as crianças escolhem fazer o que lhes interessa e continuam fazendo enquanto o interesse durar. Os mentores são participantes vigilantes que:

- ajudam em pontos difíceis para ampliar o repertório cognitivo das crianças;
- perguntam para introduzir estratégias que ajudem as crianças a pensar no que está acontecendo;
- conversam sobre o significado das experiências para ampliar o conhecimento do conteúdo ou conceitos das crianças;
- garantem que sua intervenção não interrompa a concentração das crianças;
- compartilham suas próprias ideias (do mentor) para incentivar as crianças a falar sobre o que elas estão fazendo e, assim, desenvolver a capacidade expressiva;
- depois de encerrada a visita ao museu, discutem a experiência para gravá--la na memória, refletindo sobre ela;
- relembrar a experiência quando as crianças encontram algo semelhante para engajá-las em pensamentos transcendentes.

Os mentores baseiam sua intervenção no que as crianças fazem. Às vezes, o mentor lidera, outras vezes quem lidera é a criança. Os intercâmbios são como se equilibrar em uma gangorra, com cada pessoa dependente e receptiva à outra. Os mentores mantêm uma tranquilidade prazerosa na atividade das crianças.

O mentor se torna mediador quando:

• torna-se consciente de ser *intencional na seleção de um estímulo*; por exemplo, lembre-se da intenção do professor de Glenna em escolher doces como estímulo ou da intenção de Lewin-Benham em escolher sílabas como estímulo nas lições de Tom;

• conscientiza as crianças de suas intenções (do professor), para que elas compreendam não apenas o objetivo, mas também como o objetivo e o estímulo se relacionam e a possibilidade de transcender essa experiência específica.

O papel dos mentores é de colaboração, apoio, incentivo e observação, todos estes aspectos essenciais da mediação.

OS MUSEUS COMO PARCEIROS

Os visitantes podem se sentir acanhados nos museus. Os prédios são imponentes, suas plantas baixas são complexas e seu conteúdo não é familiar. Superar essas barreiras oferece oportunidades para mediar. Quase todos os museus usam folhetos. Os descritos a seguir oferecem suporte à mediação.

Plantas dos andares com programações

Este tipo de folheto de uma só página com a planta dos andares sugere o que há para fazer com crianças de idades específicas em períodos específicos de tempo. As plantas dos andares dividem grandes exposições em unidades gerenciáveis. O salão de exposições "O Som e o Silêncio" no Capital Children's Museum (CCM) era tão grande que qualquer área isolada poderia ocupar um visitante por mais de uma hora. As plantas dos andares com programações alertam os professores de antemão quanto tempo eles podem esperar gastar. Isso ajuda os professores a decidir para onde ir e quanto tempo permanecer. Com um roteiro de tempo, os professores podem permitir com mais liberdade que as crianças exerçam uma atividade até que seu interesse diminua e, assim, desenvolvam concentração. As crianças que se concentram aprendem a manter o foco, que é a condição *sine qua non* (indispensável) da autorregulação e, portanto, da aprendizagem.

Mapas temáticos

Os mapas temáticos vinculam as experiências, descrevendo brevemente exposições nas quais conceitos se relacionam. Se os conceitos não são óbvios, os mapas os tornam explícitos. Os mapas temáticos mostram conexões entre exposições que parecem diferentes ou localizadas em extremos opostos de um grande edifício. Esses mapas estabelecem uma linha de pensamento que pode ajudar o cérebro a enxergar similaridades, identificar relações e formular princípios ou regras. Os mapas temáticos destacam os padrões, como nos exemplos a seguir.

Busca por padrões: exemplo 1. Na exposição "City Room" (Sala da Cidade) no CCM havia uma caixa de alarme de incêndio pré-eletrônica antiquada com o número 2638 em alto relevo na porta de metal (cf. a Figura 9.1). O número era a base de um sistema de engrenagens dentado em um padrão específico – *dois* entalhes, espaço, *seis* entalhes, espaço, *três* entalhes, espaço, *oito* entalhes, espaço. A exposição também continha um quartel de bombeiros com um mapa mostrando os quarteirões da cidade numerados; o número de um dos quarteirões era *2638*. Assim, era possível encontrar o quarteirão específico onde a caixa de alarme de incêndio na exposição estava localizada.

Quando um alarme no quartel de bombeiros soava com o padrão *dois* toques, pausa, *seis* toques, pausa, *três* toques, pausa, *oito* toques, pausa, os bombeiros identificavam a localização da caixa de alarme, correspondendo o padrão de som ao número no mapa e, dessa forma, sabiam onde estava o incêndio. Conscientes de que a vida das pessoas dependia de suas habilidades, os bombeiros transformaram magistralmente os sinais auditivos para modos simbólicos em forma numérica e visual, depois transformaram a representação simbólica em representação espacial – um quarteirão específico em um mapa.

O cérebro dos bombeiros na era pré-eletrônica continha uma grande quantidade de "estofo" – a localização de praticamente todas as caixas de alarme da cidade. Eles eram motivados por saber que salvariam vidas e preservariam propriedades. Algo – provavelmente a mediação em uma idade muito jovem – molda a disposição e estabelece as bases para o conjunto de habilidades das pessoas que se tornam bombeiros – assumir responsabilidade, demonstrar empatia, colaborar em grau incomum, exibir pensamento e bravura espacial e cinestésica (Feuerstein, Rand, & Feuerstein, 2006).

Figura 9.1. O elaborado padrão numérico na antiga caixa de alarme eletromecânica alertava os bombeiros visual, auditiva e espacialmente.

Ilustração de Daniel Feuerstein

Busca por padrões: exemplo 2. Em uma exposição chamada "Pattern and Shape" (Padrão e Forma) havia um estandarte na parede com um complexo labirinto. A solução estava próxima em um cartão. Os visitantes podiam tentar vencer o labirinto com ou sem o cartão. Estandarte e cartão estavam em modos diferentes – simbólico (o cartão) e visual (o labirinto). Para vencer o labirinto, era necessário mudar o simbólico/visual para ação (modo cinestésico). A relação com o alarme de incêndio é que ele também mostrava um código em diferentes modos – simbólico (os números), visual e cinestésico (os entalhes das engrenagens), auditivo (o alarme).

Crianças de 10 anos, empolgadas com os códigos, poderiam fazer um "tour por código", descobrindo códigos que poderiam ignorar sem o mapa temático. Esses mapas conscientizam as crianças de que as informações podem ser codificadas de diversas maneiras, cada uma delas um exemplo de uma modalidade diferente. Os passeios temáticos mostram que princípios semelhantes sustentam experiências diferentes; assim, eles oferecem aos professores ideias para transcender -- estabelecer relações entre diferenças.

Cartões-guia

Os cartões-guia oferecem orientação para o uso de uma exposição, explicam sua finalidade, fornecem perguntas às crianças e tornam transparentes os significados das exposições.

Pense na exposição de minerais de um museu de história natural. Seu cartão-guia diz:

Intenção: comparar cores de minerais melhora as habilidades de observação dos alunos e os envolve em técnicas usadas por geólogos de campo para identificar rochas.

Atividade: observe como as cores dos minerais diferem.

Como funciona: peça às crianças que escolham um mineral da bandeja perto da caixa de exposição, examinem-no cuidadosamente e tente combinar sua cor com uma amostra da caixa. Converse com as crianças sobre cada mineral que examinam.

Perguntas: que cores você vê?

Algum mineral possui as mesmas cores?

Como a amostra que você escolheu parece igual ou diferente das da caixa?

Significado: você disse que sua amostra parece azul, roxa e brilhante. (Use as palavras que as crianças usaram.) Veja se consegue encontrar uma imagem do seu mineral nos cartões.

O que pode ter formado a cor do seu mineral?

O que poderia tê-lo feito brilhar?

Conexões: escolha outro mineral e compare sua cor.

No que os minerais são iguais?

No que eles são diferentes?

Como os minerais na caixa se comparam com outros minerais na bandeja?

Ajude as crianças a empregar um comportamento comparativo para perceber as diferenças de cor, brilho, dureza, clivagem, inclusões, listras, cores e outras características óbvias.

Transcendência: no que mais você pode pensar que também brilha?

O que essas cores fazem você pensar?

Como você pode descobrir mais sobre galena? Fluorita? Pirita? Quartzo?

Modo diferente: você consegue desenhar galena (ou outro mineral)?

Os cartões-guia são uma forma de roteiro, fornecendo maneiras aos professores de incentivar o foco, transmitir significado e obter um comportamento comparativo. Cartões-guia informam aos professores quais funções cognitivas usar para engajar o pensamento de nível superior em experiências que, de outra forma, poderiam ser apenas imitativas. Cartões-guia ajudam os mediadores a conscientizar as crianças sobre as relações em um mundo cada vez mais amplo (Feuerstein, Rand, & Feuerstein, 2006).

Resumo: recursos para ajudar professores

As parcerias entre museus e escolas não são novidade. Muitos museus ajudam os professores a se prepararem ou acompanharem as visitas. Às vezes, funcionários do museu e professores colaboram para encontrar as sobreposições entre os temas do museu e os currículos escolares. Os museus fornecem kits para salas de aula com experimentos, baús com artefatos ou caixas de exibição de materiais temáticos da coleção de um museu. Trazer o museu para as escolas acrescenta fascínio e admiração à vida das crianças, especialmente aquelas cujas famílias não são frequentadoras de museus. Tais esforços são criativos, ilustrativos e numerosos demais para serem descritos. Hoje, os museus alcançam muitos professores e pais através de sites. Alguns oferecem experiências interativas de alta qualidade. Outros ajudam os professores a organizar as visitas com antecedência ou dar continuidade após uma visita.

IDEIAS DO TIPO "E SE"

Corpos de serviço para jovens, museus nas escolas, exposições criadas por alunos – essas e outras ideias são visualizadas aqui.

Um corpo de serviço para o cérebro

A violência generalizada da nossa cultura, a falta de empatia e os passatempos fúteis derivam em parte do fato de alguns adolescentes não terem um papel significativo na sociedade. Uma forma de proporcionar aos adolescentes atividades significativas fora da escola poderia ser recrutá-los para a assistência em museus como um corpo de honra. Os jovens podem ser treinados:

- como guias de exposição para ajudar os visitantes a localizar exposições específicas;
- para conversar com os alunos mais jovens sobre o significado das exposições;
- para ajudar os visitantes a ouvir, pensar sobre as exposições e expressar ideias quando jovens, apresentar exposições, demonstrar, fazer perguntas importantes ("Por que você acha que o pêndulo sempre oscila para a esquerda?", "O que você acha que faz o carro diminuir a velocidade?"), ou responder às perguntas e comentários dos visitantes;
- para usar intenção na seleção de estímulos a serem usados em demonstrações; por exemplo, se objetos diferentes devem ser testados no vácuo, selecionando primeiro os objetos mais familiares aos visitantes;
- para conscientizar as crianças mais jovens do significado dos estímulos, incentivando-as a descrever o que veem e a usar uma linguagem precisa (lembre-se do professor da Introdução, que pediu respostas cada vez mais precisas);
- para acrescentar ideias transcendentes a discussões ou demonstrações de exposições, oferecendo exemplos aos visitantes ("Você pode ver algo semelhante no Salão dos Telefones Antigos"), ou fazendo perguntas ("O que isso lembra você?", "Onde você pode encontrar uma reação semelhante?").

As questões a serem abordadas nos programas de treinamento incluem, entre outras, procedimentos de recrutamento/admissão, a necessidade clara de um membro de equipe dedicado na gestão do museu, relações entre os jovens e os outros no programa de voluntariado ou docente de um museu, considerações de espaço para dar aos jovens um lugar para seus pertences, intervalos, reuniões e socialização. Tínhamos dois programas para jovens ativos no CCM, um para alunos do ensino médio e outro para estagiários. O Exploratorium (museu de ciências/artes, São Francisco) há décadas administra um programa de "explicadores" adolescentes. Como já existem modelos para o envolvimento dos jovens nos museus, há um conjunto de informações que podem servir de referência sobre gerenciamento e questões relacionadas. Os museus podem proporcionar aos jovens atividades significativas direcionadas ao atendimento aos outros.

Um museu em todas as escolas

A combinação de características de escolas e museus poderia extrair o melhor dos dois mundos: os museus seriam desafiados a abandonar sua autonomia na escolha da matéria da exposição e as escolas seriam desafiadas a abandonar seu monopólio como lugares que educam. Howard Gardner (1992), disse:

> Eu acho que o desafio é casar a vocação dos [...] museus com a vocação da escola e levar o pensamento do tipo museu para as escolas e tipos de problemas e habilidades escolares para os museus [...] Se vamos ser capazes de usar museus educacionalmente, não podemos dar as costas às escolas [...] [e] as escolas não podem se dar ao luxo de fechar a mente para o que acontece nos museus (p. 4-5).

Se houvesse um museu em todas as escolas:

• Uma sala seria projetada como um salão de exposições, maior do que uma sala de aula típica, portas largas, tetos mais altos, muitas tomadas elétricas, fileiras de spots, sistemas para pendurar painéis ou montar objetos.

• Alunos e professores negociariam o assunto da exposição, conceberiam exposições e conduziriam a pesquisa.

• Os alunos executariam tarefas importantes:

- exposições da equipe;
- projetar, fabricar e preparar exposições e espaços;
- criar materiais escritos – sinalizações, fichas técnicas, mapas temáticos, cartões-guia;
- mediar, intervindo para ajudar outras pessoas a aprender com a exposição.

Os funcionários do museu aprendem enormemente quando projetam exposições. O trabalho envolve o estudo de grandes quantidades de informações, a seleção de tópicos que despertam interesse e a extração de fatos relevantes. Os alunos podem aprender a fazer isso. As exposições que mudam regularmente seriam catalisadores para os alunos aprenderem sobre diversas disciplinas. Criar exposições exigiria que os alunos aprimorassem suas habilidades de leitura, escrevessem bem e usassem matemática em aplicações reais. Os alunos seriam motivados a dominar as habilidades, não para passar nos testes, mas para criar resultados tangíveis, porque o trabalho de exposição requer busca de objetivos, definição de objetivos, planejamento de metas, alcance de metas, programação, orientação espacial, compartilhamento e muitos outros atos cognitivos.

Exposições criadas pelos alunos

Em uma ocasião, no CCM, escola e museu se fundiram. Um exemplo foi uma exposição criada por todos os 100 alunos da Options School, o programa de escola baseada em museu do CCM para alunos da 7ª série que corriam o risco de largar os estudos.

Membros das Escolas Públicas de D.C. chamavam os alunos da Option School de "100 piores". Todos vinham de lares devastados pela pobreza e de bairros tomados pelo crime. Inspirados por Lettie Battle, uma professora brilhante, formada em um dos programas de treinamento de Feuerstein, os alunos conceberam um santuário para recordar alguém que eles conheciam que havia sido morto. A narrativa e o conteúdo foram determinados pelos alunos. Alguns usavam objetos, outros poesia, prosa, fotos ou mídia mista. Cada exposição incluía uma foto e uma breve descrição do aluno/projetista (exceto dois que quiseram permanecer anônimos).

O projeto foi desafiador. Battle manteve os alunos em um padrão de excelência, para que a exposição deles fosse comparável às outras exposições do museu. Os santuários foram exibidos perto da entrada principal. Os visitantes que os examinavam costumavam sair às lágrimas. Os alunos aprenderam a transformar lembranças e sentimentos em exibições 3D, definir e alcançar metas, agendar uma tarefa complexa e resolver o desafio espacial de trabalhar em um espaço pequeno. Todos esses processos são parâmetros para mediação.

Imagine se os diplomas do ensino médio exigissem que todos os alunos participassem da criação de uma exposição no museu. Os alunos teriam que realizar pesquisas, sintetizá-las, agrupar ideias e apresentá-las para revisão por pares. Os alunos deveriam encontrar o material original, analisá-lo, dominar técnicas de construção e exibição, escrever informações relevantes e colaborar entre si. Com a equipe do museu, os alunos arrecadavam fundos e embalavam, transportavam, instalavam e mantinham a exposição. Nesse trabalho, os pontos fortes de cada aluno seriam usados da melhor maneira possível. O museu na escola oferece inúmeras oportunidades para acrescentar significado à vida dos jovens.

Novamente, surge a questão da escala. A solução para envolver mais alunos deve ser local – programas desenvolvidos em colaboração entre museus e escolas.

Estágios

O estágio, uma forma cultural tão antiga quanto a história, transmite de geração em geração as habilidades complexas que são essenciais para a sobrevivência de uma cultura. No entanto, atualmente, as oportunidades de estágio são raras. Grandes diferenças separam a educação formal e o ambiente de trabalho. Os empregadores reclamam que os graduados – ensino médio, superior e além – não estão preparados, que carecem de habilidades e disposição para trabalhar.

Cognição situada. Se os alunos fossem estagiários em tarefas que combinassem seus talentos e interesses intrínsecos com empreendimentos significativos e desafiadores, eles entrariam em um emprego prontos para trabalhar. Os líderes da ciência de ensino e aprendizagem de hoje defendem o retorno aos estágios como forma de proporcionar uma experiência de trabalho autêntica (Gardner, 1991; Lave & Wenger, 1991; Resnick, 1991; Rogoff, 1991). "Está claro", diz Resnick (1991),

> que grande parte da cognição humana é tão variada e tão sensível ao contexto cultural que precisamos [...] buscar mecanismos pelos quais as pessoas moldem ativamente os processos de conhecimento e raciocínio uns dos outros [...] Parece que estamos no meio de múltiplos esforços para mesclar o social e o cognitivo, tratando-os como aspectos essenciais um do outro (p. 2-3).

Benefícios dos estágios. Os museus são ideais para os estágios. O escopo das tarefas que os museus exigem é mais amplo do que na maioria dos ambientes de trabalho. A missão dos museus é educar. Os funcionários são criativos, talentosos, motivados e orientados a produzir. As exposições exigem fabricação em diversos meios (por exemplo, madeira, metal, plástico, fibra), habilidade na produção de áudio e vídeo e conhecimento em informática.

Os museus precisam de um suprimento ilimitado de guias de exposição, uma tarefa para alunos interessados em psicologia ou educação. Relações públicas e comunicação serviriam aos alunos com habilidades linguísticas e interpessoais. A realização de pesquisas de mercado sobre as reações dos visitantes, o estudo do que os visitantes aprendem ou a coleta de dados sobre possíveis doadores desafiariam o raciocínio lógico e as habilidades de busca de padrões dos alunos.

Trabalhar em funções administrativas – de auxiliar de escritório até os mais altos níveis executivos – envolveria os alunos em diversos projetos e os exporia à complexa solução de problemas exigida pelo trabalho real. A manutenção de prédios e terrenos, lojas de presentes e restaurantes se baseia em diversas habilidades, incluindo atendimento ao público, controle de estoque, logística, contabilidade, preparação de alimentos, exibição e gerenciamento.

Se os museus oferecessem estágio a alunos em funções tão variadas, os jovens adquiririam o conhecimento no ambiente de trabalho. Se os funcionários do museu fossem treinados em teoria e técnicas de mediação, conscientizariam os alunos das diferentes funções cognitivas exigidas por cada tarefa. Nos programas de aprendizagem, a equipe do museu usaria a maioria das técnicas de mediação descritas neste livro.

Desenvolvendo o entendimento público

O público em geral possui conceitos errôneos e informações conflitantes sobre o que significa aprender. Imagine se imagens em movimento, com títulos como "Veja o que acabei de aprender!", pudessem ser aproveitadas para moldar as ideias do público sobre a aprendizagem. As imagens mostrariam aprendizagem onde quer que ocorresse. A narração interpretaria o que está acontecendo *enquanto acontece*, descrevendo a aprendizagem e a mediação à medida que elas ocorrem. Primeiro, observamos uma situação sem aprendizagem, depois observamos a mesma situação na qual alguém aprende. A narração explica quando e por que alguém *está* ou *não* aprendendo. A falta de mediação e a mediação efetiva são contrastadas e explicadas.

Suponha que essas imagens sejam reproduzidas em lugares públicos – estações de trem e metrô, aeroportos, saguões ou onde quer que as pessoas são obrigadas a esperar; na televisão; em feiras comerciais e feiras estaduais; em cursos de formação para professores; em cursos para futuros pais e aconselhamento para pais de primeira viagem; e, claro, na internet. Com a repetição e a saturação, gradualmente mudamos as crenças culturais sobre a aprendizagem, mostrando que *pode* ser prazerosa, que a mediação é essencial e como a mediação é eficaz.

Mostramos que crianças cansadas ou alimentadas com açúcar *têm* menos probabilidade de aprender, que a absorção excessiva em passatempos fúteis mata *de fato* a motivação para perseverar em assuntos difíceis. Com o tempo, substituímos as crenças predominantes sobre a aprendizagem por novas imagens, para que o público compreenda o que é a aprendizagem e como ela ocorre.

Os comerciais de televisão mudaram o comportamento dos Estados Unidos em uma geração: se, nos anos de 1950, tivéssemos visto a televisão nos anos de 1990, poderíamos ter banido o veículo! Todos os aspectos da TV atual – verbal, gestual, sexual – teriam ofendido a sensibilidade de uma geração anterior. Mas, como a mudança ocorreu gradualmente e o meio foi difundido - TVs sempre em todos os lugares –, as imagens e comportamentos retratados na TV se tornaram a norma. Nós nos tornamos o que vimos.

Nas décadas de 1960 e de 1970, o uso implacável e eficaz de campanhas nos meios de comunicação fez as pessoas usarem cintos de segurança. Duas décadas depois, os meios de comunicação mudaram de maneira tão persuasiva as atitudes em relação ao cigarro que muitos abandonaram o hábito, muitos locais públicos proibiram fumar, outros isolaram os fumantes, e esses esforços continuam.

Os vídeos do YouTube de hoje baseados na realidade são um modelo diferente. Dado que muitas crianças têm telefones celulares com câmeras de vídeo embutidas, as escolas podem criar canais no YouTube onde os alunos possam enviar vídeos sobre o que aprenderam, como aprenderam e o papel que o cérebro desempenha. Considerando as redes sociais e as imagens de hoje que "viralizam", é realista pensar em aproveitar o poder da imagem em movimento para moldar o pensamento em apoio à aprendizagem.

A HISTÓRIA DE EMILY: A MÃE COMO MEDIADORA

A exposição "Sala da Cidade" era uma das preferidas pelos visitantes do CCM – uma rua de cidade com objetos reais, um caminhão de bombeiros, um hidrante e uma mangueira, um poste de latão para descida veloz no Corpo de Bombeiros, um sistema de esgoto embaixo da rua, um bueiro para entrar e muito mais. Em vários lugares, havia uniformes de diferentes trabalhadores da cidade.

Lewin-Benham lembra:

Eu observei uma mãe orientando a filha a experimentar cada uniforme e representar o papel do trabalhador. Enquanto ela extraía o que a criança sabia, ouvindo atentamente as descrições da filha, a mãe complementava com detalhes ou acrescentava novas informações. Sua mediação foi responsiva às ações da filha; suas perguntas estimularam a criança a pensar. Quando a criança terminou de usar cada uniforme, a mãe perguntou: "O que você acha *disso*, Emily?"

O uniforme do carteiro ainda não havia sido experimentado. Familiarizada com a rotina, Emily antecipou a pergunta de sua mãe e, correndo para o uniforme, exclamou alegremente: "Entendi! Você pode ser o que quiser!" A mediação eficaz permitiu que uma criança de cinco anos de idade transcendesse uma experiência de exposição, relacionando-a a uma observação sobre as opções de uma pessoa na vida.

RESUMO: OS MUSEUS COMO CENTROS DE APRENDIZAGEM

Quando os adultos compartilham suas observações e incentivam as crianças a se concentrarem, compararem, buscarem padrões, fazerem inferências e encontrarem regras, estão mediando e, assim, promovendo a aprendizagem nos museus. A proporção ideal de guia para visitantes é de um para um. Os museus não podem fornecer tantos funcionários ou voluntários. Mas ajudar pais e professores a aprenderem a ser mediadores seria uma situação em que todos sairiam ganhando e mesclaria as melhores características de museus e escolas.

Atenção: mediar significa compreender as situações em que a mediação *não* deve ser usada. Se uma criança estende a mão para algo quente ou corre em direção à rua, ela precisa ser parada instantânea e enfaticamente. Se as crianças estiverem se concentrando intensamente, buscando padrões ou resolvendo problemas espontaneamente, elas não devem ser interrompidas. A mediação pode vir mais tarde. Certas situações nas salas de aula não exigem mediação: por exemplo, os professores são, às vezes, canais de informação; eles precisam transmitir grandes quantidades de informação. Não é hora de mediar. O bom senso é o fator norteador!

No fim da década de 1970, em uma conferência de museu que ofereceu visitas a vários museus, Lloyd Hezekiah, então diretor do Museu Infantil do Brooklyn, o mais antigo dos Estados Unidos, recepcionou os visitantes. Durante as boas-

-vindas, ele chamou os museus infantis de "palácios da aprendizagem". Existe um consenso geral entre os cientistas cognitivos de que aprender significa entender. Perkins (1995) concorda com Feuerstein que a inteligência pode ser ensinada – de fato, deve ser (p. 177-189). Feuerstein diz que somos humanos pela nossa capacidade de aprender e que, uma vez que adquirimos uma paixão pela aprendizagem, ela se torna ilimitada.

Neste capítulo, mostramos o museu como um "palácio da aprendizagem", promovendo o tipo de compreensão ativa que muitos psicólogos consideram decisiva para saber se a aprendizagem de fato ocorreu.

Pontos principais

1. A aprendizagem pode não estar necessariamente vinculada ao que conhecemos como escola.

2. O solilóquio e a mentoria podem ser formas eficazes de mediação.

3. Os museus podem ajudar os professores a potencializar o efeito das visitas, fornecendo plantas dos andares com programações, mapas temáticos e cartões-guia.

4. Maneiras originais de capitalizar os recursos dos museus são desenvolver corpos de serviço para jovens, criar museus nas escolas, oferecer estágios e saturar os meios de comunicação com vídeos que educam o público sobre aprendizagem eficaz.

5. Os exemplos de mediação em museus são aplicáveis a qualquer situação em que os adultos intervenham nas experiências das crianças para ajudá-las a aprender.

Capítulo 10

Ampliando o repertório cognitivo

> Nobre é a mente em busca de significados.
> — *Portões de Arrependimento*, 1978

Quando os professores compreendem quais fatores influenciam o pensamento, eles são mediadores mais eficazes. Neste capítulo, examinamos cinco diferentes experiências e mostramos como usar cada uma delas para influenciar as capacidades de pensamento e aprendizagem. As experiências são:

- incongruência,
- repetição,
- transformação,
- ilusão,
- experiência estereognóstica (tátil/visual).

Cada experiência é baseada em capacidades distintas e desencadeia diferentes atividades no cérebro. Descrevemos como usar cada uma para ampliar o pensamento das crianças.

INCONGRUÊNCIA

Incongruência significa algo tão incompatível com o que se sabe que destrói o equilíbrio e obriga as crianças a observar e procurar respostas. Mas perceber incongruência causa desequilíbrio *apenas se* as crianças:

- estiverem familiarizadas com o que *normalmente* acontece (cf. os capítulos 1 e 7),
- possuírem o *conhecimento necessário* para compreender o conteúdo,
- usarem rotineiramente *atos de pensamento* como comparar e analisar.

Quando as crianças *realmente* percebem a incongruência, isso faz com que analisem e então voltem a analisar o efeito surpreendente.

Experiências incongruentes criam uma enorme necessidade de resolução; elas levam as crianças a observar com mais atenção, a reunir dados com mais precisão e a encontrar maneiras de confirmar ou negar o que seus sentidos lhes dizem. Feuerstein acredita que criar um estado de desequilíbrio é a situação com *maior* probabilidade de mudar o pensamento – desde que as crianças possam restabelecer o equilíbrio.

Os seguintes fenômenos podem causar desequilíbrio:

- fogo que não queima as coisas, como na história bíblica quando Moisés olhou para a sarça ardente,
- água que não ferve ou evapora,
- pêndulos que balançam de forma arrítmica e, portanto, parecem bizarros,
- relógios que mostram um tempo absurdo,
- bolas que rolam para cima,
- água que flui para trás em uma torneira.

Ainda assim, as crianças podem não perceber, porque esses fenômenos são baseados na ciência, como são as polias (Capítulo 1), o princípio de Bernoulli (capítulos 6 e 9) e o vácuo (Capítulo 7) – todos fenômenos que não são abrangidos pela experiência da maioria das crianças. As crianças só sentem desequilíbrio se o que veem contradiz algo que sabem. (Atenção: às vezes, o que as crianças "sabem" pode contradizer os fatos.)

Alertando a atenção

As exposições poderiam criar as seguintes ilusões:

- objetos caindo para *cima*, não para baixo;
- um globo que é quente nos polos, gelado no equador, com oceanos irregulares, montanhas lisas, florestas arenosas e desertos repletos de árvores;

• pequenas figuras mecânicas executando processos familiares – derrubando árvores, cozinhando refeições – na ordem errada;

• um prisma espelhado por dentro para criar imagens infinitas;

• mundos invertidos, liliputianos ou assimétricos;

• mundos à la Escher, Gaudí, Dalí, Giacometti ou Modigliani. As técnicas de grandes artistas poderiam ser usadas para produzir incongruência visual. Imagine caminhar pelas cores de Monet, brincar nas pinturas pontilhistas de Seurat ou subir as escadas no *Relatividade* de Escher – são todas experiências contrárias ao que sabemos.

Experiências incongruentes reorganizam a realidade e, portanto, chamam a atenção. *Entretanto*, ir além do nível "parque de diversões"/Disney World requer ensino sério:

• *tempo* para explorar;

• *recursos* na forma de materiais com os quais variar a experiência, modelos relacionados para explorar, livros, vídeos e simulações em computador;

• a presença de um *adulto instruído* para estimular a discussão, fornecer *feedback*, questionar e de outras formas mediar.

Ter a atenção das crianças é a porta de entrada para estimulá-las a pensar. Mas, uma vez "dentro dos portões", é necessário um ensino sólido para desenvolver as habilidades cognitivas que formam uma base para o pensamento analítico. Se a dissonância cognitiva foca a atenção das crianças, a mediação deve ajudá-las a desenvolver os processos de pensamento necessários para restabelecer o equilíbrio.

Coletando informações

O desafio de causar desequilíbrio é garantir que as experiências pareçam inesperadas às crianças, que o que elas veem seja contraditório. A coleta de informações pode fazer com que as crianças notem a incongruência se ela requerer:

• observar com atenção,

• descrever,

• definir o problema,

• fazer comparações,

• categorizar.

Os processos dos quais a coleta de informações depende precisam ser isolados e ensinados individualmente. Fazer isso é um tempo bem aproveitado, porque a coleta sistemática e precisa de informações é essencial para toda a solução de problemas. Sem informações precisas e domínio dos atos de pensamento de nível inferior, o cérebro não pode elaborar – induzir, inferir, deduzir, resumir, concluir.

Aprendendo com a incongruência

Considere a exposição do vácuo (Capítulo 7). O tubo sem ar típico tem cerca de um metro de altura; as crianças apertam um botão para fazer cair objetos. Como a maioria das crianças não sabe nada sobre a queda de objetos no vácuo e como os objetos caem instantaneamente, essa exposição comum falha em extrair qualquer coisa, exceto o pressionar de um botão.

As crianças poderiam perceber *se...* o tubo fosse:

- decorado para atrair a atenção;
- tão alto que a queda do objeto *seria* perceptível;
- posicionado ao lado de um segundo tubo *com* ar, para que os efeitos dos tubos cheios de ar e sem ar pudessem ser comparados;
- projetado para que as crianças pudessem remover ou adicionar ar;
- ligado a um amplificador, para que um ruído soasse quando os objetos atingissem o fundo.

Ou, as crianças poderiam perceber se:

- antes participassem de experimentos (apresentados pela equipe do museu) que mostrassem o que acontece no vácuo com um fósforo aceso, um marshmallow, água fervente e outros objetos familiares;
- as crianças pudessem de alguma forma parar o objeto no meio da queda;
- a exposição fosse localizada entre outras relacionadas;
- as exposições fossem organizadas para fazer com que as crianças explorassem sistematicamente.

Poderia prender a atenção se:

- o tubo contivesse objetos consideravelmente incomuns;
- os objetos pudessem ser explorados à mão e examinados de perto;

• um vídeo:

- fornecesse um modelo para as crianças imitarem;
- mostrasse o que esperar, tornando os efeitos facilmente aparentes;
- explicasse por que algo aconteceu;

• simulações em computador permitissem aos visitantes manipular variáveis como altura do tubo, forma e peso dos objetos, presença ou ausência de ar.

A exploração deve ser relacionada, repetida, variada e mediada para estabelecer uma base para aprender como as coisas se comportam e tornar familiares fenômenos: como espaços cheios de ar e sem ar, pêndulos, ganho mecânico e outros processos físicos. As exposições de ciências podem despertar interesse, mas requerem tempo e esforço consciente para evoluir do interesse à compreensão.

Reforço mental: para aprender alguma coisa

Objetivo: obrigar as crianças a se envolverem a fim de desenvolver o conteúdo e aprenderem, questionando, observando, comparando e prevendo.

Para aprenderem alguma coisa, as crianças devem:

1. observar,
2. comparar e, como resultado
3. sentir desequilíbrio suficiente
4. para questionar e
5. buscar novas informações
6. de modo a restabelecer o equilíbrio,
7. ver o porquê
8. e aprender.

Criar exposições que estimulem esses comportamentos *em sequência* seria uma inovação na elaboração da exposição. Isso mudaria o foco dos museus do conteúdo das exposições para seu impacto no pensamento. A base para tal elaboração seria como no cérebro:

• os sistemas de atenção são alertados;
• o foco é direcionado para um estímulo específico;
• o foco é preservado;

- as impressões sensoriais incidem;
- todos os estímulos, exceto os relevantes, estão bloqueados;
- os neurônios sensoriais e motores se conectam;
- a motivação cruza com respostas;
- a inferência, a dedução e outras funções cerebrais analíticas ocorrem;
- as conclusões são expressas em uma ou mais modalidades.

Um dia, as crianças poderão assistir ao cérebro em ação enquanto se envolvem em uma experiência. As tomografias do cérebro, refletindo diversas reações, contêm possibilidades intrigantes de *feedback* sobre o funcionamento do próprio cérebro das crianças.

> Para conscientizar as crianças da incongruência, o primeiro passo é conscientizá-las da importância da observação.

REPETIÇÃO

Feuerstein propõe que existem dois tipos de repetição:

1. Repetir para consolidar rotinas para que se tornem automáticas – por exemplo, as técnicas que músicos e atletas adquirem através da prática.

2. Repetir para reconhecer padrões, independentemente de como os componentes variam. Por exemplo, um quadrado pode parecer um diamante, mas permanece um quadrado se mantiver quatro ângulos retos (constância do objeto, apesar das mudanças de posição).

Aqui, exploramos esses conceitos.

Rotinas de consolidação

A repetição é essencial para dominar novos procedimentos, o que significa consolidar ações ou informações para que o cérebro se lembre. As crianças geralmente acham a repetição entediante. Portanto, enfatiza Feuerstein, a variedade deve ser parte integrante da repetição. Os museus podem ser repetitivos de maneiras engenhosas, porque possuem inúmeras técnicas, projetistas talentosos e equipes interdisciplinares. Considere o papel da repetição nos exemplos a seguir.

Caligrafia. Traçar letras com elegância requer anos de prática, que gradualmente permite que o olho/mão faça movimentos refinados. Duas práticas de ensino exercitam cérebro/olho/mão com atividades repetitivas, mas variadas.

As escolas Montessori fortalecem os movimentos das mãos/olhos de várias maneiras:

- coleções de garrafas e caixas intrigantes para abrir e fechar;
- atividades para lavar ou polir objetos reais;
- botões, pressões, fivelas e outros fechos para manipular;
- Encaixes metálicos, uma atividade semelhante ao de papel com estêncil.

As escolas de Reggio estimulam as crianças aos 12 meses de idade a pintar, usando cola, papel amassado, rasgado e modelado e explorando dezenas de outros materiais que envolvem a mão/olho e requerem movimentos sofisticados. Tanto nas escolas Montessori como de Reggio, a grande variedade de atividades mantém o interesse das crianças, enquanto repetem os tipos de movimentos dos olhos/mãos que desenvolvem a musculatura necessária para escrever.

Dirigir. Os alunos aprendem a dirigir praticando em estacionamentos ou estradas secundárias. O objetivo é cristalizar os movimentos, respostas e julgamento para guiar, frear ou acelerar, a fim de que, quando começarem a dirigir mais tarde, possam fazê-lo com facilidade e segurança. Na década de 1970, as autoridades do Cairo, no Egito, ficaram tão alarmadas com a condução dos egípcios que criaram um "museu da direção" para treinar crianças a dirigir carros e aprender as regras de trânsito.

Reagir rapidamente. Considere uma exposição comum que se baseia na repetição. As crianças pressionam um botão que libera um objeto e são desafiadas a capturá-lo antes que uma campainha toque. Os alunos podem variar o objeto ou o tempo para que a experiência seja mais fácil ou mais difícil. A atividade treina os olhos/músculos para responder de forma reflexiva e rápida.

> A repetição envolve selecionar uma dimensão, uma habilidade ou um princípio que queremos que as crianças dominem e depois repeti-los de diversas maneiras.

Estabelecendo princípios

Outro aspecto da repetição é reconhecer algo, apesar da mudança de posição, cor ou outros aspectos. Através da repetição – vendo o objeto várias vezes em diferentes configurações – as crianças podem aprender que os objetos mantêm características definidoras (preservam sua constância), apesar das mudanças nas aparências.

Forma. Mostre um quadrado às crianças e gire um quarto de volta. A maioria agora diz que é um diamante porque não vê mais um ângulo reto. Um mediador poderia fazer uso do solilóquio e, assim, mediar a operação cognitiva da análise: "Olhe o canto; isso é um ângulo reto! Fique de olho no ângulo enquanto eu giro o quadrado. O ângulo mudou? Não! Os lados mudaram? Não! O que mudou? Ah! Somente a orientação!" Para que as crianças compreendam que o quadrado permanece um quadrado, não importa como esteja orientado, elas podem ter que manipular o quadrado repetidamente, com mediação, até entenderem as regras que definem um quadrado e possam usá-las para substituir percepção. *Flexibilidade significa manter uma regra apesar de informações perceptivas conflitantes.*

Algumas crianças podem ver o quadrado como um triângulo porque só olham para o topo. Isso pode indicar percepção difusa ou nenhuma constância do objeto, ou seja, não reconhece que ele permanece o mesmo apesar de parecer mudar de forma.

Feuerstein diz que apenas fornecer uma apresentação e um ou dois exemplos "passa batido", não dando oportunidade para consolidar um princípio. Um paradoxo – e uma razão pela qual a transferência é tão difícil de conseguir – é a necessidade de manter a flexibilidade em algo que se torna fixo. Repetição significa aplicar sistematicamente um princípio a variações progressivamente novas de uma tarefa ou experiência inicial até que as crianças o fixem suficientemente bem para usá-lo com flexibilidade, ou seja, em tarefas cada vez mais novas e variadas.

Aritmética. Muitas crianças aprendendo aritmética nunca dominam suficientemente os princípios para ver que $4 + 2 = 6$ é uma variação de:

$2 + ? = 6$

$2 + 4 = ?$

$? + 4 = 6$

$6 - ? = 2$

$6 - ? = 4$

Isso requer mediação e repetição para as crianças aprenderem esse princípio. Se o fizerem, a aritmética pode ser um país das maravilhas de padrões entrelaçados e previsíveis. Então os desafios, especialmente nas séries iniciais, são:

• trabalhar com precisão suficiente para manter o padrão intacto. Por exemplo, crianças com caligrafia ruim podem não ser capazes de ler o que escreveram ou identificar padrões de números porque os posicionam descuidadamente.

• trabalhar com eficiência; crianças que trabalham muito rápido podem saber a resposta correta, mas escrevê-la incorretamente (46 e não 64) e, portanto, destroem o padrão.

Se as crianças experimentaram a emoção de detectar padrões, essa experiência pode ser usada como um lembrete para escrever com cuidado, checar e, assim, manter o padrão ou encontrar um novo – talvez ser o *primeiro* a encontrar um novo padrão, um desafio que estimula as crianças a irem além da lição ou experiência imediata. Feuerstein chama isso de mediação de desafio (Feuerstein, Rand, & Feuerstein, 2006, p. 423). A repetição com variedade – e mediação – ajuda as crianças a reconhecer padrões e, assim, estabelecer princípios.

Repetição e novidade

Repetição sem novidade é maçante. A novidade estimula o interesse que mantém o sistema de ativação reticular (RAS) do cérebro em alerta (Capítulo 5). Pesquisas mostram que tanto o RAS quanto os neurônios-espelho (Capítulo 5) buscam novidade, e que os sistemas mentais exigem que a novidade permaneça acordada e pronta para funcionar. A aprendizagem mecânica, o principal pilar da escola, carece de novidade e, portanto, cria uma quantidade limitada de atividade mental. Estar interessado é o primeiro passo para aprender qualquer coisa. A falta de novidade desliga o cérebro.

Aprendendo com a repetição

Sem repetição, o que deve ser aprendido pode permanecer apenas um episódio. Não é possível formar conceitos, fazer abstrações ou generalizar a partir de uma única experiência. Se as crianças não repetirem o suficiente, os processos não ficarão na memória e, portanto, não estarão disponíveis para o cérebro usar na formação de um pensamento novo e mais complexo. *Para aprender, as crianças devem ver princípios, regras, leis naturais – o que quer que esteja sendo ensinado – em operação em diversos fenômenos.* Quanto mais variados os exemplos de um conceito, maior a probabilidade de atrair crianças com interesses e experiências diferentes e permanecer no cérebro. As crianças que aprendem pela repetição a reconhecer o mesmo princípio de formas variadas se habituam ao processo de pensamento da constância.

Constância com variação é vista em toda a natureza: aranhas tecem teias; mariscos não têm esqueletos; os pássaros botam ovos. A natureza fornece infinitos exemplos de estruturas que permanecem as mesmas enquanto a forma muda. As composições com contraponto de Bach mostram variação infinita dentro de uma estrutura. Os pintores modernos usam telas e tintas (a estrutura) de inúmeras formas. Ao longo da natureza e do esforço humano, encontramos repetição com variedade.

As crianças podem ser desafiadas a fazer desenhos com base na constância: um elemento permanece o mesmo e é repetido em dois objetos totalmente diferentes (cf. a Figura 10.1). Analisar o que é constante – o que se repete em várias circunstâncias – oferece às crianças uma nova maneira de olhar o mundo.

Figura 10.1. Você consegue ver o que a criança manteve constante para transformar a folha em borboleta? Observe atentamente a faixa do meio da folha no esboço superior e abra mentalmente as abas. Observe como no esboço inferior a seção central da folha se tornou o corpo da borboleta.

Ilustração de Daniel Feuerstein

Reforço mental: estabelecer relações

Desafio: estabelecer uma relação. Para ajudar as crianças a aprender a fazer relações, repita um princípio à medida que aumenta a complexidade. Por exemplo, encontre as relações nesta série de números simples (modo: simbólico/numérico):

1   2   3
100 200 ?

Ou encontre as relações no exemplo mais desafiador na Figura 10.2 (modo: figural). Ou encontre as relações nessas palavras (modo: verbal/escrito):

Preto   Branco   Cinza
Siga   Pare   Cuidado
Frio   Quente   ?

Complexidade é definida por quantas coisas diferentes precisam ser processadas para resolver um problema. O primeiro exemplo contém apenas uma relação – unidades a centenas. O segundo exemplo contém duas relações – forma e padrão. O terceiro exemplo contém três relações com dois extremos e um ponto médio – gradações de cinza, condições de movimento e graus de temperatura.

Figura 10.2. Cf. a 10.2a. Determine como a figura superior esquerda se transforma na figura superior direita. Então cf. a 10.2b. Determine qual figura na 10.2b mantém a mesma relação que no par superior da 10.2a.

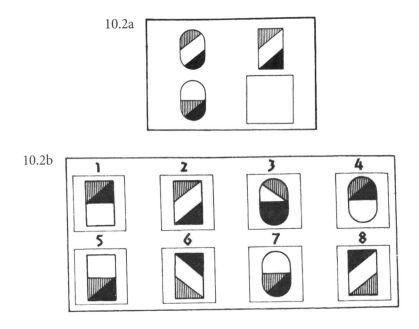

Esses exemplos começaram com uma relação familiar que contém pouca complexidade e foram movidos para relações menos familiares e mais complexas. Os exemplos foram expressos em três modalidades diferentes – numérica, figural (cf. a Figura 10.2) e verbal. A mesma função cerebral – formar relações – é usada em exercícios que variam consideravelmente em complexidade e modalidade.

Estabelecer relações requer foco, comportamento comparativo, memória de curto e longo prazo e exploração sistemática. A observação cuidadosa das crianças enquanto elas formam relações revela quais funções cognitivas elas estão usando, quais funções são deficientes e quais aspectos da tarefa devem ser explicados ou simplificados. Ao fazer essas avaliações, os mediadores analisam a tarefa (usando o Mapa Cognitivo) e o desempenho das crianças.

> As relações não podem ser compreendidas através da percepção sensorial. Elas são o produto de uma mente humana.

TRANSFORMAÇÃO

Transformação significa transformar uma coisa em outra. Existem muitos exemplos nos mundos físico, natural e artificial – fósforo/fogo, árvore/mesa, água/vapor, grãos/pão, ovo/galinha, nuvem gasosa/estrela. (Desafio: dobre o tamanho desta lista.) Metamorfose, uma forma de transformação, é vista na borboleta, na joaninha ou na mosca doméstica; em anfíbios e crustáceos; em formações rochosas; nos estados de desaparecer/transformar/restaurar de um show de mágica; em paisagens que mudam de um terreno arborizado para um trevo rodoviário; nos desenhos de Escher; e em inúmeros outros exemplos.

Descreveremos a princípio a transformação discutindo o zootrópio e depois veremos como as constantes de retenção fornecem a base para a transformação, uma função cerebral de alto nível.

Imagens de zootrópios

Os zootrópios são tambores cilíndricos com fendas verticais paralelas separadas cerca de cinco centímetros. Os tambores são construídos para girar rapidamente quando operados por um motor ou girados à mão (cf. a Figura 10.3). Os zootrópios são exposições populares em museus de ciência, arte, história e tecnologia e são usados em algumas salas de aula. A palavra vem do grego: *zôon*, que significa "vida" e *trópos*, que significa "mover para frente".

Figura 10.3. Confeccionar tiras de zootrópio é uma forma de transformação: as crianças consideram o que conservar e o que mudar para transformar linhas estáticas em imagens em movimento.

Como funcionam os zootrópios. No interior de um tambor, há uma tira de papel com uma série de imagens representando ação: um animal correndo, um palhaço jogando uma bola, um pássaro voando. Se você olhar através das fendas enquanto o zootrópio gira, as imagens parecem se mover. Você pode variar a experiência alterando as tiras ou desenhando as suas próprias. O texto explica o que está acontecendo. As ilustrações mostram como desenhar tiras de zootrópio. Mesmo algo tão simples como um ponto ou uma linha pequena – se ligeiramente diferentes de quadro para quadro – parecem se mover.

História. Os zootrópios desempenharam um papel na história do cinema. Eles começaram como brinquedos populares na era vitoriana. Os livros continham tiras de desenhos decorativos para recortar e girar em zootrópios. Câmeras de filmar e celuloide não existiam, então os zootrópios satisfizeram o desejo antigo do ser humano de ver movimentos reais. Em nossa época, é difícil conceber não ter imagens em movimento ou imaginar o desejo intenso de ver imagens em movimento de criaturas vivas.

Na década de 1870, Leland Stanford, o rico governador da Califórnia que criava cavalos de corrida, decidiu liquidar uma discussão centenária: quando um cavalo galopa, todas as suas quatro patas se erguem do chão ao mesmo tempo em algum momento? Muitas ilustrações representavam as patas dianteiras estendidas para frente, as patas traseiras para trás. Edward Muybridge, um proeminente fotógrafo, concebeu um experimento. Ao longo da pista de corrida de Stanford, Muybridge posicionou uma fileira de câmeras, amarrou uma corda comprida a cada disparador e esticou as cordas pela pista de corrida. Os cascos do cavalo acionavam as cordas, efetuando cada disparo em sequência. As imagens capturadas foram colocadas juntas e giradas em um zootrópio de salão. Ali, pela primeira vez, os humanos viram uma imagem em movimento de um animal vivo – e encerraram a discussão. Se você nunca viu as famosas fotos do cavalo de Muybridge animadas, separe um minuto para encontrá-las na internet. Vale a pena o tempo investido, especialmente levando-se em conta que a fotografia estava em seus primórdios e as imagens em movimento não existiam. Você testemunhará um evento histórico ao assistir as fotos do cavalo ganharem vida.

O que o cérebro percebe. "A incapacidade do cérebro de separar imagens que se aproximam demais nos permite ver uma série de imagens estáticas como uma imagem em movimento [...] O que vale para a visão também vale para a percepção através dos outros sentidos; quando dois toques em intervalos igualmente curtos nos fazem cócegas, nós os sentimos como um só" (Pollack, 1999, p. 48). O cérebro, que está acostumado a ver movimentos fluidos, preenche os movimentos que não estão na faixa do zootrópio, fazendo você acreditar que vê movimento.

Reforço mental: o bizarro. Imagine prender a atenção com imagens de zootrópio que mostrem movimentos bizarros – um palhaço jogando uma bola para cima atirando os braços *para baixo*; ou linhas colocadas aleatoriamente para que um movimento seja irregular. Quanto mais bizarro, maior será o efeito de atrair o interesse das crianças. Usar um zootrópio, ou produzir e girar suas próprias tiras, exige que as crianças se concentrem, selecionem estímulos, planejem etapas em uma sequência lógica e estabeleçam metas. Essas ações integram processos de pensamento de nível superior. Feuerstein diz que essas ações indicam que as crianças modificaram sua estrutura cognitiva – ou, em uma palavra, aprenderam.

Constantes e transformação

Transformação significa mudar uma configuração para outra, mas manter os elementos constantes. Por exemplo, a frase ""Billy leva o cachorro" pode ser alterada para "O cachorro é levado por Billy" sem alterar o significado. Manter constantes é a base da simetria, um princípio universal que é significativo porque reflete a ordem na ciência, na natureza e na cultura.

As atividades mentais necessárias para compreender as transformações incluem:

- focar-se em algo;
- manter um ou mais elementos constantes;
- alterar os outros elementos para criar algo novo.

As transformações são vistas no movimento – comuns, como caminhar, ou incomuns, como criar cerâmica ou realizar acrobacias chinesas. Manter constantes permite que as crianças observem a transformação em um evento logicamente sequenciado. Na década de 1930, pesquisadores, procurando uma cura para a pneumonia, a doença que mais matava na época, perceberam que entender como o pneumococo se comportava era a chave para debelar a bactéria. Sua persistência no estudo da transformação levou à descoberta do DNA (McCarty, 1985).

As crianças podem ser apresentadas ao princípio da transformação. Por exemplo, imagine um conjunto de transparências mostrando as partes de um carro: a carroceria em primeiro lugar, chassi em segundo, motor/sistema de transmissão em terceiro, rodas em quarto, para-brisas e janelas em quinto, assentos em sexto. O alinhamento de cada estêncil sucessivo preserva a transparência anterior enquanto acrescenta novas informações. Manter constantes em mente durante uma transformação torna possíveis os processos de montagem, a pesquisa científica e o ato de pensar.

Reconhecendo constantes. As constantes estão por toda parte: a água era inicialmente clara e transparente; agora está avermelhada. O que aconteceu? A água era gelo sólido; agora é fluida. O que transformou o gelo em água? A água ferveu. Para onde foi? O que mudou? O que o primeiro estado tem em comum com o seguinte? Com o estado final? Algumas crianças olham, mas não estão interessadas nem inclinadas a observar atentamente ou analisar o que está acontecendo.

Para usar constantes para fazer transformações, é importante que as crianças:

- estejam ciente das etapas,
- comparem estágios,
- identifiquem diferenças,

- mantenham constantes,
- procurem por relações causais.

Cada um desses atos pode ser mediado.

> A capacidade de manter constantes é uma habilidade cognitiva que é uma parte essencial de muitos e variados atos de pensamento.

Fazendo transformações. Algumas crianças gostam de transformar figuras como a mostrada na Figura 10.1. Alguns gostam de tangrams (Capítulo 5) nos quais reorganizam as mesmas sete peças em centenas de formas diferentes. Ou origami, uma antiga forma de arte japonesa, que usa papel quadrado dobrado para formar uma variedade infinita de formas. Não importa o que você crie, o papel é sempre quadrado. Dobrar aviões de papel e montar suas próprias criações com LEGO™ são outras maneiras de transformar materiais que mantêm sua identidade através de variações infinitas. Os desenhos de Escher, nos quais uma figura reconhecível se transforma em outra, obrigam os espectadores a encontrar constantes. Então, você olha para um peixe se transformando em um pássaro, procurando as características que tornam cada um único e aquelas que são constantes entre eles. Tais atividades requerem atos mentais de comparação, constância e conservação.

Aprendendo com as transformações

As crianças se perguntarão *por que* algo parece diferente enquanto é transformado *se* forem incentivadas a pensar nas operações mentais de manter constantes e fazer transformações.

Conteúdo: plasma. As temperaturas extremamente altas, a matéria assume diferentes estados, passando de sólido para líquido, gasoso ou plasma. O plasma é chamado de quarto estado da matéria; no plasma, as moléculas se organizam de maneira diferente. A pesquisa sobre plasma está levando a "novas técnicas de fabricação, produtos de consumo, perspectiva de energia abundante, iluminação mais eficiente, limpeza de superfícies, remoção de resíduos e muitas outras aplicações" (General Atomics, 1994, p. 1). Usando o Mapa Cognitivo para analisar essas informações, é improvável que as crianças saibam sobre o conteúdo do plasma. Portanto, um adulto deve explicar o conteúdo antes de conversar com as crianças sobre a transformação e as constantes.

Operações: películas de sabão e bolhas. Quando você mergulha uma armação de arame em água com sabão, forma-se uma película de sabão. A película cria a menor área de superfície que abrange a armação, geralmente chamada de superfície mínima. Quando você sopra uma película de sabão, sua respiração separa a película da armação e a película forma uma bolha. Em teoria, a forma da bolha é sempre esférica – a menor área de superfície que pode conter o ar. A operação – sopro, que deve ser feita com cuidado para que a película não se rompa – transforma a película bidimensional em uma esfera tridimensional. O princípio é a tensão superficial, uma propriedade do líquido que lhe permite resistir à pressão (Miller, n.d.).

Fornecer armações metálicas de *formatos diferentes* – circular, quadrado, triângulo, cubo ou prisma triangular – para mergulhar na solução de sabão varia a experiência. Usando armações em sequência, as crianças observam diferentes exemplos de tensão superficial e superfície mínima. Esses princípios provavelmente não são familiares para a maioria das crianças. Ajude as crianças a aprender os princípios:

- usando repetidamente as palavras tensão superficial e superfície mínima,
- sequenciando sistematicamente a experiência usando primeiro as formas mais comuns,
- variando as formas para manter a experiência nova,
- incentivando as crianças a observar constantes (a relação entre película e armação), superfícies mínimas e tensão superficial.

Aprender o princípio da transformação exige que as crianças:

- observem e coletem informações,
- determinem as características salientes dos objetos (neste caso, estado e forma),
- pensem analiticamente sobre o que faz a película de sabão parecer diferente,
- façam comparações com base nas informações que elas próprias coletam sobre quais características mudam e quais permanecem as mesmas.

Cada um desses atos de pensamento requer a coleta e manipulação de informações.

Operações: estourando um balão. Considere as operações mentais que descrevem as transformações que ocorrem quando você enche e estoura um balão:

- *Colete informações* sobre um balão.
- *Determine* características salientes do estado inicial do balão.
- *Colete informações* sobre o balão cheio; agora, ele:

  - é arredondado,
  - é firme ao toque,
  - pode ser golpeado pra lá e pra cá.

- *Compare* a condição do balão em seu primeiro estado com o estado cheio.
- *Colete informações* sobre as mudanças no balão estourado; agora, ele:

  - é pequeno,
  - está mole,
  - cai imediatamente se golpeado.

- *Compare* os dois conjuntos de dados.
- *Formule as causas* da primeira transformação – encher o balão de ar – e da segunda – espetá-lo com um alfinete e a consequente perda de ar.
- *Analise:* o que é constante? A cor, embora possa ser mais clara quando estava cheio; o material, que é elástico; o bocal.
- *Repita* o processo com um balão cheio de hélio, um balão Mylar, balões maiores ou menores.
- *Analise* o que os balões têm em comum e como eles diferem.

A busca por constantes ajuda as crianças a compreenderem que, apesar das mudanças nas aparências, uma entidade permanece a mesma em várias condições. O balão ainda é um balão; somente seu estado mudou.

As funções cognitivas empregadas nas transformações incluem:

- comparar características específicas,
- estabelecer relações,
- imaginar relações hipotéticas,
- sintetizar cada vez que você compara ou imagina uma relação,
- usar evidências lógicas ao se envolver em um ato mental (Feuerstein, Feuerstein, Falik, & Rand, 2002, p. 142).

À medida que aprendem a coletar informações, fazer comparações e manter constantes, as crianças também aprendem a prestar mais atenção nas transformações.

Reforço mental: conservar a constância

Peça às crianças que analisem a transformação das formas na Figura 10.4; incentive-as a usar palavras precisas para descrever o que veem.

Figura 10.4. Esta tarefa difere da tarefa da Figura 10.2 em conteúdo e regra. A figura que falta nesta tarefa é a número 6. Descreva o conteúdo e as regras que tornam sua escolha correta.

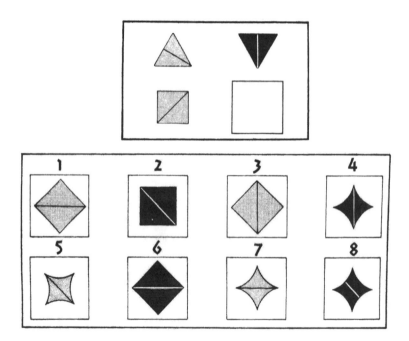

Fileira superior:

- Conteúdo:

    - Esquerda: triângulo com uma linha do ângulo no canto inferior direito para o lado oposto transformado em...
    - Direita: triângulo com linha do ângulo inferior para o lado oposto;

- Categoria: formas geométricas;
- Forma: figuras preenchidas;
- Relação:

- Mudança:

• *Triângulo levemente sombreado* à esquerda transformado em triângulo preto à direita;

• Triângulo à esquerda girado uma volta para a direita;

- Conservação: forma e linha.

Fileira inferior:

• Conteúdo:

- Quadrado ligeiramente sombreado à esquerda;
- Linha do canto superior direito para o canto inferior esquerdo;

• Categoria: forma geométrica;

• Forma: figura preenchida;

• Relação: mudança e conservação.

Desafio: dos exemplos 1 a 8 na Figura 10.4, escolha a forma que preenche o espaço vazio.

A mediação na forma de perguntas ajuda as crianças a aprender a formar relações:

• O que é igual nos exemplos de cima? O conteúdo: ambos são triângulos.

• O que é diferente nos exemplos de cima? O sombreamento e a posição.

• Qual exemplo da Figura 10.4 tanto conserva como altera o *quadrado* da mesma forma que os triângulos? Em outras palavras, qual exemplo completa a analogia corretamente?

Embora cada uma das quatro formas pareça diferente, as *relações* entre elas são constantes. O problema incorpora variação e repetição e exige que as crianças coletem informações, descrevam, comparem, conservem, transformem e sintetizem. Os mediadores podem tornar a experiência eficaz usando termos como *reunir informações, contrastar*, manter constantes e outros que descrevem as funções cerebrais. Com a repetição, as crianças aprendem a manipular os princípios de mudança e conservação.

Algumas crianças, que prontamente resolvem problemas como o da Figura 10.4, não conseguem articular o que estão fazendo, como chegam a soluções ou quais são os princípios. Outras crianças não sabem como abordar o problema. Para as primeiras, a mediação ajuda as crianças a se tornarem conscientes de seus processos de pensamento e capazes de articulá-los. Para as últimas, a mediação orienta as crianças através das etapas essenciais e lógicas necessárias para estabelecer as relações e, eventualmente, derivar os princípios. A mediação ajuda todas as crianças a tomar consciência de quais processos de pensamento são necessários para resolver analogias cada vez mais difíceis e aplicar os princípios de busca de constantes.

> O ensino torna-se mediação quando conscientiza as crianças sobre os processos mentais que estão usando.

ILUSÃO

Peça às crianças que coloquem um canudo em um copo de água transparente e observem o canudo de lado: ele parece dobrado. Peça-lhes para cruzar os dedos indicador e médio, fechar os olhos e esfregar as pontas dos dedos cruzados na borda da mesa: parece que existem duas bordas. Peça às crianças que olhem para a ilusão que consiste em linhas paralelas que parecem convergir para um ponto distante. O poder das ilusões é tão forte que você é forçado a verificar e verificar novamente o que vê ou sente.

Cócegas no seu cérebro

As ilusões desafiam as crianças a olharem com atenção, olharem de novo e comparar as diferenças entre o que sabem e o que seus sentidos sugerem. Considere os seguintes exemplos.

Duas linhas. Uma ilusão visual comum mostra uma linha vertical que encontra uma linha horizontal no ponto médio. Mesmo ao confirmar com uma medição cuidadosa que as duas têm a mesma extensão, invariavelmente a linha vertical parece mais longa!

Desafie as crianças a desenhar a ilusão de várias maneiras:

- Escurecer uma linha.
- Variar as cores ou a espessura das linhas.
- Fazer uma linha pontilhada.
- Fazer uma linha segmentada.
- Desenhar a linha vertical fora do centro.

Até que ponto, se houver, as variações afetam a percepção das crianças da linha vertical? Ilusões desafiam explicações fáceis.

A ilusão DeMoore. Duas caixas cobertas são idênticas em todos os aspectos, exceto que uma é visivelmente mais alta. Mas, sem o conhecimento das crianças, a caixa mais curta é consideravelmente mais pesada. Quando as crianças pegam as duas caixas simultaneamente e têm que dizer qual é a mais pesada, invariavelmente respondem que é a caixa grande! Se as crianças pegarem a caixa maior (menor peso) *depois* da menor, elas ficarão perplexas. Por quê? As crianças fazem uma relação entre tamanho e peso e, portanto, não esperam que algo menor seja mais pesado. No entanto, em crianças pequenas ou com baixo desempenho, a experiência é menos acentuada porque elas não conectam tamanho e peso e, portanto, não esperam que algo maior seja mais pesado.

Informações contraintuitivas são surpreendentes. Com base na percepção visual, as crianças mais velhas esperam que a caixa grande seja mais pesada; portanto, eles se *preparam demais* para levantá-la. A preparação convence a mente de que está levantando um objeto mais pesado. Outra maneira de pensar sobre a experiência é perguntar: quão pesada devo tornar a caixa grande para parecer tão pesada quanto a pequena? Cf. outra ilusão contraintuitiva na Figura 10.5.

Figura 10.5. Cubra a figura à direita. Veja os quadrados A e B na figura à esquerda. Descreva como eles são diferentes. Agora observe os quadrados A e B na figura à direita. Eles são diferentes?

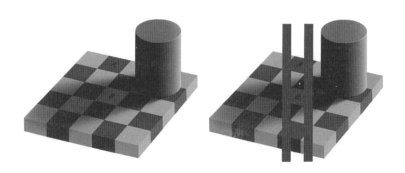

Outras ilusões. As ilusões proporcionam o mesmo fascínio que os truques de mágica realizados com facilidade, obrigando as crianças a prestar atenção. As ilusões clássicas são pato/coelho, moça bonita/bruxa velha, vaso/rosto, bolhas/ vaca em preto e branco. Existem centenas de exemplos e inúmeros sites com ilusões, incluindo alguns baseados em cores ou movimentos. Prepare-se para gastar algum tempo porque eles são atraentes. Em seu site, o importante neurologista V.S. Ramachandran explica as funções cerebrais que dão origem a vários tipos diferentes de ilusões. O objetivo de usar ilusões não é ensinar às crianças como a percepção funciona, mas mudar o estado das crianças de tédio ou apatia para interesse ou empolgação. As ilusões ativam as funções cerebrais de expectativa e comparação.

Aprendendo com Ilusões

As ilusões fascinam porque apresentam enigmas sensoriais que persistem mesmo quando sabemos que são ilusões! Ao fornecer informações erradas, as ilusões confundem os sistemas cerebrais que geralmente funcionam bem. Por que as ilusões funcionam e persistem é complicado. As ilusões resultam da interação visual ou cinestésica e de outros sistemas cérebro/corpo. Algumas ilusões são causadas pela "incapacidade do cérebro de separar percepções que se aproximam demais" (Pollack, 1999, p. 48). A ilusão é uma modalidade poderosa que torna as crianças altamente focadas, alertas e com a intenção de resolver o problema – estados de atenção que preparam o cenário para o aprendizado.

> A incongruência entre o que se sabe e o que se vê deixa as crianças curiosas e desencadeia pensamentos engenhosos.

Reforço mental: olhe novamente

Poucas pessoas enxergam o que há por trás da ilusão a princípio. Mas, uma vez que "cai a ficha" no cérebro, as imagens parecem ir e voltar como uma luz piscando. Então, à medida que o cérebro se familiariza com os detalhes de cada uma, as pessoas enxergam uma ou outra imagem quando querem, brincando com um enigma do processamento da visão. Como as ilusões exigem atenção, elas são excelentes ferramentas para mediação. Iniciar uma lição mediada, pedindo às crianças que contemplem uma ilusão, coloca-as em um estado de espírito atento e focado.

Os exercícios de Enriquecimento Instrumental de Feuerstein usam sistematicamente diferentes tipos de pensamento de maneira repetitiva, mas variada e cada vez mais desafiadora, para ajudar as crianças a adquirir funções cerebrais específicas. O instrumento sobre ilusões prepara as crianças para aceitar as opiniões dos outros, porque elas aprendem que o que veem não é necessariamente o que o outro vê. Este instrumento incentiva as crianças a encarar os objetivos dos outros como legítimos e, como resultado, a se tornarem menos egocêntricas e menos propensas a considerar sua própria visão como a única possível. A capacidade de ouvir a interpretação de outra pessoa é a marca registrada de alguém que é atencioso.

EXPERIÊNCIAS ESTEREOGNÓSTICAS (MÃO/VISÃO)

Estereognosia, também chamada de percepção *háptica*, significa conhecer através do sentido do tato. "Quase toda habilidade física flui da maturação das habilidades motoras sob a orientação do monitoramento visual e cinestésico" (Wilson, 1998, p. 97). O uso combinado de sentidos visuais e cinestésicos é chamado de *sentido háptico*. Alguns sites oferecem demonstrações fascinantes. No momento da redação deste livro, uma demonstração que poderia ser facilmente duplicada na sala de aula podia ser vista em http://www.roblesdelatorre.com/gabriel/vsdemof.htm. O sentido háptico, frequentemente usado, é muito mais complexo do que anteriormente se pensava e é importante no campo da realidade virtual.

Conexão dedo/olho

Quando você manipula e percebe um objeto visualmente, extrai informações sobre ele *simultaneamente* em um processo visual e tátil. Você pode deduzir a aparência da parte de trás do objeto, mesmo que não possa vê-la. Por outro lado, a percepção não visual, também chamada de tátil, háptica ou estereognóstica – o tipo de visão que uma pessoa cega tem – funciona de maneira diferente: você identifica um objeto apenas pelo toque, sem vê-lo. Para que crianças com deficiência visual tenham uma imagem total e precisa de todos os detalhes de um objeto, elas devem explorá-lo usando o dedo ou a mão para tocar *sucessivamente* em todo o objeto – diâmetro, altura, largura, aberturas, apêndices.

É impossível experimentar a percepção simultânea explorando sucessivamente. Em vez de ver o objeto inteiro de uma só vez, você segue uma sequência *temporal*: toca, mede o tamanho, estima a distância, descobre os contornos –

movimentos sequenciais sem ordem específica. Como a experiência é sucessiva, e não simultânea, as imagens – o mundo imaginado das crianças cegas – são imprecisas e aleatórias. Lembre-se de como seis cegos descreveram um elefante (Saxe, 1881): quem tocou a presa chamou a criatura de lança; quem tocou a cauda chamou o elefante de cobra; quem tocou uma perna chamou o elefante de árvore e assim por diante. A história é contada em rima como uma parábola (procure no Google por "homens cegos e um elefante") e alguns sites têm ilustrações inteligentes.

Aprendendo com a exploração estereognóstica

Motivados pelas descrições ruins de um avião por parte de alunos cegos, Feuerstein e seus colegas desenvolveram ferramentas do PEI para cegos em modalidades *não visuais*. Uma delas é um instrumento tátil: objetos com formas distintas são reduzidos em tamanho e representados em um alto relevo com bordas duplas. Usando dois dedos, as crianças cegas exploram completamente o contorno, sentindo as linhas protuberantes de um avião, carro, cadeira, maçã, xícara e outros objetos comuns.

Outro instrumento usa contornos 3D. Pede-se às crianças que reconheçam pelo toque ou até desenhem algo que é percebido com tato. Esses instrumentos também são usados com crianças com visão para incentivá-las a se concentrarem de maneira mais sistemática do que a modalidade visual. Eles sentem as linhas com os olhos vendados e, em seguida, identificam o que sentiram olhando para várias figuras semelhantes, uma exata, outras com variados graus de diferença. Algumas diferenças são grosseiras e, portanto, fáceis de perceber; quanto menor a diferença, maior o desafio.

Lembre-se: crianças com visão geralmente exploram *simultaneamente no modo visual*. Com os instrumentos anteriores, para reconhecer uma representação 2D de um objeto 3D, as crianças com visão devem aprender a explorar *sucessivamente em modo tátil*. A experiência é um exemplo de um ato mental representacional. Se as crianças exploram pela palma da mão, os mediadores devem mostrar-lhes como usar seus "dedos sensíveis" (Capítulo 6). O objetivo é que as crianças encontrem as principais características – cantos, contornos, forma e outros detalhes.

A experiência tátil mais próxima de ver é sentir um objeto tridimensional. A segunda mais próxima é sentir um *traçado* tridimensional, que é uma experiência estereognóstica. O menos semelhante é usar sinais convencionais, como o Braille, que não têm nada em comum com o objeto que representam. O uso do Braille não dá a uma pessoa cega nada com o que formar uma imagem – uma representação – do que o Braille descreve. Por fornecer uma imagem, os exercícios do PEI para crianças cegas têm sido amplamente utilizados.

Crianças pequenas que enxergam apreciam os exercícios táteis/sucessivos, saem-se muito bem com eles e aprendem uma nova maneira de explorar visualmente. Esses exercícios ajudam crianças com TDAH, crianças que agem impulsivamente e outras que não fazem observações precisas, têm percepção indiferenciada, atenção passageira e outros problemas de foco. Usar os dedos para "olhar" para um objeto as obriga a olhar sucessivamente. Assim, elas coletam informações que não podem perceber de nenhuma outra maneira. A exploração estereognóstica é uma experiência sensorial totalmente diferente – sentindo detalhe por detalhe algo que normalmente é percebido como um todo. A experiência prepara as crianças para fazer um investimento, por assim dizer, no que elas estão percebendo. A experiência pode ser reforçada fazendo com que as crianças reconheçam o que sentiram dentre muitos objetos diferentes e, posteriormente, desenhem-no. Quando exploram precisamente no modo tátil, as crianças cujo sistema visual ou funções de atenção estão comprometidas podem entender melhor as características dos objetos.

Reforço cerebral: desenvolver mãos inteligentes

Na exposição "As caixas fechadas" (cf. o Capítulo 8), as crianças podem identificar facilmente uma pena com uma mão, mas não a maioria das outras coisas. Não é possível explorar sistematicamente um objeto desconhecido com uma única mão. É melhor fornecer caixas com dois furos para que as crianças possam explorar com as duas mãos, usando uma para sentir e a outra para verificar as propriedades. Isso permite que as crianças usem algumas das mesmas pistas de quando exploram visualmente. Os mediadores podem apontar os benefícios transcendentes da exploração de maneiras diferentes e, assim, ajudar as crianças a entender que alguns tipos de exploração produzem mais informações do que outros. Isso é mediação para exploração sistemática, imagem visual e transformação de uma modalidade tátil para uma visual. Conscientizar as crianças da diferença entre percepção estereognóstica e simultânea pode torná-las observadoras mais eficazes.

RESUMO: PROJETOS DESAFIADORES

Criar experiências mediadoras é um desafio para os planejadores de aulas e projetistas de exposições. Os cinco tipos de experiências descritos neste capítulo mostram o impacto que efeitos específicos têm sobre diferentes funções cerebrais, como os mediadores podem conscientizar as crianças sobre quais atos cognitivos elas estão realizando e, assim, aumentar as capacidades cognitivas do cérebro. Os princípios enfatizados nos capítulos 6 a 10 são as matérias-primas das exposições e outras experiências que fazem as crianças pensarem.

Pontos principais

1. A incongruência cria conflitos na mente. Isso facilita capturar a atenção das crianças, porque o conflito é perturbador e motiva as crianças a reconciliá-lo.

2. A repetição é essencial para consolidar novos procedimentos e lembrar características importantes de objetos, padrões e experiências.

3. A transformação exige que o cérebro conserve o foco para manter constante um aspecto de um objeto ou ato, enquanto analisa como outros aspectos mudam.

4. As ilusões desafiam o cérebro a analisar e voltar a analisar e, em seguida, verificar novamente para determinar por que algo que se sabe ser o caso parece não ser.

5. A exploração simultânea com as mãos ou as pontas dos dedos *e* os olhos aumenta a capacidade do cérebro de extrair informações de um objeto.

Capítulo 11

Estimulando o cérebro para fazer a aprendizagem acontecer

> Uma mudança em qualquer coisa instantaneamente leva a uma mudança em todas as coisas ao seu redor.
>
> — John von Neumann (Macrae, 1992)

As exposições de museus foram usadas ao longo deste livro como um veículo para demonstrar a mediação em ação e sugerir muitas técnicas específicas que os professores podem usar para aprimorar o pensamento. Conforme afirmado na Introdução, ao mostrar exemplos de mediação em museus, universalizamos a mediação para qualquer situação em que os professores desejem que os alunos desenvolvam habilidades de pensamento e, finalmente, tornem-se seus próprios mediadores. Em muitos capítulos, exemplos de mediação também são mostrados nas salas de aula, onde as crianças passam a maior parte de seu tempo.

As pontes entre a aprendizagem nos museus e na escola são: (1) o grupo de técnicas que os professores podem usar para analisar a natureza de uma tarefa, exposição ou experiência (Mapa Cognitivo, Capítulo 6) e (2) a lista de funções que orientam professores a ver quais aspectos do pensamento das crianças podem estar subdesenvolvidos, pouco desenvolvidos, estagnados, comprometidos ou são rara e ineficientemente usados (Capítulo 6 e Apêndice A). A maioria dos exemplos ilustra como os estímulos são empregados para prender a atenção das crianças e, uma vez capturada, mostra as crianças concentrando-se e desenvolvendo funções cognitivas novas ou subdesenvolvidas.

Estímulos poderosos abundam em museus. No entanto, apesar da disponibilidade de estímulos poderosos, algumas crianças não aprendem tão bem ou tão facilmente quanto outras. Por que existem essas diferenças? Como podemos transformar exposições em exposições *mediadoras*? O que torna *qualquer* experiência um veículo para a mediação? Como podemos ajudar as crianças a se tornarem entes de aprendizagem eficientes que *analisam o seu próprio pensamento e identificam as suas próprias deficiências*? Esse é o objetivo final da mediação.

Motivação e mudança do pensamento de baixo para alto nível desempenham papéis importantes na aprendizagem. Na primeira parte deste capítulo, falaremos sobre vários aspectos da motivação. Na segunda parte, discutiremos como passar do pensamento de baixo nível para o de alto nível, com ênfase na importante relação entre movimento e pensamento.

MOTIVAÇÃO

A motivação, uma função essencial do cérebro, direciona respostas emocionais e integra emoções e ações (Ratey, 2002, p. 247). Lembre-se da eficiência no Mapa Cognitivo (Capítulo 6). Eficiência é a facilidade com que os alunos respondem às demandas de uma tarefa cognitiva. Uma forma de pensar na motivação é como uma indicação de como os alunos veem suas respostas. A motivação é o fator determinante na ansiedade, resistência, velocidade, precisão, energia – ou para a falta deles – no desempenho das crianças.

Aqui, discutimos a indissociabilidade da cognição e da motivação, como mediar a motivação e qual o papel da intencionalidade na mediação da motivação.

Redefinição de motivação

Desde a década de 1980 e já nos tempos gregos, mente e corpo eram considerados entidades separadas, uma visão agora desacreditada pelos neurocientistas, embora ainda debatida nos campos da filosofia e da teologia. Uma vez considerada sua própria entidade, a motivação agora é entendida como parte integrante de todas as funções cerebrais. O neurologista António Damásio, em seu livro *Descartes' Error* (1994), mostrou conclusivamente que o controle da motivação do cérebro é essencial para qualquer coisa que alguém faça. Damásio descreve o tráfego contínuo bidirecional de neurônios – do cérebro para o corpo e do corpo para o cérebro – que monitoram, informam, controlam e motivam tudo o que fazemos. Ele conclui:

> *os sentimentos são tão cognitivos quanto qualquer outra imagem perceptiva* e tão dependentes quanto do processamento do córtex cerebral [...] Os sentimentos são, acima de tudo, sobre o corpo [...] [Eles] nos oferecem um vislumbre do que acontece em nossa carne, pois uma imagem momentânea dessa carne é justaposta às imagens de outros objetos e situações; ao fazê-lo, os sentimentos modificam nossa noção abrangente desses outros objetos e situações [...] [e] dão uma *qualidade* de bondade ou maldade, de prazer ou dor (Damásio, 1994, p. 159, grifos no original).

Feuerstein, considerando a relação entre cognição e motivação, adaptou a metáfora de Piaget de que são "as duas faces de uma moeda". Feuerstein chama a moeda de "transparente" para enfatizar a forte interação entre essas duas forças principais na vida. Cognição e motivação tanto fazem parte de todo ato de pensamento que "interferem" uma na outra.

> A motivação é indissociável da cognição; é parte integrante de todo ato cognitivo.

Mediação da motivação

O aspecto *cognitivo* de um ato é a intenção: *o que* fazemos e *como* fazemos algo. O aspecto *afetivo* de um ato é a motivação – *por que* fazemos algo. A mediação eficaz visa tanto os aspectos cognitivos quanto os afetivos do pensamento.

Lembre-se do princípio básico da mediação: a *intenção* de mediar cria mudanças nos três agentes de uma interação – estímulos, mediado e mediador. A intenção, o aspecto mais importante da mediação, é essencial para o seu sucesso. É particularmente importante que o mediador informe à criança a razão de ele (o mediador) dizer ou fazer o que faz. Ou seja, o mediador diz à criança qual é a sua própria intenção.

Mediação da cognição. Quando os mediadores pretendem mediar a função cognitiva, eles explicam sua intenção às crianças. Por exemplo:

• Quando os mediadores pretendem ajudar as crianças a compreender *por que* eles (mediadores) escolhem estímulos específicos, eles explicam: "Eu estou usando o *azul* porque sei que é sua cor favorita e espero que mantenha sua atenção concentrada".

• Quando os mediadores pretendem conscientizar as crianças de *como* pretendem focar a atenção delas, eles explicam: "Escolhi um *novo* exemplo para que você não fique entediado".

• Quando os mediadores pretendem conscientizar as crianças de como eles *focam a atenção*, explicam: "Estou chamando o seu nome *com ênfase* para me certificar de que capturei a sua atenção".

• Quando os mediadores pretendem conscientizar as crianças de seus próprios processos de pensamento (das crianças), eles explicam:

> - "Você usou exemplos tão relevantes de uma metáfora que mostra que o seu cérebro cria boas relações entre ideias." Ou,
> - "Você fez esse problema de divisão rapidamente; você deve ter um bom modelo em seu cérebro para saber como a divisão funciona." Ou,
> - "Sua observação de que um ímã e gravidade têm algo em comum mostra que você pode construir relações em seu cérebro entre dois fenômenos muito diferentes."

Permitir que as crianças "descubram o segredo" de como os adultos pensam e como elas mesmas pensam ajuda as crianças a compreender os processos de pensamento.

Efeito mediador. O estado de espírito das crianças afeta sua motivação. O motivo para mudar o estado de espírito de uma criança é motivar uma criança desmotivada. (Os estados mentais também são chamados de *afeto* e refletem o grau de atenção ou desejo de capturar um acontecimento e seu significado.) Uma técnica eficaz é enfatizar o positivo, conscientizando as crianças sobre o que fazem bem. Exemplos incluem:

• "Como você se move com tanta rapidez, por favor, seja o 'distribuidor' oficial de lições."

• "Você tem um senso de humor natural; vou pedir sua ajuda quando precisarmos aliviar a tensão em uma lição difícil."

• "Como você é bom em prestar atenção a mais de uma coisa de cada vez, informe-nos se a neve tiver aumentado."

Os mediadores podem mudar um estado de espírito, dizendo às crianças, em termos muito específicos, o que fazem bem e como suas ações ajudam os outros.

Interações que modificam a cognição e a motivação. Se as crianças não têm motivação, os mediadores podem avaliar se a causa é *cognitiva*. Se for cognitiva, os mediadores podem usar estas técnicas:

• explicar o conteúdo,
• demonstrar as operações mentais necessárias,
• mudar a modalidade,
• simplificar a tarefa para torná-la menos complexa ou abstrata.

Se os mediadores determinarem que a causa é *afetiva* (um reflexo da motivação dos alunos), eles podem modificar os sentimentos das crianças:

• espelhando o estado das crianças e, gradualmente, mudar seu próprio afeto à medida que as crianças imitam;
• fazendo uso do humor;
• cantando;
• recorrendo a rimas;
• desenhando uma figura;
• mudando o assunto;
• falando sobre algo de interesse do(s) aluno(s) antes de prosseguir com a lição.

> Existem tantas maneiras de motivar uma criança quanto professores criativos e atenciosos.

Revelando um estado de espírito

Hoje, o elo entre cérebro, corpo e mente é chamado de inteligência emocional. Alguns consideram o QE mais importante do que o QI. O QE é um tópico polêmico (Goleman, 1995; LeDoux, 1998; Siegel, 2007). Csikszentmihalyi (1990) escreve convincentemente que para aprender é preciso sentir alegria. O inverso também é verdadeiro: as crianças que aprendem se sentem melhor consigo mesmas.

Sentimentos negativos. Raramente as crianças pequenas dizem o que estão sentindo. Jimmy, de dez anos, foi uma exceção. Ele disse à mãe no primeiro dia que estava nervoso demais para voltar à escola porque estava preocupado que sua professora não gostasse dele. O comentário de Jimmy revela que algumas crianças têm um profundo medo da escola. Ao contrário de Jimmy, muitas crianças nunca expressam o que pensam.

Joanne, de 10 anos, na noite anterior ao primeiro dia de aula, não conseguia adormecer. Cinco minutos depois de terminar o ritual de ler histórias e orar com o pai na hora de dormir, ela o chamou para deitar com ela. Por duas vezes ele se deitou com ela para confortá-la. Na terceira vez que o chamou, ele permaneceu até muito tempo depois que ela estava profundamente adormecida. Na manhã seguinte, uma enxurrada de palavras derramou-se de Joanne com choros, suspiros e pausas para recuperar o fôlego: "Não sei se algum dos meus antigos amigos estará na minha classe ou se vou gostar da minha professora ou ela vai gostar de mim...".

O cérebro das crianças geralmente é inundado por sentimentos que elas não conseguem expressar nem controlar. Os mediadores – e os pais – precisam ler esses sentimentos em pistas sutis – a postura, os olhos ou o silêncio das crianças. Às vezes, um adulto que verbaliza o sentimento pode mudar o estado de espírito de uma criança. Pode ser mais fácil ajudar uma criança a mudar seu afeto do que ajudá-la a construir as múltiplas funções cerebrais analíticas necessárias para, por exemplo, compreender os fenômenos científicos, um processo que requer a substituição de suposições ingênuas/incorretas por vários tipos de funções cognitivas exigentes.

Mudando sentimentos negativos. Você já viu um adulto tentar ensinar algo a uma criança que está de mau humor? Observe as seguintes reações – primeiro, a dos pais e depois a da escola.

Lewin-Benham lembra:

> Por volta dos 5 anos, pedi ao meu pai a gravação de "Wishing on a Star", de Bing Crosby. Fiquei muito decepcionada quando ele me trouxe a versão do comediante Jerry Colonna que, aos meus ouvidos, zombava de uma música que eu amava. Comecei a fazer beicinho. Em resposta, meu pai riu: "Vamos lá, Annie, mostre-me um sorriso" e sorriu amplamente. Contra a minha vontade, sorri e meu humor mudou.

A Options School, descrita resumidamente no Capítulo 9, foi um programa de prevenção do abandono escolar para 100 alunos, descritos pelos funcionários da escola pública como seus "100 piores". Os alunos diziam aos professores: "Não me leve para casa depois que escurecer. É a partir desse horário que começa o tiroteio". Se circulava a notícia de que um aluno havia recebido uma ameaça de morte, os professores a levavam a sério, paravam de ensinar e convocavam uma assembleia com todos os alunos e professores para discutir a ameaça e determinar como protegê-lo.

Os alunos estavam 5 ou 6 anos atrasados academicamente, mas depois de um ano na Options, a maioria recuperou o atraso e se formou com a classe. Por quê? Quando seus medos foram reconhecidos, eles gradualmente desenvolveram confiança na equipe da Options. Com confiança, sua atitude de durão/durona desapareceu, substituída pelo desejo de aprender que é uma necessidade humana básica. Os processos cognitivos podem aliviar o medo e a ansiedade.

> A motivação é o fator determinante para alguém na aprendizagem do que quer que seja.

Selecionando estímulos motivadores

Um fator crucial na mediação é qual estímulo selecionar como foco de uma lição, intervenção ou qualquer outra interação. Os mediadores escolhem estímulos com a intenção de conscientizar as crianças sobre algum significado específico, processo de pensamento ou outros fatores cognitivos relevantes para a experiência em questão. Igualmente importante é a seleção de estímulos que afetam o afeto de uma criança e que atraem, intrigam, provocam pensamentos e, assim, motivam as crianças a se envolverem. Estímulos poderosos fazem os jovens questionarem o que estão vendo, se perguntarem o que está acontecendo, ficarem alertas e *quererem* procurar respostas. Tais estímulos focam os sistemas de atenção do cérebro, mantêm-nos focados e deixam as crianças *alertas*.

Aqui, discutimos a relação entre estímulos e consciência no cérebro, o efeito dos estímulos na motivação das crianças e como os estímulos refletem a intenção dos mediadores.

Estímulos e o cérebro. O Diretor de Fisiologia e Neurociência da Universidade de Nova York, muitas vezes chamado de pai fundador da ciência cerebral moderna, Rodolfo Llinás conduziu pesquisas sobre o que acontece no cérebro quando estamos cientes de alguma coisa. Sua teoria é que a percepção e a consciência, que ele chama de "cerebralidade", evoluíram para um sistema nervoso, a fim de permitir que os animais se movessem com segurança pelo ambiente, prevendo o resultado de cada movimento com base em dados sensoriais. Assim, ele sustenta que a capacidade de prever provavelmente é a função cerebral definitiva e tem uma base fisiológica na atividade elétrica dos neurônios. A mente, ele conclui, resulta tanto das interações entre o que sentimos quanto das oscilações contínuas – pulsos elétricos – geradas no cérebro (Llinás, 2001).

John Ratey, professor clínico de psiquiatria da Harvard Medical School, explica que, como os neurônios estão sempre ativos, o cérebro está continuamente em estado de prontidão, "sempre sintonizado com o fluxo interminável de percepções" (Ratey, 2002, p. 111). "A atenção", diz Ratey, "é muito mais do que simplesmente observar os estímulos recebidos. Envolve vários processos distintos, desde filtrar as percepções, equilibrar múltiplas percepções, até atribuir-lhes significado emocional" (2002, p. 114). A pesquisa atual sobre os sistemas de atenção do cérebro de Posner, Michael Graziano e muitos outros neurocientistas está colocando a ciência bruta por trás das teorias de como a mente funciona, proposta por Damásio, Edelman, Llinás e outros pesquisadores brilhantes. Posner e seus colegas dizem: "Qualquer treinamento que realmente envolva o interesse da criança e a *motive* pode servir para ajudar a treinar a atenção" (Posner et al., 2008, p. 2, grifo nosso).

Como os estímulos afetam as crianças. Para que as crianças façam uso preciso de muitas das diferentes funções dentro da capacidade do cérebro, precisam entender o significado dos estímulos. Estímulos eficazes fazem com que as crianças:

- reúnam informações relevantes: "Qual é o tamanho certo de mola para fazer este dispositivo funcionar?"
- busquem evidências: "Deixe-me experimentar".
- façam comparações: "Gostaria de saber se funcionaria melhor com uma mola mais curta".
- busquem relações: "Quanto mais curta a mola, mais rápido o dispositivo dispara, mas, quanto mais longa a mola, mais longe ele vai".

Esses comportamentos tipificam as funções cerebrais de alto nível das crianças motivadas a aprender e que, portanto, beneficiam-se de exposições e lições em sala de aula.

Você sabe que os estímulos motivaram as crianças quando você as ouve:

- recordar experiências com precisão e
- usar o que aprendem para tornar outras experiências significativas.

Em uma aula, digamos, de História, estímulos eficazes que motivam – despertam interesse e são bem apresentados – fazem com que os alunos respondam com ponderação, como mostram os seguintes exemplos:

- "A frase de Patrick Henry, 'Dê-me liberdade ou a morte' foi como o grito de guerra de John Paul Jones: 'Eu ainda não comecei a lutar'". (analogia)
- "Se os nativos americanos não lhes tivessem mostrado como plantar, os colonos teriam morrido de fome." (causa e efeito)
- "Washington cruzando o Delaware foi como César cruzando o Rubicão: nenhum dos dois podia voltar atrás! A sorte estava lançada." (analogia)
- "Quando Lincoln guarneceu Fort Sumter, deu-se o estopim da guerra." (raciocínio dedutivo)

Esses e outros processos de pensamento de alto nível são relevantes para serem levados em consideração em lições em sala de aula, exposições em museus ou qualquer experiência. Sabemos que as crianças são motivadas quando compreendem o significado, transcendem seu imediatismo e fazem associações com outras situações.

Como os estímulos refletem a intenção. A seleção de estímulos atraentes reflete a *intenção* de um mediador. Quais são as evidências de que os mediadores *pretendem* modificar o estímulo, o mediador e o mediado?

Nas salas de aula, analisamos como os ambientes são projetados. Existem:

- jogos, materiais e livros desafiadores?
- móveis fáceis de mudar de lugar?
- computadores com software instigante?

Ou existem apenas livros didáticos?

As lições são:

- dadas a uma turma cheia *e* pequenos grupos *e* individualmente?
- monopolizadas por professores ou repletas de conversas recíprocas?
- reflexo dos interesses das crianças?
- numerosas e breves, ou em menor número e maior profundidade?

Nos museus, examinamos como um tópico de exposição é desenvolvido:

- O significado está claro?
- Que técnicas transmitem significado?
- Como os visitantes são auxiliados a entender o significado?

Projetistas e planejadores de aulas intencionais consideram:

- Quais são os questionamentos provocativos? Os fatos convincentes? As histórias intrigantes? Quais tópicos estimularão um intenso diálogo? O que atrairá as crianças, explorando seus interesses pessoais?
- O que as crianças devem ver para que o significado esteja *evidente*?
- Quantas *modalidades diferentes* podem ilustrar o mesmo significado?
- Que modalidade(s) *melhor* representa(m) um significado em particular?
- Quais são os papéis do movimento e da imitação?
- O que é rico na exposição?
- Como as experiências podem *variar* e simultaneamente repetir o princípio?
- Onde as exposições devem ser localizadas (ou como as lições devem ser estruturadas) *em relação à outra* para tornar aparentes os princípios, leis e regras?
- Quais são os papéis da colaboração e do diálogo?

O projeto de exposições e lições revela as intenções dos mediadores e determina a motivação dos alunos para aprender. A evidência de que as intenções dos mediadores foram realizadas é que as crianças frequentam, envolvem-se e aprendem.

RESUMO: QUATRO FATORES INTER-RELACIONADOS NA APRENDIZAGEM

Pense no processo de aprendizagem como um tetraedro, a figura tridimensional com quatro faces formadas por triângulos equiláteros com três delas encontrando-se em cada vértice. Uma face representa quem a criança é, cognitiva e afetivamente. Uma segunda face representa os estímulos que afetam a criança. Uma terceira face representa o mediador que seleciona e molda os estímulos. A quarta face representa muitos fatores que influenciam o que os adultos na vida da criança acreditam sobre como interagir com as crianças para que elas aprendam. Dentro do prisma está o "ser" da criança, pois a mistura de fatores afeta e molda suas capacidades cognitivas/afetivas. As forças são dinâmicas, afetando umas às outras de maneiras poderosas, imprevisíveis e surpreendentes. Esse é o mistério do desenvolvimento humano que as ciências atuais estão começando a quantificar (cf. a Figura 11.1).

Figura 11.1. As crianças são impactadas por muitas coisas – sua própria mente e corpo, mediadores, estímulos disponíveis e como os adultos ao seu redor acreditam que as crianças aprendem.

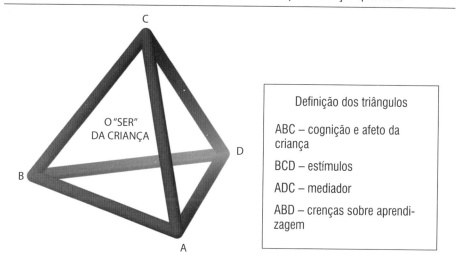

MUDANDO DO CONCRETO PARA O PENSAMENTO ABSTRATO

Experiências concretas permitem que as crianças apreendam diretamente da realidade. As crianças pequenas adquirem um grande conjunto de conhecimentos – nomeando objetos (substantivos), ações (verbos), qualidades (adjetivos) – a partir da experiência concreta. Mas mudar para o pensamento abstrato de nível superior se torna cada vez mais importante à medida que as crianças crescem. O pensamento abstrato significa reconhecer não apenas nomes ou atributos, mas funções e relações que são produzidas pela comparação de estímulos, por classificação, categorização, relações transitivas e pensamento silogístico, todas estas operações mentais de ordem superior. À medida que as habilidades de pensamento aumentam, as crianças não apenas chamam uma ferramenta de escrita baseada em grafite de "lápis", mas conseguem encontrar um para usá-lo para seus próprios fins, eventualmente compreendem que a escrita representa os pensamentos de alguém e um dia quebrarão a cabeça com o significado das palavras do Grande Inquisidor no romance *Crime e castigo*, de Fiódor Dostoiévski, ou encontrar significado nos esboços de Leonardo da Vinci ou Albrecht Dürer. (Pesquise no Google os nomes se você não estiver familiarizado com tais obras.)

À medida que as redes neuronais aumentam, o cérebro pode fazer conexões mais abstratas. Lembre-se da pesquisa de Merzenich (Capítulo 2), agora amplamente replicada, sobre como as redes neuronais no cérebro são religadas, chamada plasticidade neural. Essa tendência repercute a teoria da modificabilidade cognitiva estrutural de Feuerstein e com suas observações sobre a capacidade dos indivíduos de superar deficiências, independentemente de causa, gravidade ou idade.

Aqui, discutimos como os mediadores incentivam o pensamento abstrato, fornecemos exemplos das diversas maneiras pelas quais os seres humanos desenvolveram sistemas de linguagem que incluem elementos concretos e abstratos, e discutimos implicações de como projetar lições ou exposições que vão do concreto ao abstrato.

Incentivando o pensamento abstrato

Os mediadores ajudam as crianças a se tornarem mais abstratas, incentivando-as a *elaborar* seu pensamento:

- *Participar*: "Olha! Isso não faz sentido! Por quê?"
- *Questionar*: "O que está acontecendo aqui?"
- *Observar*: "Quais são as evidências? Mostre-me o(a) (trecho, peça, cor, ação, som) que faz você dizer isso".
- *Comparar*: "Como isso difere da exposição ali? (O escorregador que vimos no parque? As polias que temos em casa?)"
- *Verbalizar*: "Explique isso com suas *próprias* palavras".
- *Desenhar*: "Esboce o que isso significa".

- *Analisar*: "Por que essa cor é vermelha?" ou "Por que a luz brilha *lá*?" ou "Por que está fazendo *esse* barulho?" ou "Faça um diagrama das relações".
- *Transcender*: "O que mais podemos encontrar aqui que seja semelhante?" ou "Lembre-se da exposição com o [nome de alguma coisa]?" ou "O que aconteceu aqui que contradiz [nome de alguma coisa]?"
- *Concluir*: "Qual é a principal ideia aqui?"
- *Resumir*: "Resumidamente, como você descobriu isso?" ou "Resumidamente, diga-me o que isso significa".

> **Objetivo** – encontrar a capacidade atual das crianças e ampliá-las, estendendo-as do concreto para o pensamento cada vez mais abstrato.

Se as crianças tiverem dificuldade em usar essas funções cerebrais superiores, os mediadores podem nomeá-las, modelá-las, simplificá-las, dividi-las em atos de pensamento mais básicos e relacionar o processo a algo na própria experiência de uma criança.

Exemplo: crianças de 5 anos e pinturas de Picasso. Você está levando crianças de 5 anos para uma exposição das pinturas de Picasso. Basta dizer: "Vamos ver uma exposição de pinturas de um grande artista. O nome dele é Picasso". Comece olhando as pinturas do período azul de Picasso; se as crianças não comentarem espontaneamente, direcione a atenção para uma pintura em particular apontando para ela. Pergunte: "Alguma coisa nesta pintura parece diferente?" As crianças pequenas, que raramente censuram suas observações, reagem fortemente a coisas que diferem daquilo que sabem. As pessoas azuis diferem acentuadamente! As crianças provavelmente comentariam: "Mas... eles são todos azuis!" ou "Isso é engraçado!"

Qualquer comentário relevante indica que as crianças estão prestando atenção. A atenção é o primeiro passo essencial para aprender qualquer coisa. Portanto, com a atenção concentrada, faça outra pergunta: "Por que um artista pintaria alguém azul?" "Porque", as crianças podem responder, "ele pintou de azul". A repetição infantil de elementos visuais fortes que refletem diretamente atributos físicos mostra que elas estão focadas em um aspecto *concreto* da pintura.

Para levar as crianças a um pensamento mais abstrato, instrua-as: "Observe atentamente os rostos e as mãos das pessoas. O que vocês percebem?" Se as crianças dizem: "São compridos", elas ainda são concretas. Portanto, usando as palavras das crianças, faça uma pergunta direta sobre algo mais abstrato: "Como você acha que as pessoas com rostos compridos *se sentem*?" ou "Como você se sentiria se seu rosto fosse assim?" Se as crianças responderem que as pessoas azuis se sentem tristes, você levou as crianças para um nível mais abstrato; agora elas estão pensando em algo *representacional* – um sentimento que a pintura retrata. Ou pergunte: "Você acha que as pessoas são azuis? Ou as pessoas são de cor normal e o artista as pintou de azul?" Isso requer que as crianças diferenciem o assunto da pintura da representação do artista. Para passar do pensamento concreto, redirecione as crianças do *conteúdo* para *o que o conteúdo representa*.

Exemplo: compreendendo um princípio científico. No Museu de Natureza e Ciência de Denver, os projetistas da exposição "Odisseia no Espaço" analisaram o que os visitantes devem fazer para aprender como objetos – tais como ônibus espaciais – se deslocam no ambiente sem atrito do espaço. As crianças sabem que os carros param quando você tira o pé do acelerador e, em algum momento, aprendem que uma força chamada atrito diminui a velocidade do carro quando a fonte de energia (combustível) é reduzida (pé fora do acelerador). Mas, em um espaço sem atrito, os ônibus espaciais continuam se deslocando para frente mesmo depois que os motores são desligados. Para parar o ônibus espacial, os propulsores devem ser disparados na direção oposta.

Para simular o espaço, os projetistas usaram jatos de ar para criar uma mesa sem atrito (como mesas de *air hockey*) e um desafio concreto: estacionar um modelo de ônibus espacial. A exposição inclui:

- uma explicação escrita com fotos do efeito do atrito; é intitulada "No espaço, não há nada para fazer diminuir a velocidade";
- um botão iniciar;
- dois *joysticks* para manobrar a nave espacial modelo para sua plataforma;
- um medidor que mostra o combustível acabando, para atuar como um temporizador.

Para enfrentar o desafio, os visitantes devem entender a ideia de como os objetos se movem em um ambiente sem atrito.

Se a exposição despertar interesse, um mediador pode aproveitar a experiência concreta para ajudar as crianças a compreender. Passar do concreto – manipular o modelo – para o abstrato – compreender o efeito do espaço sem atrito – requer que se se desenvolva muitos entendimentos como forma de pré-requisito – sobre o movimento dos veículos, sobre o atrito, sobre o movimento na atmosfera da Terra, sobre o movimento no espaço, sobre o funcionamento do ônibus espacial, sobre a função dos propulsores, sobre as dificuldades em atracar um ônibus espacial. O mediador deve extrair o que a criança pensa que está acontecendo, identificar se o conteúdo ou as funções do pensamento estão ausentes, fornecer o conteúdo e/ou ensinar as habilidades de pensamento. Mas o primeiro passo é o interesse (o fator motivador).

Formas de alfabetização: concreto e abstrato

A escrita, a fala e a leitura de diferentes culturas atestam as diversas capacidades de pensamento de nível superior dos seres humanos. Considere o grau de concretude ou abstração em cada exemplo a seguir.

Escrevendo e falando. As línguas escritas e faladas variam muito em quão concretas ou abstratas elas são:

- Os hieróglifos egípcios, uma mistura de figuras estilizadas (concreto) e representação fonética e outras representações simbólicas;
- Os pictogramas chineses, um sistema com 10 mil caracteres que, ao longo de milênios, transformaram-se de imagens reais (linhas onduladas para um rio, um palito com cerdas na ponta para uma vassoura) em sinais abstratos;
- O clique africano do kung e de outros povos da África Oriental, sons distintos de clique para representar certas consoantes (Connor, 2003) (simbólico). Na web, ouça Miriam Makeba cantando "The Click Song";
- O hebraico bíblico sem marcações de vogal (simbólico);
- O havaiano com apenas 11 sons consoantes (simbólico);
- Os alfabetos fonéticos, como o inglês, que reduzem a representação de todo pensamento e fala a um pequeno número de símbolos abstratos – apenas 26 no alfabeto inglês.

Por mais variadas que sejam, todas as línguas facilitam o pensamento, a interação e a aprendizagem dos humanos.

Lendo. As capacidades de leitura permitem que diferentes culturas atendam à necessidade de se nutrir, navegar, comunicar-se, transmitir valores e moral e entender a linguagem de um tempo e local específicos. Considere:

- a capacidade das sociedades caçadores/coletores de "ler" um grande número de plantas comestíveis e rastros de animais;
- a capacidade dos esquimós de navegar em um ambiente branco indiscernível lendo o vento, o céu, a neve e as estrelas;
- a capacidade das culturas nativas americanas de usar danças elaboradas para apresentar informações que variam de procedimentos de caça a hierarquias tribais;
- a capacidade das pessoas dos mares do sul para navegar por vastas extensões do oceano lendo o mar, o sol, as estrelas e o horizonte;
- mitos complexos, como os contos de Gilgamesh que datam de 2700 a.C., que permitem que as pessoas "leiam" sobre seus primórdios, história, relação com o sobrenatural e moralidade;
- a capacidade do leitor de reconhecer letras, orientadas horizontal ou verticalmente;
- a capacidade das pessoas do século XXI de "ler" o significado nos ícones.

As variadas capacidades de leitura mostram enorme variedade na maneira como o conhecimento concreto e o abstrato interagem. O pensamento requer um vasto estoque de informações concretas para formar conceitos abstratos.

Implicações: projeto da exposição e planejamento da lição

A extensão em que as exposições ou lições são construídas do pensamento concreto ao abstrato é determinada por:

- sua organização,
- quais variações incorporam,
- como a repetição é alcançada.

Seja no museu ou na sala de aula, projetistas e planejadores de aulas ajudam as crianças a pensar:

- definindo o problema,
- fornecendo exemplos concretos,
- repetindo ideias,
- fazendo comparações,
- apresentando analogias,
- apontando relações.

Esses princípios implicam a criação de exposições e lições de modo que o significado seja reiterado, as habilidades de pensamento sejam estimuladas por exercícios redundantes e as modalidades de apresentação variem. O objetivo é que as crianças manipulem informações sistemática e repetidamente. O desafio é manter o material inusitado para que as crianças continuem interessadas.

> O projeto das exposições e o planejamento de lições influenciam o que as crianças aprendem e como pensam.

Implicações: mediação nos museus

Os museus de arte não podem reagrupar obras-primas para beneficiar as crianças, mas os museus podem (e muitos o fazem) pensar antecipadamente em exposições a partir de uma perspectiva específica. Usando as pinturas de Picasso como exemplo, um museu preparou uma página simples com pequenas cópias em preto e branco de seis pinturas de Picasso de seus principais períodos – o período azul, o período rosa, o africano, o cubista, o surrealista e o neoclássico. A página fornecia recursos para mediadores:

- indicando as características mais óbvias;
- salientando as técnicas de pintura;
- sugerindo o que a pintura pode representar (significado);
- apresentando perguntas que levam as crianças do pensamento concreto ao abstrato;
- sugerindo relações com outras pinturas.

Professores e educadores de museus poderiam colaborar no desenvolvimento de tais auxílios.

A razão para repetir e variar as modalidades é, acima de tudo, desenvolver a prontidão dos alunos para estarem alertas às mudanças produzidas no que experimentam. Em outras palavras, as crianças devem estar conscientes de que estão comparando o que é conhecido com mudanças e variações, definindo diferenças, resolvendo problemas por generalização e transferindo o que sabem para novas situações. Repetição e variação:

- alertam o cérebro;
- eliminam o tédio;
- alcançam pessoas com deficiências específicas, interesses diversos ou experiência diferente;

> A arte da mediação é reconhecer onde a criança se encontra e selecionar o exercício, a exposição, o desafio ou a experiência para alçá-la a um nível superior.

• desafiam o cérebro com novas maneiras de receber e expressar pensamentos;

• repetem porque a experiência única não se cristaliza em comportamentos aprendidos.

O biólogo celular e ganhador do Nobel Eric Kandel (2006) descreveu os processos pelos quais a aprendizagem e a memória interagem, explicando o papel da repetição. Em resumo, quanto mais frequentemente uma rede neuronal é acionada, mais arraigada a aprendizagem se torna.

Resumo: o cérebro fértil

O cérebro humano está equipado com infinitas maneiras – modalidades – de receber e expressar informações. Modalidades variadas proporcionam às crianças experiências substancialmente diferentes com as quais repetir o mesmo princípio. Se as crianças são deficitárias em determinadas modalidades – surdez, daltonismo, incapacidade de decodificar letras impressas –, aprender a pensar em outras modalidades pode tornar a deficiência menos debilitante.

O CÉREBRO E A APRENDIZAGEM

Que critérios podemos extrair da teoria da mediação para que qualquer ambiente se torne um ambiente mediador? Para fazer exposições – ou quaisquer experiências – promover a aprendizagem, devemos perguntar: que tipos de pensamento são exigidos? O que um cérebro deve organizar para atender a essas demandas? Aqui, mostramos como é a aprendizagem analisando as respostas das crianças em uma exposição baseada no movimento e observando suas reações a uma experiência baseada na visualização.

Como se dá a aprendizagem

O cérebro é considerado a coisa mais complexa do universo. Para ter uma noção da complexidade do cérebro, considere o que está envolvido no movimento.

Movimento. O movimento é tão básico para a vida, que nós o tomamos como garantido. No entanto, analisar qualquer ato mental revela sua base no movimento. Primeiro, precisamos de uma ideia (ou estímulo) para nos obrigar a agir: queremos colocar uma pilha de livros em uma prateleira. Esse objetivo, ou qualquer outro, é definido por "agentes mentais" (também chamados de "funções executivas" ou "sistemas de atenção") do cérebro.

> Não importa quantos agentes temos em nossas mentes, cada um de nós tem exatamente um corpo. A custódia de cada parte principal deve ser concedida a um controlador que seleciona um plano do tumulto de agentes concorrentes. Os olhos precisam apontar para um objeto de cada vez; eles não podem se fixar no espaço vazio a meio caminho entre dois objetos que se cruzam ou balançar entre eles em um cabo de guerra. Os membros devem ser coreografados para puxar o corpo de objetos por um caminho que atinja a meta de apenas um dos agentes da mente (Pinker, 1997, p. 144).

Até o nosso conhecimento intuitivo dos objetos se baseia no movimento: se você tentar definir algo tão básico quanto um objeto, a melhor definição é uma "coisa" que, se você mover uma parte, o restante vem junto (Pinker, 1994). Sistemas altamente complexos estão localizados no cérebro e em todo o sistema nervoso para controlar a atenção, o planejamento, a locomoção, a visão, a mão e a hierarquia das funções executivas que, juntas, nos permitem colocar a pilha de livros na estante, realizar as tarefas em uma exposição prática, ou decifrar o desafio de uma exposição que exija que você raciocine.

Exposição: atingindo um buraco em movimento. As crianças podem conectar pensamento e movimento com este desafio: rolar uma bola para um buraco em movimento. Diga às crianças que consideram o desafio frustrante: "Aqui está uma regra: não role a bola para onde o buraco está *agora*. Role-o para onde o buraco *vai estar*". A regra permite que as crianças reflitam sobre como ajustar seus movimentos.

Quando as crianças dominam o desafio, adicione uma variável:

• Mude a *velocidade* com a qual o buraco se move ou para onde ele se move. Modifique a regra: "O buraco está se movendo mais rápido (ou para cima, para baixo, para os lados, na diagonal), então, é melhor eu apontar para lá".
• Use óculos com filtros ou lentes distorcidas. Use a percepção para mudar o comportamento: "O filtro é azul para que eu não consiga enxergar a bola azul". "O buraco parece mais distante, então, é melhor eu mudar a minha mira."

- Use bolas de diferentes pesos, formas ou texturas. "Esta bola é tão pesada (leve), preciso jogar com mais força (mais delicadeza)".
- Dê às crianças o controle sobre quando e como alterar as variáveis. "Será mais difícil acertar o buraco se o buraco se mover mais rápido *e* na diagonal."
- Resolva o problema em uma modalidade diferente, explicando o desafio em palavras.
- Desenhe uma imagem do desafio.

Um mediador poderia dizer: "Seu cérebro está trabalhando duro para coordenar seus olhos (mão, senso de direção, equilíbrio, outros movimentos)". Se as crianças ouvem esses comentários de forma consistente, elas percebem que o cérebro controla a ação.

Imagine: os eletrodos conectam você a uma das tecnologias não invasivas recentes que mostram o cérebro em ação. Como resultado, você pode acompanhar suas ações observando diferentes áreas do seu cérebro acenderem à medida que as regiões se envolvem. Algum dia, técnicas que agora são usadas apenas em laboratórios ou testes serão usadas em exposições e salas de aula para permitir que os alunos vejam imagens do que seu cérebro está fazendo (ou não). O *feedback* pode melhorar a coordenação cérebro/corpo; em algumas situações terapêuticas, isso já acontece.

O neurologista Frank Wilson (1998), em seu livro seminal *The Hand*, chama o movimento, da mão em particular, de um "imperativo básico da vida humana" (p. 10). O entendimento de Wilson e de outros neurocientistas do papel do movimento no pensamento nos desafia a repensar a imobilidade das salas de aula e a inflexibilidade dos testes de resposta certa. Os mediadores podem incorporar movimento em suas interações com as crianças para envolver processos de pensamento que são essenciais para compreender exposições ou concluir lições.

Visualização

A atividade pode ser tornada complexa ao se requisitar que uma tarefa física seja executada mentalmente, por exemplo, visualizar um *design*. Considere esse desafio de uma forma concreta, depois em variações mais abstratas e observe como o pensamento é ampliado.

Desafio. Organize um grupo de formas geométricas neste padrão: círculo com listas diagonais acima de quadrado com listas verticais à esquerda de um triângulo com listas horizontais e à direita de uma elipse com listas diagonais inversas. Tente desenhar o padrão da descrição acima antes de olhar para a Figura 11.2 na p. 186.

O desafio é concreto se as crianças consultarem o padrão enquanto movem formas geométricas que correspondem à descrição (experiência concreta/conteúdo figurativo). A experiência se torna abstrata se a criança desenha uma imagem da descrição com referência apenas das palavras, não das formas geométricas.

Variações complexas. Torne o desafio mais abstrato fazendo com que as crianças:

• Organizem os objetos para corresponderem a uma descrição *verbal sem observar* o padrão. Para conseguir isso, as crianças devem, na fase de entrada, entender o conteúdo e o conceito; em todas as fases, use modalidades linguísticas e simbólicas.

• *Removam uma forma* aleatoriamente e identifiquem o que está faltando. Para conseguir isso, as crianças devem:

    ✓ na fase de entrada, coletar dados e observar;
    ✓ na fase de elaboração, usar transferência visual e análise de relações todo/parte;
    ✓ na fase de saída, consolidar os processos de pensamento, usar a recordação e envolver uma modalidade expressiva (falar, escrever, desenhar, gesticular etc.).

• *Desenhem* uma parte faltante. Para conseguir isso, as crianças devem:

    ✓ na fase de entrada, coletar dados, focar e recordar;
    ✓ na fase de elaboração, transpor de um modo visual ou verbal para um modo gráfico;
    ✓ na fase de saída, usar uma modalidade gráfica.

O movimento está subjacente a cada um dos desafios anteriores. Para resolver esses desafios, Feuerstein diz que as crianças devem "carregar uma imagem nos olhos da mente de um lugar para outro sem perdê-la no caminho" (Feuerstein, Feuerstein, Falik, & Rand, 2002, p. 152).

O cérebro e o transporte visual

Transportar um padrão mentalmente para compará-lo com outra representação requer a internalização de um ato (visualização ou verbalização do padrão) e a modalidade de comutação. Considere o que o cérebro deve fazer em cada uma das três variações complexas anteriores:

1. Descrição verbal: transforme a entrada verbal, que é *abstrata*, em saída figurativa, que é mais *concreta* e em uma modalidade diferente.

2. Lembrar-se da parte que falta: transformar a entrada *visual* em uma modalidade figural para saída *verbal*, também em uma modalidade figural.

3. Desenhar: transformar a entrada visual em uma modalidade *figural* para saída visual em uma modalidade *gráfica*.

Desafiador? Sim! Diversão? Sim! Possíveis variações, combinação de modalidades de entrada e saída e operações mentais? Incontáveis! Atividade cerebral? Uso das numerosas redes neuronais nas quais o pensamento e o movimento estão integrados! Para resolver o desafio, você deve realmente mover algo ou representar o movimento em seu cérebro.

> Incorpore o movimento de diversas maneiras para estimular o pensamento das crianças.

Ratey (2002) diz: "As evidências crescentes mostram que o movimento é crucial para todas as outras funções cerebrais, incluindo memória, emoção, linguagem e aprendizado [...] Nossas funções cerebrais 'superiores' evoluíram do movimento e ainda dependem dele" (p. 148). Feuerstein diz: "Usar o movimento como base para a atividade mental tem maior probabilidade de tornar o cérebro disponível para outros tipos de experiências diretas e indiretas".

Figura 11.2. Desafio: tente organizar as formas conforme descritas no texto. Usar formas reais para combinar com um padrão é um exercício concreto; usar apenas palavras é abstrato porque as palavras são abstratas.

Ilustração por Daniel Feuerstein

RESUMO: QUANDO PENSAMOS E APRENDEMOS

Uma relação é um produto da mente humana. Ela não existe na realidade. Fazer relações é um resultado poderoso de *todas* as operações mentais e a base para atos mentais cada vez mais complexos. Os vínculos entre os atos ocorrem quando intrincadas redes de neurônios reagem aos estímulos em todas as experiências e quando essas reações, por sua vez, acionam outras operações mentais. A melhor evidência da atividade mental das crianças é a relação que elas fazem. Se você pode analisar como as crianças estabelecem relação entre duas coisas, pode inferir quais processos de pensamento as crianças usam ou deixam de usar. Lembre-se da pesquisa de Brown e Burton sobre subtração (Capítulo 6).

As crianças aprendem quando:

- Projetistas e planejadores de lições sabem quais funções cerebrais eles querem ativar: estamos pedindo às crianças que comparem? Enxerguem causalidade? Analisem? Infiram? Deduzam? Produzam modificações lógicas? Usem o pensamento transitivo? Usem a seriação? (Cf. exemplos de operações cognitivas no Capítulo 6.)

• Exposições ou lições conscientizam as crianças de seus próprios processos de pensamento (cf., por exemplo, a Introdução; Glenna no Capítulo 2; cenários nos capítulos 3 e 4; Rachael e representações internas no Capítulo 5; James no Capítulo 6; o Scriptorium, Durer/McNeill e repensando objetos em queda no Capítulo 7; exposições que evocam empatia no Capítulo 8).

• Exposições ou lições oferecem aos professores aberturas para *conscientizar* as crianças de seus processos de pensamento:

> - "Nan, você descobriu isso *repetindo* o processo várias vezes. A repetição é uma ótima técnica para aprender qualquer coisa! Bom trabalho!"
>
> - "Derrick, você *comparou* o efeito das polias com o efeito das alavancas! A comparação é uma excelente maneira de ver como duas coisas estão relacionadas! Bem pensado!"
>
> - "Chandra, você olhou em volta para ver quem poderia trabalhar nesta exposição, observou atentamente enquanto Glenn a operava e então o *imitou* com precisão. A imitação é uma boa estratégia. Foi muito inteligente de sua parte selecionar alguém competente para imitar."
>
> - "William, quando você disse que a baleia amamenta seus filhotes, portanto, deve ser um mamífero, você fez uma *dedução*. Ao fazer uma dedução, você usa fatos que sabe para descobrir fatos que não conhece! Bom trabalho!"

O objetivo não é ensinar ciências, matemática ou conteúdos culturais específicos (embora as crianças de fato aprendam um pouco), mas conscientizar as crianças sobre como elas estão pensando e para elas se deliciarem em saber o que seus cérebros estão fazendo para resolver problemas.

Acima de tudo, o objetivo da mediação é (1) conscientizar as crianças dos processos de pensamento que estão usando para resolver problemas e (2) capacitá-las a selecionar o ato mental que realizará uma tarefa eficazmente. Quando as crianças podem explicar seus processos de pensamento, você tem evidências de que elas aprenderam.

Na década de 1980, o advento dos museus infantis fez com que os museus de ciência redesenhassem exposições, para que os visitantes pudessem se envolver além de apertar botões e fez com que outros museus levassem carrinhos com atividades práticas para as galerias. Essas foram grandes mudanças. É hora de outra grande mudança na apresentação das exposições.

O desafio de hoje é usar a pesquisa na vanguarda de nossa compreensão de como o cérebro funciona como base para o projeto de exposições e também para o planejamento de aulas. Ao longo deste livro, há teorias de como a aprendizagem ocorre, pesquisas que apoiam essas teorias e exemplos de processos mentais que são a base do pensamento.

Uma abordagem sistemática e baseada em teoria para ajudar as crianças a aprender a pensar irá:

- introduzir gradualmente cada habilidade,
- exigir que o cérebro exercite a habilidade repetidamente, aplicando-a a variações novas e progressivamente mais difíceis da tarefa inicial,
- conscientizar as crianças do processo.

Com o uso repetido e forte mediação, a habilidade se tornará flexível o suficiente para ser adaptável a tarefas inteiramente novas, cada vez menos relacionadas à habilidade como aprendida inicialmente.

Quando as crianças usarem suas habilidades com flexibilidade, elas terão aprendido a pensar. Elas terão novas habilidades mentais consolidadas que podem resolver problemas variados. Ao observarmos as crianças usarem essas habilidades, veremos evidências de que o cérebro está envolvido em atos mentais significativos, criativos, complexos, originais, competentes e alegres. Em outras palavras, testemunharemos como se dá a aprendizagem.

Pontos principais

1. Intenção – ter um objetivo e torná-lo conhecido para que as crianças possam adaptar a intenção dos mediadores – é a ferramenta mais poderosa que os adultos podem usar para incentivar as crianças a pensar.
2. Os sentimentos afetam a motivação. Para motivar as crianças que estão de mau humor, sem interesse ou se comportam mal, faça algo para mudar seu estado de espírito.
3. Para aproveitar ao máximo uma exposição ou lição, determine o significado, como ela é organizada, quais modalidades ela incorpora e quais relações podem ser feitas.

4. Acima de tudo, perceba: quando você vê crianças construindo relações entre uma exposição, uma lição ou uma experiência e algo que elas experimentaram no passado ou podem imaginar no futuro, você está testemunhando como se dá a aprendizagem.

Capítulo 12

Considerações finais

Feliz é quem descobre a sabedoria e adquire a inteligência!

— Provérbios 3,13

Vimos visitas a museus dando certo e errado, e vimos exposições que são melhores ou piores em estimular a aprendizagem. O ponto mais importante neste capítulo é o valor da alegria, humor e diversão nas exposições de museus ou em qualquer experiência de aprendizagem. A alegria acelera o cérebro, o humor estimula as experiências e a diversão motiva as crianças a repetir, procurar respostas e valorizar o processo de aprendizagem.

Este capítulo contém conselhos práticos – uma mistura de lista de verificação, ideias e guia de projeto – para ajudar os professores a focar uma visita a um museu, parque, ponto de referência ou outra experiência fora da sala de aula, apoiar o entendimento do projeto e consolidar ideias sobre usar exposições para impulsionar o pensamento e a aprendizagem.

PARA PROFESSORES

Momentos "ensináveis" ocorrem antes, durante e depois das experiências. Aqui estão algumas ideias sobre como aproveitar ao máximo cada um.

Antes de você visitar

Os resultados das compras de supermercado dependem da preparação: você fez uma lista? Verificou o que já tem em seus armários? Revisou a sua receita? Caso contrário, você pode voltar com mais daquele suco que você tem bastante, mas sem um ingrediente crucial para sua receita. Se você mora longe do supermercado, a falta de planejamento pode estragar um jantar.

O mesmo acontece com qualquer passeio ou tarefa. Cada uma das seguintes partes do planejamento incentivará as crianças a aprender. A maioria dos exemplos é apresentada em termos de visitas ao museu, mas as ideias são aplicáveis a muitas lições em sala de aula ou qualquer excursão de campo.

> A expectativa é uma força poderosa para despertar a curiosidade das crianças.

Conteúdo dos museus. Se for a primeira visita, consulte o site para obter informações sobre ofertas, eventos diários, horários específicos, passeios virtuais ou itinerários sugeridos. Se o site não tiver informações, ligue. Se você conhecer bem o museu, lembre-se do que seus filhos fizeram nas visitas recentes. Existem áreas onde eles querem permanecer mais do que o tempo permitido? Existem áreas que refletem os interesses das crianças ou algo sobre o qual elas estão lendo? Quanto maior a correspondência entre os interesses das crianças e o que elas verão, mais elas provavelmente aprenderão.

Seleção. O museu é enorme, com o suficiente para ver por vários dias, mas você tem apenas 4 horas. Quanto maior o museu, mais as crianças se beneficiam ao selecionar antecipadamente o que desejam ver. Desenvolva uma lista de opções com seus filhos. Então, honre as escolhas deles! Envolver as crianças em um processo de seleção lhes dá um senso de influência, a confiança de que elas podem escolher bem e o conhecimento de que você confia no julgamento delas. Estes são sentimentos fortalecedores; que constroem autoconfiança e promovem o interesse das crianças pelo que selecionaram.

> A seleção faz parte dos sistemas de atenção do cérebro; quanto mais você exercita o processo de seleção, mais refina a capacidade do cérebro de participar e se concentrar.

Preparação pré-visita. Vários garotos de 7 anos querem ver os aviões. Extraia deles o que têm em mente: há um tipo específico de avião que lhes interessa? O que eles querem saber sobre o helicóptero? O que já sabem (o que mencionaram)? Anote o que lhes interessa como pontos de entrada para a visita.

Na escola, envolva as crianças na busca pelas informações que desejam: livros, biblioteca, web. Quanto mais informações as crianças tiverem, mais perguntas surgirão. Converse com sua turma na proporção de 90/10: as crianças falam 90% das vezes; adulto fala 10%. Em outras palavras, ouça! É a melhor maneira de determinar o conhecimento e os interesses das crianças. Quando as crianças têm ganchos mentais – ideias ou esquemas, como Rachael e o mundo (Capítulo 5) –, elas integram experiências em uma rede neural.

Plano. Usando as informações coletadas e as conversas com as crianças, planeje com a classe o que verá e quanto tempo passará em locais diferentes. Discuta o fato de que um plano é uma diretriz, não uma camisa de força, e que você pode se desviar do plano se se envolver profundamente. Se os pais o acompanham, considere dividirem-se em pequenos grupos – duas a cinco crianças com um adulto. Se os interesses divergem bastante, as crianças se beneficiarão muito mais se perseguirem seus próprios interesses em um pequeno grupo do que de ficarem juntas. Mais tarde, os grupos podem compartilhar relatando suas experiências para toda a classe.

Um plano consiste em uma lista do que você verá e um tempo aproximado para cada item da lista. O planejamento ajuda as crianças a entenderem que pode não ser possível permanecerem o tempo que desejarem, fornece prática na divisão ponderada do tempo e familiariza as crianças com divisões de minutos, meia hora e períodos de tempo mais longos. Não se esqueça do tempo para a logística – guardar casacos, orientar-se, fazer pausas no banheiro e para beber água e fazer a refeição do lanche ou almoço.

> Planejamento e programação são funções cerebrais de alto nível.

Durante o trajeto

Desligue os dispositivos eletrônicos para poder conversar sobre o que deseja. Um microfone portátil melhora a comunicação em um ônibus.

Estabelecendo um estado de espírito. O dia chegou; você está a caminho. Suas crianças estão entusiasmas porque verão o que pediram. Pergunte se elas se lembram do que querem ver, o que afirmaram ser de interesse e quais eram suas perguntas. Algumas crianças lembram todos os detalhes do que querem descobrir; outras esquecem tudo o que disseram. Ambas são respostas normais. Use suas anotações para lembrar as crianças que se esqueceram e lembrá-las das perguntas que desejam responder. A repetição é essencial para fixar algo na memória. Quando você pede que as crianças se lembrem e as incentiva, você está envolvendo as crianças em comportamento repetitivo e, assim, aumentando a probabilidade de que elas se lembrem.

Antecipando. Pergunte às crianças sobre os detalhes do trajeto: elas se lembram de ruas específicas? Rodovias? Pontos de referência? Peça que descrevam o prédio do museu. Algumas crianças têm em mente um lugar diferente daquele que vocês estão visitando. Se elas se referirem ao prédio alto com a torre de vidro, lembre-as de que esse é o museu de ciências, mas hoje vocês estão indo ao museu de arte. Descreva uma característica da arquitetura – a cor do tijolo ou da pedra, um detalhe da entrada, uma peça de escultura identificadora. O Metropolitan Museum of Art (Manhattan) possui amplas escadas que levam a três portas frontais, cada uma sob um enorme arco. O Museu Hirshhorn (Washington, D.C.) é circular. O Art Institute (Chicago) é ladeado por dois imensos leões de bronze com uma pátina verde. O Don Harrington Discovery Center (Amarillo; veja a cf. 12.1) possui enormes holofotes que lançam fachos de luz visíveis a quilômetros de distância à noite. Edifícios impactantes causam uma grande impressão nas crianças. Falar sobre os recursos especiais de um local alerta as crianças. Algumas crianças sabem que vocês estão se aproximando, sabem que chegaram ou identificam características específicas. Essas crianças estão usando redes cerebrais visuais/espaciais. A antecipação faz com que as crianças coletem informações de diferentes centros do cérebro e as conectem.

Numa visita a qualquer grande museu a aura que o envolve é tão marcante quanto o que será visto. O Carnegie Museum of Science (Pittsburgh) está situado no rio Ohio, com vistas incríveis do tráfego fluvial de suas janelas que vão do chão ao teto, tão intrigantes quanto qualquer exposição. O San Diego Museum of Man está situado em um parque de 1.100 acres, alojado sob uma enorme cúpula ornamentada e uma torre de 61 metros de altura visível a quilômetros de

> A busca por detalhes envolve a capacidade do cérebro de recordar e focar, atos essenciais para toda aprendizagem.

distância. O complexo de 20 acres do Israel Museum (Jerusalém) fica em uma colina com vista para os edifícios de pedra branca da cidade. Durante o trajeto, discuta o que há de especial a respeito do lugar.

Figura 12.1. Parte do fascínio dos museus é que eles transmitem um forte senso de presença e se anunciam de diversas maneiras. No Don Harrington Discovery Center, em Amarillo, enormes fachos de luz, visíveis a quilômetros de distância à noite, identificam a localização do museu.

Foto de Chip Lindsay

Chegada

A chegada é um grande momento em qualquer experiência. Você lutou no trânsito e encontrou estacionamento ou conseguiu obter assentos no metrô e identificar a saída mais próxima. Você caminhou pelas ruas movimentadas da cidade ou por um parque amplo. Talvez você seja desafiado espacialmente, e só relaxa quando finalmente encontra a entrada. Pare e saboreie. Arquitetos depositam muita atenção nas entradas. Pergunte às crianças por que elas acham que o prédio tem a forma que tem, como sabem que estão na entrada, que características observam. Desperte o interesse delas em saber como o pensamento em seus cérebros reflete o que o arquiteto que projetou todos esses detalhes pode ter pensado. Se o arquiteto é famoso, como Frank Gehry ou I.M. Pei, as crianças podem pesquisá-lo na internet.

As entradas marcam passagens no tempo e no espaço. O tempo muda da luta para chegar até lá para a concentração nas sensações. Os espaços incluem raios de sol, vislumbres do céu ou longos corredores. Os becos aparentemente sem saída levam as crianças a buscá-la. Câmaras ecoam. Os corrimãos da escada de mármore são frios. Cheiros de produtos de limpeza e multidões sobrecarregam o cérebro. Objetos são incomuns – gigantescos, assustadores, magníficos, antigos. Os materiais são raros ou preciosos. Saboreiem essas impressões, falem sobre elas, descrevam-nas uns para os outros.

> A experiência sensorial é a parte dominante da memória; tornar explícitas as percepções reforça a memória das crianças.

Orientando para o tempo. Experiências sensoriais acontecem em prazos. As vistas podem ser meros vislumbres ou cenas prolongadas. Os objetos mudam à medida que você os rodeia, as pinturas quando você passa por elas. O cérebro se cansa rapidamente de odores, logo você deixa de notar o doce aroma que atrai ou o cheiro azedo que repugna. O toque é o único sentido em que os receptores que se comunicam com o cérebro estão em contato direto com um objeto. O toque estimula a exploração prolongada – observe como algumas crianças correm as mãos por qualquer superfície disponível. Aproveite esses momentos para conscientizar as crianças de como seus sentidos alertam o cérebro. Sugira que elas descrevam essas impressões e identifiquem a parte do corpo responsável. Quanto mais as crianças souberem o que causa suas respostas, maior será a probabilidade de usarem seus sentidos como uma forma de direcionar sua atenção. Para crianças de 7, 8 anos ou mais, sugira que cronometrem suas sensações para conscientizar as crianças sobre diferentes períodos de tempo.

O planejamento do tempo é difícil. Quando as crianças esperam ansiosamente uma visita, e se ela atender às expectativas, elas resistirão a sair. Se você planejou seu tempo com antecedência, depois de saborear a chegada, reúna as crianças, revise seu plano, divida-as em grupos, lembre-se brevemente de quanto tempo você reservou para cada parte da experiência e consulte um relógio para lembrá-lo do horário de partida. O tempo é um aspecto crítico em todo comportamento humano. Estar consciente do tempo e de seu papel nas atividades aguça a consciência do cérebro.

Orientando para o espaço. Os mapas são intrinsecamente interessantes para alguns e desconcertantes para outros. A partir dos 2 ou 3 anos, pode-se mostrar às crianças onde elas estão na planta e o caminho para onde estão indo. Se tiverem consciência de ícones, até crianças muito pequenas poderão reconhecer escadas, elevadores, bebedouros e banheiros.

No Ruben Fleet Science Center, em San Diego, com um grupo de cinco crianças, o menino de 10 anos encontrou uma planta do andar e a estudou. Imediatamente, as três crianças de 6 e a de 4 anos apanharam cada qual uma planta do andar. As frequentes referências da criança de 10 anos à planta mostraram às crianças mais novas o que fazer. Sem crianças mais velhas, os professores podem explicar como usar as plantas dos andares.

Museus são grandes. Os *layouts* das exposições podem parecer obtusos porque as grandes exposições devem se acomodar a paredes fixas, tetos e corredores. A ala leste da Galeria Nacional de Arte, em Washington, D.C., é um exemplo extremo (cf. a Figura 12.2). Situado em um pequeno terreno irregular, o edifício, projetado por I.M. Pei, é composto por mais de uma dúzia de prismas triangulares entrelaçados. Alguns dos espaços vão subindo cada vez mais alto. Outros são tão pequenos que as exposições podem começar no segundo andar, continuar no terceiro e terminar no primeiro. Para as crianças, o espaço é como um quebra-cabeça tridimensional gigante. Veja outras plantas deste complexo edifício na web. As crianças apreciam a complexidade.

Se você não tiver certeza sobre como ler mapas e plantas de andares, melhor ainda. Quando os adultos genuinamente lutam para entender, as crianças imitam o *processo* (cognição) e uma atitude *positiva* (motivação) em relação à aprendizagem de coisas novas. A orientação espacial, que as crianças aprendem usando as plantas, pode ser transferida para a leitura de outras plantas, mapas e desenho de seus próprios mapas. Seguir uma planta do andar torna as crianças conscientes de onde se situam em relação ao espaço em que estão.

> A orientação espacial é uma habilidade fundamental do cérebro e a base de muitos processos de pensamento de nível superior.

Figura 12.2. O arquiteto I.M. Pei teve o desafio de construir um museu importante para se adequar a um pequeno terreno triangular. Você consegue enxergar o prédio em si olhando para a planta? Quantos triângulos você consegue encontrar?

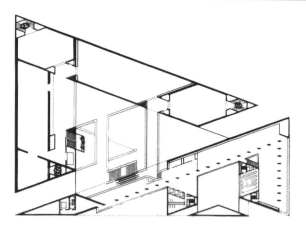

Reproduzido com permissão de Pei Cobb Freed & Partners

Resumo: preparativos

Existem tantas maneiras de se preparar quanto lugares para onde ir. O objetivo é fazer alguma preparação e, assim, alertar os sistemas de atenção do cérebro, focar em conceitos, planejar e sentir-se motivado para fazer a visita.

PERGUNTAS A FAZER SOBRE AS EXPOSIÇÕES

O sucesso dos artistas é determinado pelas reações dos críticos, o sucesso das exposições pelas reações dos visitantes e o sucesso dos professores pelas respostas das crianças às suas perguntas.

Quais são as ferramentas para a aprendizagem?

O conteúdo das exposições abrange todas as áreas do pensamento humano. Isso fica evidente quando você considera diferentes maneiras de desafiar as crianças a pensar em um museu de arte, ciência ou história.

Exposição de Arte

O Museum of Great Art abriu recentemente uma exposição com obras de Edgar Degas. O curador de arte impressionista concebeu a exposição oito anos antes; foram necessários um planejamento considerável, especialistas, pesquisa, persuasão, garantias de segurança, angariação de fundos e colaboração para tornar a ideia realidade. É uma mostra abrangente dos trabalhos de Degas, dos iniciais aos tardios. Alguns pensam em Degas como um pintor de bailarinas e cavalos de corrida. Na verdade, ele pintou paisagens, cenas históricas, interiores íntimos, nus, frequentadores de teatro e artistas, e numerosos retratos. Alguns de seus retratos são explicitamente sobre estados de espírito, com títulos como "Amuado" ou "Melancolia"; eles mostram isolamento, austeridade, modéstia, timidez e uma série de outras emoções.

Quais são as ferramentas de uma exposição? Às vezes, o título dá uma pista, mas esse programa era intitulado apenas "Degas". Em retrospectivas que seguem a vida de um artista cronologicamente, você pode conversar com as crianças sobre quantos anos um artista tinha quando fez certas coisas ou incentivá-las a procurar padrões ou mudanças ao longo da vida do artista em técnica ou assunto. Na falta dessas ferramentas, aqui estão algumas ideias para a exposição de Degas.

Visão geral. Desafie as crianças a estabelecer uma estrutura, pedindo-lhes para determinar como os trabalhos são organizados. A exposição de Degas foi organizada por assunto – o que o artista pintou. Em duas galerias, estavam todas as bailarinas, em várias galerias os retratos, e assim por diante. A cronologia foi ignorada e as pinturas foram agrupadas por subtema – bailarinas em ensaios, solos, coro, pré ou pós-apresentação. Os retratos foram agrupados por indivíduos, famílias, família do artista, autorretratos.

> Estabelecer uma estrutura fornece maneiras para as crianças compararem, organizarem e analisarem o que veem.

Detalhes. Concentre o interesse das crianças desafiando-as a encontrar coisas específicas. Pergunte às crianças mais novas sobre o assunto das pinturas, questionamentos tais como:

- Qual bailarina está executando os passos mais difíceis?
- O que você acha que o professor de balé está dizendo?
- Qual bailarina parece a mais bonita para você? Por quê?

Ou, nas galerias de retratos:

• Há uma senhora com uma larga barra vermelha no vestido. Sussurre para mim quando você a encontrar. Mantenha isso em segredo até que outros a encontrem.

• Degas pintou o animal de estimação de uma família. Tente encontrá--lo e lembre-se de onde ele está para que você possa nos mostrar antes de partirmos.

Com crianças mais velhas, pergunte:

• Quantos tons diferentes de vermelho Degas usou? Guardem e faremos um "tour vermelho" antes de partirmos.

• Os artistas podem organizar objetos em suas pinturas em um triângulo. Degas fez isso? Nesse caso, lembre-se de onde e nos mostre antes de partirmos.

• Degas capturou os sentimentos de seus retratados. Que diferentes sentimentos você consegue encontrar? Lembre-se deles e faremos um tour de "sentimentos" depois que todos tiverem analisado.

Peça aos alunos mais velhos que carreguem pequenos cadernos para registrar as respostas:

• Alguns artistas usam a perspectiva para tornar uma cena realista. Onde Degas usa a perspectiva?

• Degas pintou as mãos de seus retratados com grande delicadeza. O que as mãos em suas pinturas sugerem?

• Você consegue encontrar duas pinturas nas quais a fonte de luz é completamente diferente?

Pergunte a crianças de qualquer idade: comparando todos os retratos (ou bailarinas, paisagens etc.), quais são os dois mais diferentes? Por quê? Reserve tempo para ouvir os pontos de vista, as emoções e as ideias das crianças.

> **Pontos-chave**
>
> 1. As exposições de arte exigem que as crianças procurem por significado.
>
> 2. A comparação, uma função cerebral subjacente, pode ser bem exercitada encontrando semelhanças ou diferenças entre as pinturas.
>
> 3. As técnicas dos artistas podem ser usadas como uma forma de envolver o pensamento e o sentimento.
>
> 4. A emoção na boa arte fala às pessoas de todas as idades. Quando as crianças analisam emoções, elas aumentam a consciência dos sentimentos dos outros, o que, por sua vez, gera empatia.

Exposição de Ciências

As máquinas de movimento, que certamente atraem multidões, são infinitamente fascinantes. Consistem (geralmente) em uma armação de metal, frequentemente retangular. No interior, há pistas ao longo das quais as bolas se movem em diferentes campos e através de diversas quedas. Algumas máquinas são alimentadas por eletricidade; em outras, as próprias crianças podem jogar uma bola em diferentes entradas. O do Museum of Science (Boston), centrado em uma ampla escada em espiral, tem dois andares. Algumas crianças passam mais de uma hora assistindo bolas se moverem ao longo dos caminhos (consulte o Capítulo 5). Se a sua turma tiver grupos liderados por pais, as crianças que quiserem permanecer na exposição poderão fazê-lo. Sugira que os pais usem perguntas (cf. abaixo).

O fascínio das pistas é que as bolas:

- passam por seguidos *loops*;
- aceleram sobre montanhas-russas;
- giram em um vórtice;
- saltam em trampolins;
- ativam interruptores ou portinholas variadas, algumas em forma de Y, outras em formato de remos, que direcionam as bolas para caminhos diferentes;
- tocam sinos, xilofones ou outros instrumentos que produzem ruído;
- oscilam como pêndulos;
- acumulam-se nos coletores de bolas até que o peso delas as faça cair.

As máquinas são complexas, sem limites para as variações. A maioria usa pistas coleta, curvas inclinadas, quedas, rotas de velocidade ou armadilhas para acelerar ou diminuir a velocidade das bolas. Circuitos de bolas demonstram muitos princípios diferentes da física. O fascínio das crianças pode ser canalizado desafiando-as a pensar em causa e efeito.

Concentre a atenção das crianças mais jovens perguntando:

- Quantas bolas você vê?
- De que cor são as bolas?

Com a atenção focada, faça perguntas que exijam pensamento analítico:

• O que acontece com as bolas?

• Por que você acha que a bola vermelha [para, cai, é recolhida – quaisquer verbos que as crianças usem]?

Pergunte às crianças mais velhas:

• Quais forças fazem as bolas se moverem?

• Identifique e conte as forças que atuam nas bolas.

• Se você quiser que as bolas se movam muito rápido, onde as colocaria? Por quê?

• Se você quiser que as bolas desacelerem, onde as colocaria? Por quê?

Ou se concentre em uma bola específica:

• Como você descreveria onde está a bola vermelha e onde está a bola azul?

• Qual é a possibilidade de a posição mudar antes da bola atingir o fundo?

• Quais fontes de energia fazem a bola se mover?

• Quais forças diminuem a velocidade da bola?

> Pensar com precisão, lógica e usar os princípios da física são funções cerebrais de alto nível.

O website de um kit de construção chamado "Chaos Tower" traz uma riqueza de informações para incentivar as crianças a pensar em exposições de percursos. As exposições com circuitos de bolas exigem que as crianças sejam precisas, usem evidências logicamente e apliquem princípios físicos de como os objetos em movimento se comportam.

A caminho de casa... ou mais tarde

As crianças podem ficar exaustas após um passeio. A enormidade do local, o grande número de estímulos e as interações com os outros são cansativos, especialmente se as crianças não fizeram um lanche saudável. Talvez seja melhor não fazer uma revisão do que foi visto, mas incentivá-las a tirar uma soneca ou colocá-las para ouvir Debussy ou Brahms.

Se as próprias crianças fizerem perguntas, discuta-as. Se você não souber as respostas, pergunte: "como podemos descobrir?" Certifique-se de fazê-lo. Se as crianças não disserem nada, pergunte mais tarde:

• O que você lembra da nossa excursão?

• Qual foi sua parte favorita?

- Sobre o que você gostaria de saber sobre [o que as crianças mencionam]?
- Como podemos descobrir?
- Se formos novamente, o que você gostaria de fazer?

Pontos-chave

1. Para consolidar informações, o cérebro requer tempo de assimilação.

2. Discutir experiências ajuda a consolidá-las e fixá-las na memória.

RESUMO: PREPARAR, PERGUNTAR, DISCUTIR

A preparação pré-visita desperta expectativas. Se a preparação é frequente, repetitiva e curta, as crianças podem estabelecer uma rede de informações com ferramentas que as alertem para o significado de uma experiência. Seu envolvimento no planejamento lhes confere a propriedade da experiência, o que aumentará sua prontidão para aprender. As perguntas concentram a atenção. A discussão consolida as informações para que elas se tornem parte permanente do pensamento das crianças.

NOÇÕES BÁSICAS SOBRE O PROJETO DE EXPOSIÇÕES

Projetar exposições é emocionante e desgastante. Quando os professores sabem como as exposições são projetadas, podem usar os princípios de projeto para ajudar as crianças a aprender, incentivando-as a perguntar e as ajudando a formular perguntas. Aqui, analisamos o projeto.

Intenção

Como o Gato que Ri sabia, se você não sabe para onde está indo, qualquer estrada o levará até lá. "Saber para onde você está indo" é outra maneira de dizer que você tem uma ideia clara do que deseja que uma exposição faça. Quanto mais clara a ideia, maior a probabilidade de as crianças aprenderem. A seguir, apresentamos algumas questões esclarecedoras.

Por que produzir determinada exposição? Os motivos variam. Museus com grandes coleções sentem-se obrigados a alternar o que expõem. Os museus podem ter um plano de exposição principal. Os tópicos que estão em sintonia com a missão de um museu podem ser quentes (um novo dinossauro ou outro achado científico, um acontecimento político, a morte de um personagem de importância local). Os doadores podem fazer contribuições para a produção de uma exposição específica. Os curadores podem finalmente convencer os doadores a financiar uma exposição há muito desejada. Os fundos do subsídio podem estar disponíveis em áreas específicas de bolsas de estudos. O departamento de *marketing* pode convencer os demais que exposições sobre assuntos específicos aumentará a visitação. Seu sistema escolar pode ter solicitado tópicos específicos. (Os ingressos adquiridos pelas escolas representam uma parcela importante da renda dos museus: não hesite em pedir exposições que apoiam seu currículo.) As razões pelas quais os museus produzem exposições são diversas e complexas. A questão da disponibilidade de fundos é mais comum do que se costuma admitir. Compreender por que um museu realiza uma exposição pode fornecer informações sobre como ela é apresentada, o que enfatizar, o que omitir e a que a exposição se refere.

Quem se beneficiará? Saber para qual público a exposição foi projetada esclarece questões. É para crianças apenas ou crianças e adultos? Se crianças apenas, de qual idade? É para o público em geral ou estudiosos? O público deve estar familiarizado com o tema? Ou uma exposição técnica oferecerá informações suficientes para que os não iniciados possam entender o significado? Os professores podem fazer essas perguntas aos funcionários do museu antes de planejar uma visita.

Um renomado museu em uma grande cidade tinha uma coleção de objetos culturais que eram exibidos junto com músicas, danças, comida, histórias e festivais nativos. Após muitos anos de sucesso, uma administração diferente assumiu, construiu um edifício impressionante – uma vitrine para os artefatos, colocaram os objetos em mostruários magníficos e descontinuaram a programação cultural. Apesar de ter se mudado para um local de destaque, o museu recebeu muito menos visitantes, os visitantes ficavam por períodos mais curtos e as crianças achavam o museu chato. Agora, ele tinha um grande apelo para outros curadores de museus, estudantes da cultura e visitantes que usam museus pelo prazer de olhar para objetos. Mas se tornou uma instituição diferente. Compreender o público que uma exposição é projetada para atrair pode determinar o que visitar e como concentrar o passeio.

Qual é o significado da exposição? Essa pergunta importante pode gerar respostas diferentes daqueles que criam a exposição e daqueles que a administram depois de montadas. Os diretores negociam a missão do museu e o custo. Os angariadores de fundos têm em mente a perspectiva dos doadores. Os diretores de marketing desejam alcançar o maior público possível. Os curadores querem ser fiéis ao significado que escolheram enfatizar. Os educadores querem expandir o conhecimento dos visitantes. Os projetistas têm restrições específicas em mente: as exposições devem caber em espaços determinados, obter uma certa aparência, cobrir certos conceitos. O público (visitantes – *você*) tem suas próprias expectativas. Alguns museus mantêm grupos focais para solicitar a opinião dos professores antes ou durante a elaboração de uma exposição. Descubra se o seu museu faz isso; caso contrário, pergunte se eles considerariam fazê-lo. Lembre-se, os ingressos adquiridos pelas escolas são importantes para o museu. A fusão de todas as perspectivas requer liderança para promover a colaboração, contemplar pontos de vista diferentes, forjar consenso e ouvir o público. Sem essa liderança, o significado de uma exposição pode ser confuso.

Quais são as ideias transcendentes? Nós conversamos muito sobre transcendência. Aqui, levantamos isso como uma questão principal ao considerar exposições. Transcendência significa fazer uma ponte mental (ou pontes mentais) do significado em uma exposição para outros significados relacionados a ela. Podem ser outras exposições, outras experiências que as crianças tiveram ou ideias desencadeadas pela exposição. Assim sendo, a exposição "Degas" (descrita antes) pode trazer à mente algo tão próximo do tema quanto um balé que as crianças já viram ou tão distante quanto um tio cujo nome é Edgar. Circuitos de bolas podem lembrar uma montanha-russa de parque temático ou jogar uma bola de beisebol. A facilidade dos adultos em reconhecer ideias transcendentes

> As ideias transcendentes são poderosas ferramentas para desenvolver a capacidade das crianças de fazer relações e generalizá-las para outras situações.

e incentivar as crianças a fazer conexões expande o entendimento delas sobre o significado das exposições.

Modalidades

Os projetistas podem escolher entre experiências visuais, auditivas, gráficas, 3D, práticas e muito mais. Cada um oferece uma gama de sensações que acionam o cérebro de maneiras diferentes. A habilidade dos professores reside em despertar interesse sem sobrecarregar o cérebro. Estímulo de menos e o cérebro falha em perceber; estímulo demais e o cérebro fica sobrecarregado e desliga.

Os seres humanos têm a capacidade intrínseca de receber e enviar informações em muitas modalidades diferentes, mas geralmente usam apenas uma fração dessa capacidade. Ao apresentar exposições em muitas modalidades diferentes, os museus podem ampliar a capacidade humana de "ler" de maneiras muito variadas. Os professores podem ajudar as crianças a identificar o maior número possível de modalidades nas exposições e, em seguida, determinar quais as modalidades com maior probabilidade de envolver crianças específicas.

Elementos repetitivos

Repetir conteúdo, processos, movimentos ou qualquer outra coisa é essencial para causar impacto no cérebro. As experiências únicas raramente deixam vestígios. A menos que haja repetição, uma experiência pode muito bem não ter acontecido.

> Incentive as crianças a encontrar ideias repetitivas em diferentes exposições.

A repetição é *a* maneira mais importante de imprimir alguma coisa para que o cérebro se habitue a ela e, no futuro, possa usar a habilidade, processo, informação ou princípio. Encontre exemplos de repetição em uma única exposição ou em um conjunto de exposições.

Variação

> Encontre os aspectos inovadores das exposições que manterão as crianças atentas.

Repetição sem variação é entediante. Coisas entediantes colocam o cérebro para dormir. Para ficar alerta, o cérebro exige novidade. Com seu vasto número de técnicas, os museus nunca precisam ser entediantes.

Movimento

O cérebro está programado para prestar atenção ao movimento. Perceber o movimento, por mais leve que fosse, era uma habilidade de sobrevivência que protegia a nossa espécie durante eras de evolução. Se o movimento for intrínseco a uma exposição (como nas exposições de circuitos com bolas comentadas anteriormente e em outras exposições descritas ao longo do livro), chame a atenção das crianças para o movimento.

Se uma exposição não tiver movimento óbvio, crie maneiras de as crianças se movimentarem enquanto examinam a exposição: o que muda se você a visualizar de frente, da esquerda, da direita? Essas mudanças são importantes? Por quê? Se você estivesse olhando de fora a exposição, o que veria igual ou diferente, que contradiz o significado da exposição? Que sustenta o significado?

Organização

Como uma exposição é organizada pode determinar que ideias as crianças veem. Considere exposições que contêm a mesma ideia e estão agrupadas. Essa organização permite que você leve as crianças das experiências mais concretas para as cada vez mais abstratas; a progressão ajuda as crianças a entenderem mais prontamente os conceitos. Se as exposições não forem tão organizadas, considere imprimir essa organização pela ordem em que você vê as exposições e como incentiva as crianças a construir relações entre elas.

> Incorporar movimento em uma exposição mantém o cérebro atento.

> O cérebro constrói abstrações a partir do conhecimento concreto.

Comentários

Feedback é informação sobre o desempenho de alguém. Luzes piscando, campainhas soando ou uma voz exclamando: "Aham!/Hum-hum!", como se limpasse a garganta, chamam a atenção para sugestões perdidas ou respostas erradas. Se as exposições não tiverem dispositivos de *feedback*, procure maneiras de oferecer *feedback* às respostas das crianças. O que na exposição fornece evidências? Peca em fornecer evidência? Contêm ideias importantes? Diz respeito às ideias das crianças?

> Se o cérebro cristalizou padrões de pensamento "apressados, estreitos, confusos ou esparsos" (Perkins, 1995, p. 153), requer atenção imediata para mudar o padrão.

RESUMO: TRAZENDO A APRENDIZAGEM PARA CASA

O potencial dos museus de impactar a aprendizagem geralmente é mal interpretado ou não explorado. Mas os museus podem afetar poderosamente o pensamento e ajudar as crianças a aprender. O segredo está na estruturação das interações adulto/criança que levam as crianças a questionar e as ajudam a formular perguntas. Então, quando elas reagirem, parabenize-as por fazerem perguntas instigantes. A forma como os professores usam os museus, como a equipe do museu concebe uma exposição e como os museus dão suporte aos visitantes fazem toda a diferença.

Depois da visita, as crianças podem dizer: "Isso me lembra..." e mencionar algo que elas captaram. Ou as crianças podem perguntar: "Você se lembra disso..." e se referirem a alguma coisa que viram. Tais observações indicam que algo na experiência está fervilhando em seus cérebros. As crianças aprendem quando os professores:

- reconhecem as observações das crianças como evidência de que o cérebro está elaborando,
- acompanham as ideias das crianças conversando com elas,
- estimulam as crianças na busca por respostas.

Diferentes fatores atraem visitantes aos museus. Alguns adultos, que entendem que os museus estimulam o pensamento e a aprendizagem, visitam-nos com frequência, exploram no ritmo das crianças e mediam maravilhosamente. Algumas crianças naturalmente se concentram ou tiveram mediação que as preparou para observar e questionar. Algumas crianças ficam tão perplexas com os efeitos que questionam e ponderam. Outras cristalizam a experiência (Rachael, Capítulo 5), transformando um exemplo em um conceito universalmente útil. Feuerstein diz: "A mediação pode superar barreiras aparentemente intransponíveis à aprendizagem – por quanto tempo a condição está presente, sua causa ou gravidade". Os mediadores abordam as deficiências de pensamento um passo de cada vez, usando muitos estímulos.

Objetos de museu, dioramas ou novas experiências chamam a atenção, ampliam a perspectiva e instilam imagens mentais que serão fontes duradouras de admiração, prazer ou entendimento. A mediação evoca os atos ponderados das crianças e as leva a consolidar seu pensamento. As crianças que focam, questionam e constroem relações nos mostram como se dá a aprendizagem.

Pontos principais

1. A preparação foca o cérebro.
2. Encontrar as ferramentas nas exposições significa reconhecer como conectar as ideias da exposição com o que as crianças sabem.
3. Compreender os princípios de projeto fornece informações sobre como usar exposições.
4. Saber aprender com exposições em museus é um paradigma para estruturar qualquer experiência de aprendizagem.

Apêndice A

Lista de funções cognitivas deficientes

(Adaptado do Apêndice B em Feuerstein, Rand, & Feuerstein, 2006, p. 427-429)

Estar familiarizado com as deficiências da função cognitiva permite que os mediadores identifiquem a fonte das dificuldades de um indivíduo.

Funções cognitivas deficientes na *fase de entrada* de um ato mental:

1. Percepção difusa e indiferenciada.

2. Comportamento exploratório não planejado, impulsivo e não sistemático.

3. Carência ou comprometimento de ferramentas verbais receptivas que afetam a diferenciação (por exemplo, objetos, eventos e relações não são adequadamente identificados).

4. Carência ou comprometimento da orientação espacial, e falta de sistemas de referência estáveis (a criança não consegue visualizar o espaço de um ponto de vista pessoal – esquerda, direita; não consegue visualizar o espaço como um sistema universal absoluto – leste, oeste).

5. Carência ou comprometimento de conceitos temporais (não consegue compreender o tempo tanto como objeto como dimensão; não enxerga o tempo como um intervalo mensurável e estável ou como um fluxo do passado para o presente e para o futuro).

6. Carência ou comprometimento de conservação de constâncias (por exemplo, tamanho, forma, qualidade, cor, orientação) nas variações de uma ou mais dimensões.

7. Carência ou deficiência de necessidade de precisão e exatidão na coleta de dados.

8. Carência de capacidade para considerar duas ou mais fontes de informação ao mesmo tempo. Isso se reflete ao lidar com dados de maneira fragmentada, e não como uma unidade de fatos organizados.

Funções cognitivas deficientes na *fase de elaboração* de um ato mental:

1. Percepção inadequada da existência de um problema e sua definição.

2. Incapacidade de selecionar pistas relevantes, em oposição a irrelevantes, na definição de um problema.

3. Ausência de comportamento comparativo espontâneo ou limitação de sua aplicação a um restrito sistema de necessidades (não consegue comparar as coisas de maneira eficiente).

4. Estreitamento do campo mental (carece de significado, conceitos ou não consegue situar algo em um contexto).

5. Compreensão episódica da realidade (não busca nem projeta relações, nem agrupa, organiza ou resume estímulos).

6. Ausência de necessidade de educação (com base em fatos) ou estabelecimento de relações.

7. Ausência de necessidade e/ou de exercício de comportamento sintético.

8. Carência ou comprometimento da necessidade de buscar evidências lógicas.

9. Carência ou comprometimento de pensamento hipotético inferencial ("se... então").

10. Carência ou comprometimento de estratégias para teste de hipóteses.

11. Carência ou comprometimento de comportamento de planejamento.

12. Carência ou comprometimento de interiorização (não consegue internalizar uma instrução, objeto ou experiência). Exemplo: não consegue fazer julgamentos morais, como reconhecer o significado, o valor ou a ética de pensamentos ou ações.

13. Não elaboração de determinadas categorias cognitivas porque os conceitos verbais não fazem parte do inventário verbal do indivíduo em um nível receptivo ou porque não são mobilizados no nível expressivo.

Funções cognitivas deficientes na *fase de saída* de um ato mental:

1. Modalidades de comunicação egocêntrica (não vê necessidade de expressar claramente o significado ou fornecer evidências).

2. Dificuldades em projetar relações virtuais; isto é, não consegue reestruturar as relações entre objetos e eventos de um tipo de relação para outra. Em outras palavras, uma criança pode reconhecer que um quadrado é composto de quatro lados, mas não consegue distinguir que é um quadrado quando é inclinado, acrescido de padrões ou dividido por linhas diagonais ou horizontais.

3. Bloqueio. Os alunos resistem: "Não consigo", "É muito difícil", "Não sei como fazer".

4. Respostas do tipo tentativa e erro.

5. Carência ou comprometimento de ferramentas verbais ou de outro tipo para comunicar respostas adequadamente elaboradas.

6. Carência ou comprometimento de necessidade de precisão e exatidão na comunicação das respostas.

7. Deficiência de transporte visual; isto é, não consegue manter uma imagem "nos olhos da mente" durante uma tarefa que exige correspondência, comparação, preenchimento de uma figura ou outras maneiras de usar a memória visual.

8. Comportamento impulsivo, aleatório, não planejado.

Apêndice B

Crianças com dificuldades de aprendizagem: lembretes para os pais e projetistas de exposições

PAIS

Para mediar com eficiência, os adultos – pais e educadores – devem acreditar que as crianças podem aprender mesmo que pareçam ter dificuldades cognitivas que tornariam a aprendizagem mais difícil. Professores e funcionários dos museus podem mostrar aos pais como fazer um esforço adicional. De fato, os pais de crianças com problemas cognitivos, emocionais, de movimento, sociais ou outros podem precisar do apoio de um professor, orientador ou psicólogo especializado em ensinar a:

- conscientizá-los da necessidade de mediação;
- mostrar-lhes seu potencial para mediar;
- ensiná-los a traduzir o que sabem sobre a natureza de seus filhos, e seus pontos fortes e fracos em técnicas que ajudam as crianças a aprender;
- orientá-los sobre como ajudar as crianças nas lições de casa, com os tipos de ensino informal de pais e filhos que ocorrem espontaneamente ou com técnicas para aprender com as exposições de museus;
- esclarecer o significado nas lições ou exposições;
- exemplificar como explorar com propósito, para que as crianças possam imitar;
- expressar satisfação com o desempenho de seus filhos;
- interagir com seus filhos com entusiasmo, alegria e otimismo.

Professores e funcionários dos museus podem empreender esforços para aumentar a interação entre pai/mãe e filho(a) incentivando os pais nos seguintes aspectos:

- *Linguagem corporal* – acenos de cabeça afirmativos, contato visual, sorrisos de aprovação.
- *Elogios* – "Bom trabalho, mãe!"
- *Observação* – "Veja como sua filha está se esforçando!" ou "Seu filho acabou de tentar algo realmente desafiador".
- *Reconhecimento* – "*Você* ajudou seu filho a dominar isso."

Essas ações aparentemente pequenas são forças poderosas para motivar os pais e podem mudar a maneira como os pais veem seus filhos.

Exposições

Se os fortes estímulos de uma exposição falharem em instigar uma criança, os impactos deverão ser muito intensificados com efeitos surpreendentemente diferentes dos esperados. E se:

- uma calçada que se move para trás,
- um leão relinchar como um cavalo,
- uma bola rolar lateralmente em uma inclinação,
- um "fogo" ser frio ao toque,
- uma pequena bola de borracha ser pesada como chumbo?

Os museus podem fazer essas coisas acontecerem – metaforicamente, uma "Exposição com efeitos surpreendentes opostos e inversos". Tais exposições intensificam o impacto, fazem com que as crianças acompanhem, questionem ou suponham "por quê". Os mediadores podem incentivar os pais a usarem as respostas das crianças para ajudá-las a encontrar absurdos, procurar causas e discutir *por que* algo parece absurdo.

Referências bibliográficas

AEBLI, H. "Piaget and beyond". *Interchange 1(1)*, 1970, p. 12-24. Disponível em: <www.springerlink.com/content/f150457258v81544>.

ALLEN, S. "Sociocultural theory in museums: Insights and suggestions". *Journal of Museum Education 22 (2/3)* (parte 1), 1997, p. 8-9. Washington, D.C.: Museum Education Roundtable.

BEAINO, G., KHOSHNOOD, B., KAMINSKI, M. et al. "Predictors of the risk of cognitive deficiency in very preterm infants: The EPIPAGE prospective cohort". *Acta Paediatrica 100(9)*, 2011, p. 370-378.

BEN-HUR, M. "Feuerstein's instrumental enrichment: Evidence of effectiveness", 2008. Disponível em: <www.iriinc.us/PDF/FIE_Effectiveness_Report_(2002).pdf>.

BERK, L.E., WINSLER, A. *Scaffolding children's learning*: Vygotsky and early childhood education. Washington, D.C.: National Association for the Education of Young Children, 1995.

BLAKE, W. "Auguries of innocence". *The Pickering manuscript*, 1803. Disponível em: <http://www.britannica com/bps/additionalcontent/17/17429/The-Pickering-Manuscript>.

BLAKESLEE, S. "Cells that read minds". *The New York Times, Science*, 2006. Disponível em: <http://www.nytimes.com/2006/01/10/science/10mirr.html?_r=1&oref=slogin>.

BROWN, J.S., BURTON, R.R. "Diagnostic models for procedural bugs in basic mathematical skills". *Cognitive Science 2*, 1978, p. 71-192.

CHABRIS, D.F., HEARST, E.S. "Visualization, pattern recognition, and forward search: Effects of playing speed and sight of position on grandmaster chess errors". *Cognitive Science 27*, 2003, p. 637-648.

CHAUCER, G. *Os Contos de Cantuária*, (1387–1400). Disponível em: <http://www.librarius.com/>.

COLLINS, W. *The moonstone*. Nova York: Oxford University Press, 1998. (Obra original publicada em 1874.)

COLLINSON, S. "Philosopher of the month: Kenneth Craik". *The Philosophers' Magazine* (J. Stangroom, Ed.), 2002. Disponível em: <http://www.philosophers.co.uk/cafe/phil_sep2002.htm>.

CONNOR, S. "African click language 'holds key to origins of earliest human speech.'" *The Independent*, 18 mar. 2003. Disponível em: <http://www.independent.co.uk/news/science/african-click-language-holds-key-to-origins-of-earliest-human-speech-591505.html>.

CROWLEY, K., CALLANAN, M. "Describing and supporting collaborative scientificthinking in parent-child interactions". *Journal of Museum Education 23(1)*, 1998, p. 12-17.

CSIKSZENTMIHALYI, M. "Foreword". In: LEWIN-BENHAM, A. *Infants and toddlers at work: Using Reggio-inspired materials to support brain development*, p. ix-x. Nova York: Teachers College Press, 2010.

_____. *Flow*: The psychology of optimal experience. New York: Harper-Collins, 1990.

DAMASIO, A. *Descartes' error*. Nova York: G. P. Putnam's Sons, 1994.

EDELMAN, G. "What makes you uniquely you?" *Discover Magazine*, 16 jan. 2009, p. 1-3. Disponível em: <http://discovermagazine.com/2009/feb/16-what-makes-you-uniquelyyou>.

European Science Foundation. "What do mirror neurons mean?" In: ORIGGI, G. (Ed.) *Interdisciplines*, 2008. Paris: Author. Disponível em: <http://www.interdisciplines.org/mirror>.

Evan-Moor Publishing. *Water, composition of*, 2010. Disponível em: <http://www.bookrags.com/research/water-composition-of-wsd/>.

FALK, J.H., DIERKING, L.D. "The 95% solution". *American Scientist 98*, 2010, p. 486-493.

FELDMAN, D.E., BRECHT, M. "Map plasticity in somatosensory cortex". *Science 310(5749)*, nov. 2005, p. 810-815. Disponível em: <http://www.sciencemag.org/cgi/content/abstract/310/5749/810>.

FEUERSTEIN, R., FEUERSTEIN, R.S. *Feuerstein instrumental enrichment – Basic*. Jerusalém: ICELP Press, 2003.

FEUERSTEIN, R., RAND, Y., FEUERSTEIN, R.S. *You love me! Don't accept me as I am*. Jerusalém: ICELP Press, 2006.

FEUERSTEIN, F., FALIK, L., FEUERSTEIN, R.S. *Mediated soliloquy*: Theory, concept and a monograph series. Jerusalém: International Center for the Enhancement of Learning Potential (ICELP) Press (no prelo).

_____. *Definitions of essential concepts & terms.* Jerusalém: ICELP Press, 2006.

_____. *Feuerstein instrumental enrichment – Basic: User's guide.* Jerusalém: ICELP Press, 2009.

_____. *User's guide to the theory and practice of the Feuerstein instrumental enrichment program – BASIC.* Jerusalém: ICELP Press, 2004.

FEUERSTEIN, R., FEUERSTEIN, R.S., FALIK, L. et al. *The Feuerstein instrumental enrichment program*: Part I and Part II. Jerusalém: ICELP Press, 2006.

_____. *The dynamic assessment of cognitive modifiability.* Jerusalém: ICELP Press, 2002.

GALLESE, V., FADIGA, L., FOGASSI, L. et al. "Action recognition in the premotor cortex". *Brain 119*, 1996, p. 593-609. Disponível em: <http://www.unipr.it/arpa/mirror/english/staff/rizzolat.htm>.

GARDNER, H. "On psychology and youth museums: Toward an education for understanding". *Hand to Hand 6*, 1992, p. 3. Association of Youth Museums, Memphis, TN.

_____. *The unschooled mind.* Nova York: Basic Books, 1991.

_____. *The mind's new science*: A history of the cognitive revolution. Nova York: Basic Books, 1985.

_____. *Frames of mind*: The theory of multiple intelligences. Nova York: Basic Books, 1983.

Gates of repentance: The new union prayer book for the days of awe. Nova York: Central Conference of American Rabbis, 1978.

GAZZANIGA, M. "Arts and cognition: Findings hint at relationships". In: GAZZANIGA, M., ASBURY, C., RICH, B. (Eds.). *Learning, arts, and the brain: The Dana Consortium report on arts and cognition*, 2008, p. v-viii. Nova York: Dana Press.

GELMAN, R., AU, T. "Cognitive and perceptual development". In: CARTERETTE, E., FRIEDMAN, M. (Eds.). *Handbook of perception and cognition XIII*, 1996, 2.ed., p. 3-48. San Diego: Academic Press.

GELMAN, R., BRENNEMAN, K., MACDONALD, G. et al. *Preschool pathways to science*: Facilitating scientific ways of thinking, doing, and understanding. Baltimore: Brookes, 2009.

GELMAN, R., SCHATZ, M. "Appropriate speech adjustments: The operation of conversational constraints on talk to two-year-olds". In: Lewis, M., Rosenblum, L. (Eds.). *Interaction, conversation and the development of language*. Nova York: Wiley, 1977.

General Atomics. "Perspectives on plasma", 1994. Disponível em: <http://www.plasmas.org/what-are-plasmas.htm>.

GLEITMAN, H. *Basic psychology*. Nova York: W.W. Norton, 1987.

GOLEMAN, D. *Emotional intelligence*: Why it can matter more than IQ. New York: Bantam Books, 1995.

_____. *Vital lies, simple truths*: The psychology of self-deception. Nova York: Simon & Schuster, 1985.

GREENSPAN, S.I., SHANKER, S.G. *The first idea*: How symbols, language, and intelligence evolved from our primate ancestors to modern humans. Cambridge, MA: Da Capo Press, 2004.

HALL, E. "A conversation with Jean Piaget and Barbel Inhelder", 1970. Disponível em: <http://www.abrae.com.br/entrevistas/entr_pia.htm>.

HAWKINS, D. "Messing about in science". Watertown, MA: Educational Services Incorporated. Reimpresso de *Science and Children 2(5)*, 1965, p. 1-5.

KANDEL, E. *In search of memory*: The emergence of a new science of mind. Nova York: Norton, 2006.

KANT, I. *Critique of pure reason* (POLITIS, V., trad.). Londres: Dent, 1991. Disponível em: <http://sharp.bu.edu/~slehar/quotes/kant.html>. (Obra original publicada em 1781.)

KOZULIN, A. "Integration of culturally different students in mainstream classes". *Transylvanian Journal of Psychology 2(1)* (edição especial), 2006, p. 99-105. Cluj, Romênia: *Transylvanian Journal* em colaboração com EU Inclues Project.

_____. *Thought and language*. Cambridge, MA: MIT Press, 1998.

KOZULIN, A., LEBEER, J., MADELLA-NOJA, A. et al. "Cognitive modifiability of children with developmental disabilities: A multicenter study using Feuerstein's Instrumental Enrichment – Basic program". *Research in developmental disabilities*, 1º. dez. 2009, doi: 10.1016/j.ridd,2009.12.001.

KOZULIN, A., RAND, B. (Eds.). *Experience of mediated learning*: An impact of Feuerstein's theory in education and psychology. Elmsford, NY: Pergamon, 2000.

KUPPERBERG, P. *Hubble and the big bang*. Nova York: Rosen Publishing Group, 2005.

LAMB, C. (1913). "Mrs. Battle's opining on whist". *The essays of Elia*. Londres: J.M. Dent, 1913. (Obra original publicada em 1823.)

LAVE, J., WENGER, E. *Situated learning: Legitimate peripheral participation*. Nova York: Cambridge University Press, 1991.

LEDOUX, J. *The emotional brain*: The mysterious underpinning of emotional life. Nova York: Simon & Schuster, 1998.

LEWIN, A. W. "A response to Rochel Gelman's AYM keynote address: Cognitive development goes to the museum". *Hand to Hand 4(4)*, 1990, p. 2. Memphis, TN: Association of Youth Museums.

LEWIN-BENHAM, A. *Powerful children*: Understanding how to think and learn using the Reggio approach. Nova York: Teachers College Press, 2008.

_____. *Possible schools*: The Reggio approach to urban education. Nova York: Teachers College Press, 2006.

LLINÁS, R.R. *I of the vortex*: From neurons to self. Cambridge, MA: MIT Press, 2001.

MACRAE, N. *John von Neumann*: The scientific genius who pioneered the modern computer, game theory, nuclear deterrence, and much more. Nova York: Pantheon Books, 1992.

MALAGUZZI, L. *The very little ones of silent pictures*. Reggio Emilia, Itália: Municipal Infant/Toddler Center, 1991.

MARTON, K. *The great escape*: Nine Jews who fled Hitler and changed the world. Nova York: Simon & Schuster, 2006.

MCCARTY, M. *The transforming principle*: Discovering that genes are made of DNA. Nova York: W.W. Norton, 1985.

MERZENICH, M. "Michael Merzenich on rewiring the brain", 2004. Disponível em: <http://www.ted. com/index.php/talks/michael_merzenich_on_the_elastic_brain. html>.

MILLER, J.S. "Physics, soap bubbles", pt. 2, (s.d.). Disponível em: <http://www.truveo. com/search?query=surfacetensioninsoapbubbles&flv=1#surface%20tension%20 in%20soap%20bubbles%20>.

MONTICELLO. Disponível em: <http://explorer.monticello.org/text/index.php?i-d=106&type=4>, 2011.

NEVILLE, H., ANDERSON, A., BAGDADE, O. et al. "Effects of music training on brain and cognitive development in under-privileged 3- to 5-year-old children: Preliminary results". In: GAZZANIGA, M., ASBURY, C., RICH, B. (Eds.). *Learning*, *arts, and the brain*: The Dana Consortium report on arts and cognition, 2008, p. 105-116. Nova York: Dana Press.

OMER, D. *The Teheran operation*: The rescue of Jewish children from the Nazis. Washington, D.C.: B'nai B'rith, 1991.

ORNSTEIN, R., THOMPSON, R. *The amazing brain*. Boston: Houghton Mifflin, 1984.

ORR, E. W. *Twice as less*: Black English and the performance of black students in mathematics and science. Nova York: Norton, 1987.

PERKINS, D. *Smart schools*. Nova York: Free Press, 1992.

_____. *Outsmarting IQ*. Nova York: Free Press, 1995.

PIAGET, J. *The child and reality*: Problems of genetic psychology (ROSIN, A., trad.). Nova York: Grossman, 1973.

PINKER, S. *How the mind works*. Nova York: Norton, 1997.

_____. *The language instinct*: How the mind creates language. Nova York: William Morrow, 1994.

POLLACK, R. *The missing moment*: How the unconscious shapes modern science. Nova York: Houghton Mifflin, 1999.

POSNER, M., ROTHBART, M., SHEESE, B. et al. "How arts training influences cognition". In: GAZZANIGA, M., ASBURY, C., RICH, B. (Eds.). *Learning, arts and the brain*, 2008, p. 1-10. Nova York: Dana Press.

POSTMAN, N. *Amusing ourselves to death*: Public discourse in the age of show business. Nova York: Penguin Books, 1985.

PRESSEISEN, B., KOZULIN, A. "Mediated learning: The contributions of Vygotsky and Feuerstein in theory and practice". In: BEN-HUR, M. (Ed.). *On Feuerstein's instrumental enrichment: A collection*, 1994, seção 1, p. 51-81. Palantine, IL: IRI/Skylight.

RATEY, J. *A user's guide to the brain*: Perception, attention, and the four theaters of the brain. Nova York: Random House, 2002.

RESNICK, L. B. "Shared cognition: Thinking as social practice". In: RESNICK, L.B., LEVINE, J.M., TEASLEY, S.D. (Eds.). *Perspectives on socially shared cognition*, 1991, p. 1-20. Washington, D.C.: American Psychological Association.

ROGOFF, B. *Apprenticeship in thinking*: Cognitive development in social context. Nova York: Oxford University Press, 1991.

SACKS, O. *Musicophilia*: Tales of music and the brain. Nova York: Vintage Books, 2008.

SALAS, N., ASSAEL, C., HUEPE, D. et al. "Application of IE-Basic program to promote cognitive and affective development in preschoolers: A Chilean study". *Journal of Cognitive Education and Psychology 9(3)*, 2010, p. 285-297.

SAXE, J. G. *The poems of John Godfrey Saxe* (Highgate Edition). Boston: Houghton Mifflin, 1881.

SCHAUBLE, L., LEINHARDT, G., MARTIN, L. "A framework for organizing a cumulative research agenda in informal learning contexts". *Journal of Museum Education 22(2/3)* (parte 1), 1997.

SHAVELSON, R.J. "Biographical memoirs". *Proceedings of the American philosophical society 147(4)*, 2003, p. 380-385.

SHREEVE, J. *The genome war*: How Craig Venter tried to capture the code of life and save the world. Nova York: Ballantine Books, 2004.

SIEGEL, D.J. *The mindful brain*: Reflection and attunement in the cultivation of well-being. Nova York: W.W. Norton, 2007.

SPELKE, E., KINZLER, K. "Core knowledge". *Developmental Science 10(1)*, 2007, p. 89-96. Disponível em: <http://www.wjh. harvard.edu/~lds/pdfs/SpelkeKinzler07. pdf>.

STONE, R.E. "Defining authenticity". *Works of art: Met objectives* (s.d.). Disponível em: <http://www.metmuseum.org/Works_of_Art/objects_conservation/fall_2002/define.asp>.

TENNYSON, A.L. "In memoriam A.H.H.", 1849. Disponível em: <http://www.online-literature.com/tennyson/718/>.

THOMPSON, S. "Science projects for kids: Bernoulli's theorem" [série de vídeos] (s.d.). Disponível em: <http://www.ehow.com/videos-on_4644_science-projects-kids_-bernoulli_stheorem.html>.

Turismo. intoscana. it. "Benvenuto Cellini, Perseus with the Head of Medusa", (s.d.). Disponível em: <http://www.turismo.intoscana.it/intoscana2/export/TurismoRTen/sito-TurismoRTen/Contenuti/Elementi-interesse/Monumenti/visualizza_asset. html_549916293.html>.

Universidade de Minnesota, Escola de Física e Astronomia (s.d.). Disponível em: <http://www.physics.umn.edu/outreach/pforce/circus/Bernoulli.html>.

VYGOTSKY, L.S. *Mind in society*: The development of higher psychological processes. COLE, M., JOHN-STEINER, V., SCRIBNER, S. et al. (Eds.). Cambridge. MA: Harvard University Press, 2007. (Obras originais publicadas em 1930-1935.)

WILSON, F. *The hand*: How its use shapes the brain, human language, and culture. Nova York: Pantheon, 1998.

YEATS, W. B. *Long-legged fly*. A little treasury of modern poetry. Nova York: Charles Scribner's Sons, 1946. (Obra original publicada em 1938-1939.)

Índice remissivo

Aebli, Hans, 57

Albers, Josef, 205

Allen, Sue, 47

Aprendizagem, 115-119, 226. Cf. tb. Cognição; Funções cognitivas deficentes; Modalidades; Motivação; Movimento; Museus e exposições; Relações; Repetição; Representação; Orientação Espacial; Transformações

atos cognitivos essenciais, 114-134, 178-198, 222-248

em museus, 31-53, 157-177, 275-293, 297-298

mitos sobre, 49-53

quando crianças aprendem, 52, 271, 272, 273, 275, 292

representação gráfica da, 259

Aquisição de habilidades, 102-104

Atenção, 55-56, 60, 71, 106, 115-119, 121-123, 131, 132, 150, 152, 174, 184, 235, 249, 252, 255-257, 261, 267, 280, 282, 285

exposições que prendem o interesse, 223, 225-227

e ilusão, 223, 243

e meios de comunicação, 73

e museus, 34, 68, 69, 108, 115, 134, 158, 161, 164, 196, 225, 226, 235, 281, 282, 285

"treinar" o cérebro, 33, 50, 96, 118, 132, 176, 229, 256

Autismo, 22, 55

Avaliação dinâmica, 27-29

Borodin, Alexander, 58

Brown, John Seely, 140

Burton, R. R., 140

Callanan, Maureen, 46, 192-193

Cegos, 246-248

Cellini, Benvenuto, 166-168

Cenários

altura da girafa, 32

animação, 42-43

atracar um ônibus espacial, 262

bola e buraco em movimento, 266-269

caixas fechadas, 185, 188, 247

caligrafia, 194

cavalos e cavaleiros de argila, 104-107

comparando minerais, 212

disposição de mediação, 75-77

e erros dos adultos, 42, 44, 45

efeito Bernoulli, 145-148, 207, 223

Escala Cuisenaire, 51-53

espelhos sonoros, 189, 190

estímulos de Glenna, 64-69

estourando um balão, 239

estruturas de escalada, 129

exposição da cozinha, 125

exposição de Degas, 282-285, 289

exposição do Holocausto, 108-113, 179-183

fazendo um símbolo chinês, 183-185

ganho mecânico, 40-42

imitação, 123-126

impulso, 39

leitura não fonética, 143-144

leoa e os filhotes, 176

mandíbulas dos animais, 38

máquinas de movimento, 285-286

mercearia, 45, 201-204

National Civil Rights Museum, 181

New York Tenement Museum, 181

objetos caindo, 169-173, 225-227

palco estroboscópico, 50

películas de sabão, 238-240

pêndulo, 32-33

pinturas de Picasso, 261

presentes de aniversário, 101-104

Rachael e o mundo, 114

relógio de Jefferson, 203

semáforo, 43-44

sílabas para Tom, 69-70

sistema eletromagnético, 47

Star e "RocketWorks", 206-207

tangrams, 129

todo mundo é você e eu, 190-191

tubos, 127-128

três estados da água, 49

Trilha das Lágrimas, 181

vácuo, 169-172

zootrópio, 233-235

Centros de Treinamento Autorizados, 70, 96, 105

Cérebro. *Cf. tb.* Cognição; Relações; Transformações

"cerebralidade", 256

como um sistema dinâmico, 58

e novidade, 123, 124, 129, 162, 165, 202, 230, 290

operações mentais, 237, 238, 239, 241, 248

plasticidade, 11, 260

reações às exposições, 227

sistema de ativação reticular (SAR), 123, 230

Chase, William, 194

Cognição, 32, 35, 43, 50, 66, 105, 107, 112, 114-134, 193, 222-248. *Cf. tb.* Funções cognitivas deficientes; Relações

e aquisição de habilidades, 183-184

e complexidade, 49, 59, 74-75, 129, 140, 143, 193, 197, 232

e destreza, 194

e empatia, 181-183

e flexibilidade, 229

e formação de relações, 231-233

e ilusão, 242-245

e incongruência, 222-227, 244

e meios de comunicação, 155

e mediação, 56, 59, 62, 67, 76, 251-254

e motivação, 54, 87, 250-253

em museus, 157-169, 180-198, 215

e experiência estereognóstica, 245-248

e novidade, 230, 265

e repetição, 227-231

e transferência, 195

e transformação, 141-143, 233-242

e xadrez, 194

no PEI, 78-80, 89-90, 92-93

Colaboração, 101-103, 104, 171, 189-194

Comer, James, 113

Comparar/comparação, 21, 34, 37, 48, 51, 52, 89, 115, 145, 163

    e atos mentais, 226, 232, 237, 256, 260, 270, 294, 295

    e conservação de objetos, 149

    e empatia, 181

    e mediação, 160, 162, 172, 220, 223, 224, 236, 241, 242, 265, 272, 283

    em níveis do ato mental, 140-171

    e exposições, 158, 201-203, 212, 272

    exemplos de uso, 38, 40, 65-67, 75, 124-126, 141, 164, 171, 204, 238, 284

    e redundância, 165

    para reverter percepção difusa, 116-119, 120

Complexidade. *Cf. tb.* Cognição

    e compreensão, 46, 48, 67

    e exposições, 170-173, 201-204, 281

    e imitação, 126

    em conteúdo, 38, 44, 47

    e mediação, 58, 96, 103

    e movimento, 132, 266-269

    em sistemas cerebrais, 116

    e orientação espacial, 132

    e repetição, 230-234

    e transcendência, 74-75

    e utilização das ferramentas do PEI, 79, 82

    exemplos de atividades de aprendizagem, 61, 101-103, 107, 125, 127-130

Cronbach, L.J., 17

Crowley, Kevin, 46, 192-193

Csikszentmihalyi, Mihaly, 123, 124

Dalí, Salvador, 34

Damásio, António, 250

Da Vinci, Leonardo, 260

Degas, Edgar, 282-285, 289

Desafio visual, 268-271, 272

Dissonância cognitiva, 108, 169-170, 172

Dostoiévski, Fiódor, 260

Durer, Albrecht, 164, 260

Edelman, Gerald, 189-190

Empatia, 62, 103, 108-111, 126, 178-183, 198, 210, 213, 272, 284

Escher, M. C., 224, 233, 237

Esquemas, 47, 114, 115, 122-123, 124, 130, 195, 277

Experiência visual/cinestésica, 244-248

Exposição do Holocausto (Lembrem-se das Crianças/A História de Daniel), 28, 108-111, 179-182

    mediação na, 112

Feuerstein, Reuven

    e Andre Rey, 27

    e Holocausto, 14, 27, 63, 98, 180

    e imitação, 123

    e o Capital Children's Museum, 26

    e Piaget, 14, 56-58

    mediação e intenção, 54-56

    motivação pessoal, 60, 98

    primeiros anos na Romênia, 12-13, 60 primeiros trabalhos em Israel, 11-13

Funções cognitivas deficientes, 20, 21-23, 38, 131, 148-151, 156, 188, 199, 294-296. *Cf. tb.* TDAH; Percepção difusa; Síndrome de Down

    e atenção, 118

    e conselhos para pais e guias de museu, 297-298

    e movimento, 120

    e orientação espacial, 119-120

Galileu, Galilei, 37

Gardner, Howard, 46-47, 101, 129, 138

    e inteligências múltiplas, 173-176

Gehry, Frank, 279

Gelman, Rochel, 45

Greenberg, Katherine, 125

Hawkins, David, 32-33, 53

Hezekiah, Lloyd, 220

Hugo, Victor, 168

Imitação, 115-119, 123, 125, 280

Incongruência. *Cf.* Cognição

Inteligência emocional, 253

Intenção, 19, 20, 23, 31, 49, 55, 58, 64, 70, 71-73, 74, 77, 79, 82, 96, 98, 99, 100, 104-107, 118, 141, 164, 176, 209, 251, 252, 257. *Cf. tb.* Mediação

    e afeto, 132, 252

    e cognição, 251

    e estímulos, 65-69, 108, 111, 175, 209, 255, 286-291

    e exposições, 33, 36, 181, 189, 212, 213, 258

    e modos, 71, 290

Kandel, Eric, 266

Kishon, Ephriam, 59

Kozulin, Alex, 57

Lavoisier, Antoine-Laurent, 50

Leinhardt, Gaea, 47

Linguagem de sinais, 187-189

Llinás, Rodolfo, 255-258

Malaguzzi, Loris, 125

Mapa cognitivo, 136-145, 146-148, 156, 170-173, 204, 250

    e complexidade, 142-144, 145, 147, 165, 197, 231-233

    elaboração, 260

    em uso, 142-144, 146-148, 170-173, 225-227

    e níveis de um ato mental, 171-173, 294-296

    escola/museu, 199-218, 265

    pais/filhos, 192-194

Martin, Laura, 47

McNeill, James Abbot, 164

Mediação, 34, 54-77. *Cf. tb.* Mapa cognitivo; Intenção

    aspectos essenciais, 24, 68, 70-75, 96

    ciclo de aprendizagem, 37

    de afeto ou emoção, 54, 111, 182, 198, 216, 252-256, 273

    e mapa cognitivo, 135, 170, 233

    em museus, 35, 43-44, 121, 191, 196, 202-207, 213, 218, 264

    e significado, 72-74

    estímulos, 40, 65, 67-70, 72, 99, 255-258

    mediado, 63, 65, 70, 71, 72, 77, 250, 258

    motivação, 54, 253

    no PEI-Básico, 87-93

    no PEI-Standard, 79-88, 93-95

    o papel dos adultos na, 33, 34-36, 49, 118

    técnicas, 96, 98, 107, 135, 150, 160, 165, 168, 172, 175, 186, 189, 192, 208, 247, 251, 252, 260-264, 268

    três agentes, 63-71, 77, 251

Mediador, 63-69, 98-113

    alunos como seus próprios, 29, 133, 248, 249

    dando aulas do PEI, 78-97

    eficaz, 42, 66, 68, 70, 145, 160, 222-248, 273, 292, 294-296 e solilóquio, 199, 206-208, 229

mães como, 62, 73-75, 176

meio como, 63

Mentoria, 197, 208-210

Merzenich, Michael, 58, 260

Metacognição, 14, 68, 134, 150

Modalidades, 138-143, 150, 152, 157, 163, 170, 176-177, 184-190, 258, 265, 266, 269

e cognição, 226, 232

e intenção, 72

em museus, 22, 40, 129, 168, 196, 201, 290

Modificabilidade Cognitiva Estrutural, 11, 56, 58, 59, 77, 260

Mondrian, Piet, 205

Monet, Claude, 34

Montessori, Maria

sinos, 185

técnicas, 151-155, 185, 227

Motivação, 63, 75, 250-253, 254-256, 280

e o interesse das crianças, 101-103

e exposições, 264

e intenção, 45, 168, 251

Movimento

e atenção, 131, 132

e coordenação, 103, 118, 227

e desenhos, 131, 132

e elaboração de exposições, 121, 257, 264-266

em exposições, 127-130, 131, 291

e percepção háptica, 153, 245

e consciência esquerda/direita, 95, 119

e mediação, 268

e atos mentais, 115, 120-122, 131, 144, 195, 266, 267, 268, 269, 289

e inteligências múltiplas, 173-174

superar deficiências de, 120-122, 297

e repetição, 158, 159

e sequenciamento, 90, 245

e consciência espacial, 90, 133

e transformação, 236

Múltiplas inteligências, 173-176

Museus e exposições. *Cf. tb.* Atenção; Cérebro; Comparar/comparação; Complexidade; Intenção; Movimento; Motivação; Relações; Cenários; Orientação espacial

aprendizagem divertida, 275, 292

e aprendizagem, 34, 35, 270-273, 278

fazendo perguntas pensadas, 282-285, 286, 287

identificando características, 279

orientando em, 280

planejando visitas, 276-293

projeto de, 123, 157, 158, 210-213, 221, 264, 273, 290-292

pontes museus/escolas, 199-221, 249

questões na elaboração, 287-291

Neurônios-espelho, 126-127, 153, 230

Neurônios motores, 133, 227

Newton, Isaac, 37

Noland, Kenneth, 205

Organização de pontos (PEI-S), 78-88

Orientação espacial, 119-120, 280

e deficiências de pensamento, 294-295

em exposições, 127, 129, 162-163, 176, 185

em metáfora, 130

e movimento, 132, 268

em ciência, 130

em linguagem de sinais, 187

e níveis de um ato mental, 140

e pensamento de alto nível, 129, 130, 203-206, 210, 216, 278, 281

e pensamento de baixo nível, 115, 118-120, 197 e deficiências de movimento, 119-120

e preposições, 130, 134

no PEI-B, 90-93

no PEI-S, 93-95

Padrão, 46-47, 81, 83, 84, 125, 161, 164, 166, 169, 185-186, 193-194, 210-211, 218, 227. *Cf. tb.* Relações

Pei, I. M., 279, 281-282

Percepção difusa, 116, 117, 229

Percepção háptica, 153, 185, 245

Perkins, David, 32, 48, 87, 115, 124, 130, 133, 170, 194, 195, 221, 291

Piaget, Jean,

e Aebli, Hans, 57

e inteligência fixa, 56

estágios de, 56, 142

Picasso, Pablo, 261, 265

Pinker, Steven, 267

Posner, Michael, 33-34, 256

Postman, Neil, 74

Programa de Enriquecimento Instrumental – Básico

aula, 90-93

e empatia, 181-182

visão geral, 87-90

Programa de Enriquecimento Instrumental – Standard, 79-88, 96

    aula, 79-88

    visão geral, 79-80

Ratey, John, 40, 132, 256, 270

Reggio Emilia, 101, 106, 125, 228

Relações, 21, 31-32, 35-36, 89, 92, 133, 141, 172, 176, 206, 243, 269, 271. *Cf. tb.* Cognição; Padrão

    e funções cognitivas deficientes, 294-296

    e mediação, 58, 82, 96, 220, 241-242, 251-252, 256, 265, 266, 271

    em exposições, 39, 42-44, 50, 206, 209, 212, 213-214, 231-233, 291, 292-293

    e números, 140, 144, 210, 229-231

    e níveis de um ato mental, 268

    e pensamento abstrato, 144-145, 260-261

    e pensamento espacial, 90-93, 130

    e preposições, 90-93, 130

    e processos de pensamento, 163

    e tempo, 120-121

    e transcendência, 100, 104, 197, 273-274, 289-290

    e transformações, 235-242

Repetição

    e aprendizagem, 35-36, 110, 121-123, 159, 172-173, 176-177, 205, 222, 227-231, 241, 244, 248, 261-262, 265-266, 272-273, 278, 287, 290

    e elaboração de exposições, 121, 157, 158, 264-265

    e encontrar constantes, 230-233

    e mediação, 160

    e percepção difusa/TDAH, 116-177, 118

    e reconfiguração do cérebro religadas, 79-80, 115-116, 122, 194. *Cf. tb.* Merzenich, Michael

    e tédio, 123

    e variação ou novidade, 89-90, 110-111, 157-159, 160-161, 230, 290

Representação

    de sentimentos, 261-262

    em Braille, 247

Resnick, Lauren, 195, 217

Rizzolatti, Giacomo, 126

Sacks, Oliver, 188

Schauble, Leona, 47

significado, 72-74, 104, 105, 107

símbolos, 185-187

Simon, Herbert, 194

síndrome de Down, 22, 62

solilóquio, 206-208

TDAH (Transtorno do Déficit de Atenção com Hiperatividade), 22, 69-70, 118, 154, 247

Teoria da Aprendizagem Mediada, 54-77

Teoria sociocultural, 57-58

    e cognição situada, 217

Topol, 59

Transcendência, 74-75, 105, 107

Transformações, 129, 140, 199-200, 231-234, 238-242. *Cf. tb.* Cérebro; Cognição; Relações

    definição, 104, 233, 235

    e funções cerebrais, 141-142, 168, 204-205

    em ferramentas do PEI, 79-80

    e representação, 104, 184-189, 210, 246-247, 270

    e transcendência, 98

    e zoótropos, 233-235

Van Gogh, Vincent, 34

Venter, Craig, 142

Vygotsky, Lev, 57, 124

Wilson, Frank, 268

Sobre os autores

Reuven Feuerstein, treinado por Carl Jung, Jean Piaget, André Rey e o psicólogo social Otto Kleinberg, recebeu seu Ph.D. da Sorbonne (1970) em Psicologia do Desenvolvimento. Seu treinamento e experiência o definem como um psicólogo cognitivo, teórico e clínico. Educadores, pais e psicólogos de todo o mundo o procuraram para avaliar crianças, jovens e adultos com funcionamento comprometido geneticamente ou pelas circunstâncias da vida ou cujo tratamento fora abandonado por serem considerados casos sem esperança.

Feuerstein cunhou seu pensamento sobre mediação nas décadas de 1940 e de 1950, o que levou à sua primeira teoria, a da Modificabilidade Cognitiva Estrutural (MCE), a ideia de que a inteligência humana é um sistema aberto que pode ser modificado. Isso levou, na década de 1960, a três sistemas aplicados: o Dispositivo de Avaliação do Potencial de Aprendizagem, a Experiência de Aprendizagem Mediada (EAM) e a Modelagem de Ambientes Modificadores (MAM), e também os programas de Enriquecimento Instrumental de Feuerstein.

Feuerstein foi o presidente do Centro Internacional pelo Desenvolvimento do Potencial de Aprendizagem (ICELP), que ele fundou em 1993. Desde o fim da Segunda Guerra Mundial, quando foi nomeado diretor de Serviços Psicológicos para a Aliá Jovem, Feuerstein ajudou milhares de pessoas a superar todas as barreiras possíveis para alcançar seu potencial. Hoje, o ICELP, agora chamado The Feuerstein Center, é dirigido pelo filho de Feuerstein, o rabino Rafael Feuerstein.

Feuerstein publicou prolificamente. Suas extensas contribuições foram reconhecidas com os principais prêmios, recebidos em Israel, França, Canadá, Estados Unidos, Espanha, Chile, Itália, Tchecoslováquia e Romênia. Mais recentemente, ele chegou a ser indicado ao Prêmio Nobel da Paz.

Ann Lewin-Benham, educadora e autora, formou-se na Bryn Mawr College. Em meados da década de 1970, em uma área economicamente desfavorecida de Washington, D.C., ela criou um museu infantil que mais tarde se transformou em uma grande instituição. Como presidente/CEO por 20 anos, ela liderou uma equipe hábil no projeto de exposições inovadoras e em muitas iniciativas de formação de professores.

Lewin-Benham criou três escolas no museu – um antigo centro de aprendizagem individualizada com base na informática para jovens desempregados e fora da escola; uma escola autônoma que se tornou a rede de segurança do sistema público de ensino para alunos do ensino médio em vias de abandonar os estudos; e o Model Early Learning Center (MELC) para famílias qualificadas para o Head Start, que era a única escola fora de Reggio credenciada por diretores dos mundialmente renomados centros e pré-escolas para bebês e crianças pequenas de Reggio Emilia (Itália).

Recentemente, Lewin-Benham escreveu quatro livros, todos publicados pela Teachers College Press: *Possible Schools* (2006) e *Powerful Children* (2008) sobre o MELC; *Infants and Toddlers at Work* (2010), sobre a combinação do desenvolvimento cerebral precoce e o uso de materiais inspirados em Reggio, e *Twelve Best Practices for Early Education* (2011), com novas ideias sobre tópicos como disciplina, currículo, avaliação e desenvolvimento cognitivo.

Daniel Feuerstein, que criou os desenhos apresentados neste livro, é um artista e ilustrador israelense, membro do comitê da Organização de Ilustradores de Israel e membro da Society of Children's Book Writers and Illustrators (SCB-WI). Daniel ilustra obras infantis, capas de livros e ferramentas educativas. Seu trabalho tem sido exibido em várias exposições. Daniel é também praticante de ThetaHealing e Reiki, mediador de gerenciamento de conflitos, e professor.

LEIA TAMBÉM:

A educação pode mudar
a sociedade?

Michael W. Apple

Apesar das grandes diferenças políticas e ideológicas em relação ao papel da educação na produção da desigualdade, há um elemento comum partilhado tanto por professores quanto por liberais: A educação pode e deve fazer algo pela sociedade, restaurar o que está sendo perdido ou alterar radicalmente o que existe?

A questão foi colocada de forma mais sucinta pelo educador radical George Counts em 1932, quando perguntou: "A escola ousaria construir uma nova ordem social?", desafiando gerações inteiras de educadores a participar, ou, de fato, a liderar a reconstrução da sociedade.

Mais de 70 anos depois, o celebrado educador, autor e ativista Michael Apple revisita os trabalhos icônicos de Counts, compara-os às vozes igualmente poderosas de pessoas minorizadas, e, mais uma vez, faz a pergunta aparentemente simples: se a educação realmente tem o poder de mudar a sociedade.

Michael W. Apple é Professor *John Bascom* de Currículo e Instrução e Estudos de Política Educacional na University of Wisconsin, Madison, EUA.

LEIA TAMBÉM:

Dificuldades específicas de aprendizagem

Diana Hudson

Ilustrado por Jon English

Dificuldades específicas de aprendizagem traz dicas práticas para ajudar professores a dar suporte a crianças com Dificuldades de Aprendizagem Específicas (DAEs). Nessa obra, Diana Hudson explica quais são os desafios, como eles afetam a aprendizagem e fornece estratégias simples para a sala de aula.

Esse livro deve ser leitura obrigatória para todos os professores e assistentes de sala, e os pais também o acharão útil. Ele tem como objetivo oferecer aos professores informações diretas, acessíveis e práticas para reconhecer e entender quais são os sintomas relacionados às dificuldades de aprendizagem mais comuns: dislexia, discalculia, disgrafia, dispraxia, Tdah, ASD, TOC, juntamente com estratégias e diretrizes de ação relacionadas especificamente a esses alunos.

A autora oferece uma visão das fraquezas e pontos fortes associados a cada uma dessas dificuldades, mostrando o que pode ser feito pelo professor para que ele consiga um pleno desenvolvimento de seus alunos. Diana defende que trabalhar estratégias de aprendizagem que ajudem a compensar as dificuldades dos alunos permitirá desenvolver o potencial de outras habilidades.

Diana Hudson é professora de alunos com dificuldades específicas de aprendizagem há mais de 20 anos. Assessora escolas e professores que também lidam com esses alunos. Foi presidente da organização Senco (Special Educational Needs Cordinator).

CULTURAL

Administração
Antropologia
Biografias
Comunicação
Dinâmicas e Jogos
Ecologia e Meio Ambiente
Educação e Pedagogia
Filosofia
História
Letras e Literatura
Obras de referência
Política
Psicologia
Saúde e Nutrição
Serviço Social e Trabalho
Sociologia

CATEQUÉTICO PASTORAL

Catequese
Geral
Crisma
Primeira Eucaristia

Pastoral
Geral
Sacramental
Familiar
Social
Ensino Religioso Escolar

TEOLÓGICO ESPIRITUAL

Biografias
Devocionários
Espiritualidade e Mística
Espiritualidade Mariana
Franciscanismo
Autoconhecimento
Liturgia
Obras de referência
Sagrada Escritura e Livros Apócrifos

Teologia
Bíblica
Histórica
Prática
Sistemática

REVISTAS

Concilium
Estudos Bíblicos
Grande Sinal
REB (Revista Eclesiástica Brasileira)

VOZES NOBILIS

Uma linha editorial especial, com importantes autores, alto valor agregado e qualidade superior.

PRODUTOS SAZONAIS

Folhinha do Sagrado Coração de Jesus
Calendário de mesa do Sagrado Coração de Jesus
Almanaque Santo Antônio
Agendinha
Diário Vozes
Meditações para o dia a dia
Encontro diário com Deus
Guia Litúrgico

VOZES DE BOLSO

Obras clássicas de Ciências Humanas em formato de bolso.

CADASTRE-SE
www.vozes.com.br

EDITORA VOZES LTDA.
Rua Frei Luís, 100 – Centro – Cep 25689-900 – Petrópolis, RJ
Tel.: (24) 2233-9000 – Fax: (24) 2231-4676 – E-mail: vendas@vozes.com.br

UNIDADES NO BRASIL: Belo Horizonte, MG – Brasília, DF – Campinas, SP – Cuiabá, MT
Curitiba, PR – Fortaleza, CE – Juiz de Fora, MG – Petrópolis, RJ – Recife, PE – São Paulo, SP

CULTURAL
Administração
Antropologia
Biografias
Comunicação
Dinâmicas e Jogos
Ecologia e Meio Ambiente
Educação e Pedagogia
Filosofia
História
Letras e Literatura
Obras de referência
Política
Psicologia
Saúde e Nutrição
Serviço Social e Trabalho
Sociologia

CATEQUÉTICO PASTORAL
Catequese
Geral
Crisma
Primeira Eucaristia

Pastoral
Geral
Sacramental
Familiar
Social
Ensino Religioso Escolar

TEOLÓGICO ESPIRITUAL
Biografias
Devocionários
Espiritualidade e Mística
Espiritualidade Mariana
Franciscanismo
Autoconhecimento
Liturgia
Obras de referência
Sagrada Escritura e Livros Apócrifos

Teologia
Bíblica
Histórica
Prática
Sistemática

REVISTAS
Concilium
Estudos Bíblicos
Grande Sinal
REB (Revista Eclesiástica Brasileira)

VOZES NOBILIS
Uma linha editorial especial, com importantes autores, alto valor agregado e qualidade superior.

PRODUTOS SAZONAIS
Folhinha do Sagrado Coração de Jesus
Calendário de mesa do Sagrado Coração de Jesus
Almanaque Santo Antônio
Agendinha
Diário Vozes
Meditações para o dia a dia
Encontro diário com Deus
Guia Litúrgico

VOZES DE BOLSO
Obras clássicas de Ciências Humanas em formato de bolso.

CADASTRE-SE
www.vozes.com.br

EDITORA VOZES LTDA.
Rua Frei Luís, 100 – Centro – Cep 25689-900 – Petrópolis, RJ
Tel.: (24) 2233-9000 – Fax: (24) 2231-4676 – E-mail: vendas@vozes.com.br

UNIDADES NO BRASIL: Belo Horizonte, MG – Brasília, DF – Campinas, SP – Cuiabá, MT
Curitiba, PR – Fortaleza, CE – Juiz de Fora, MG – Petrópolis, RJ – Recife, PE – São Paulo, SP